Moser · Handlungsorientierte Curriculumforschung

[illegible] 12, 13, 57, 58, 62, 73, 83,
[illegible] 137, 140,

Heinz Moser

Handlungsorientierte Curriculumforschung

Überlegungen zum gegenwärtigen Stand der Curriculumdiskussion

Beltz Verlag · Weinheim und Basel 1974

ISBN 3 407 54016 7

Gesamtherstellung: Beltz, Offsetdruck, 6944 Hemsbach über Weinheim
Printed in Germany

Inhaltsverzeichnis

Einleitung

Die vorliegende Arbeit kann auf eine bereits ca. sechsjährige Diskussion im Bereich der Curriculumforschung zurückgreifen, die seit Robinsohns bahnbrechender Schrift (1) im deutschsprachigen Raum zur eigentlichen Modewissenschaft avancierte. Dies ist nicht zuletzt darauf zurückzuführen, daß die Innovationsproblematik im Schulwesen nach ersten organisatorisch ausgerichteten Anstrengungen mit der Gesamtschule immer mehr mit der Vordringlichkeit einer Revision der Bildungsinhalte verbunden wurde. Der theoretische Zugriff stützte sich in erster Linie auf technologisch ausgerichtete Konstruktionen, die gleichzeitig eine Verwissenschaftlichung curricularer Fragestellungen wie eine erhöhte Praxisrelevanz garantieren sollten. Soweit die an diesem Forschungsprozeß teilnehmenden Wissenschaftler emanzipatorische Lerninhalte forderten, erkannten sie im ersten Augenblick den grundlegenden Widerspruch nicht, in den sie sich verstrickten: Emanzipation zu vermitteln mit Konzepten, welche aus „ökonomischen Sachzwängen" heraus entwickelt wurden, um die politisch-ökonomischen Bedingungen des Ausbildungssektors den Veränderungen im nachgelagerten Bereich der Wirtschaft anzugleichen (2). Die Schwerpunkte der entsprechen curricularen Ansätze lassen sich grob auf zwei Merkmale bringen:

1. Der Versuch, Curriculumforschung im Sinne des technologischen Wissenschaftsverständnisses zu betreiben.
2. Der Trend zum wissenschaftlichen Großprojekt, das z.T.

1 S.B. Robinsohn, Bildungsreform als Revision des Curriculum, Neuwied, Berlin 1969

2 Vergl. R. Heinrich, Zur politischen Ökonomie der Schulreform, Frankfurt 1973

durch die Gründung zentraler Curriculuminstitute ergänzt werden soll (3).

Der Erfolg dieser Bestrebungen ist jedoch letztlich bis heute nicht allzu groß gewesen. Sogar in den USA macht sich gegenwärtig eine verstärkte Kritik am streng behavioristischen Ansatz der Curriculumforschung geltend. Grundsätzlich läßt sich von einer Krise der Curriculumforschung sprechen, die sich gegenwärtig auf verschiedensten Ebenen der Curriculumdiskussion äußert. Ohne auf die Ergebnisse der vorliegenden Arbeit schon vorzugreifen, läßt sich diese These zusammenfassend wie folgt konkretisieren:

1. Der Curriculumforschung ist es bisher nicht gelungen, den Graben zwischen Theorie und Praxis zu schließen. Die Vielzahl theoretischer Veröffentlichungen zur Curriculumproblematik fällt zusammen mit einer Produktion von Curricula, welche ihre Adressaten kaum erreichen.
2. Dies hängt damit zusammen, daß die curriculare Theorie sich verselbständigt und den Zusammenhang mit der Praxis verloren hat. Während beispielsweise das Deduktionsproblem der Curriculumforschung von der Theorie recht differenziert behandelt wird, arbeiten schulpraktische Veröffentlichungen immer noch vorwiegend mit dem Modell von Ch. Möller (4), das zwar leicht handhabbar ist, von der Forschung hingegen kaum mehr ernst genommen wird. Teilweise wird die Curriculumforschung von der Praxis nicht einmal zur Kenntnis genommen, was sich noch heute in Lehrplanentwürfen äußert, die ohne irgendeinen Bezug zur Curriculumdiskussion „gebastelt" werden.
3. Die Theoriebildung der Curriculumforschung scheint zu stagnieren. Gerade amerikanische Veröffentlichungen der letzten Zeit zeigen deutlich, wie immer dieselben Argumente repetiert werden, während kaum noch wirkliche Fortschritte erzielt werden (5).
4. In der Curriculumforschung spielen an verschiedensten Stellen Normprobleme mit. Es ist bis heute nicht gelungen, die damit verbundenen Probleme befriedigend zu lösen, was

3 R. Heinrich a.a.O. S. 44 ff.
4 Ch. Möller, Technik der Lernplanung, Weinheim, Berlin, Basel 1969
5 Vergl. zum Beispiel: M.B. Kapfer (Hrsg.), Behavioral Objectives in Curriculum Development, New Jersey 1971

vor allem dazu geführt hat, daß der erfahrungswissenschaftliche Anspruch nicht konkretisiert werden konnte (6).
5. Das Interesse an Fragen der Curriculumkonstruktion hat m.E. zu einer Vernachlässigung der Unterrichtsforschung geführt. Für die Curriculumforschung ergibt sich damit die Schwierigkeit, daß die Implementationsbedingungen ihrer Produkte weitgehend im Dunkeln bleiben.
6. Die gegenwärtige Curriculumdiskussion weist auf, daß emanzipatorische Lernprozesse vermittels des behavioristischen Instrumentariums nicht zu leisten sind. So schreiben Heipcke und Messner: „Curriculare Entwicklungsprozesse sollten folglich so angelegt werden, daß für sie das Interesse an der didaktischen Emanzipation der Betroffenen konstitutiv wird. Dieses Interesse wird in unterrichtstechnologischen Konzeptionen insofern verfehlt, als die Schüler und Lehrer zu Konsumenten vorgefertigten Unterrichts werden" (7).
7. Das Dilemma zwischen Konjunktur- und Bildungspolitik in der BRD (8) führte dazu, daß der Curriculumsektor letztlich dennoch unterentwickelt bleiben mußte, so daß an eine umfassende Reform der Bildungsinhalte - wie sie noch von Robinsohn gefordert wurde - gegenwärtig schon aus finanziellen Gründen nicht zu denken ist.

Die mit diesen Thesen verbundenen Probleme der Disziplin scheinen es unumgänglich zu machen, nach neuen Ansatzpunkten zu suchen, welche die Curriculumdiskussion aus den gegenwärtigen Aporien herauslösen. In diesem Sinne soll in dieser Arbeit versucht werden, einen Begriff des „offenen Curriculum" zu entwickeln, der sich anstelle des behavioristischen Verhaltensbegriffes an handlungstheoretischen Gedankengängen orientiert. An die Stelle der technologischen Ebene quasi-kausal determinierten Verhaltens tritt die umgangssprachliche (primordiale) Ebene des Verhandelns von Handlungszusammenhängen, welche in ihrem Bezug zu gesellschaftlich-ökonomischen Erfahrungs- und Lebenswelten die fundierende Basis des Curriculumprozesses abgeben soll.

---

6 Vergl. H.L. Meyer, Einführung in die Curriculum-Methodologie, München 1972

7 K. Heipcke, R. Messner, Curriculumentwicklung unter dem Anspruch praktischer Theorie, in: Zeitschrift für Pädagogik 1973, S. 355

8 R. Heinrich a.a.O. S. 21 ff.

Gleichzeitig aber ist die Idee des „offenen Curriculum" verbunden mit dem Gedanken einer wirksamen Demokratisierung der Schule bzw. der Curriculumforschung, was über einen Kooperationsprozeß zu erfolgen hätte, der „mindestens alle unmittelbar Betroffenen" (9) einzubeziehen hätte. Daß die damit verbundenen Widerstände und Schwierigkeiten nicht übersehen werden dürfen, läßt sich schon am ersten Projekt einer Curriculumarbeitsgruppe am Pädagogischen Institut belegen, das scheiterte, bevor es richtig anlaufen konnte (1o).

Die dabei gewonnenen Erfahrungen sind jedoch dennoch sehr wertvoll, legten sie es doch nahe, die institutionellen und sozialen Bedingungen, innerhalb denen sich Curriculumforschung abspielt, näher zu untersuchen und in die Arbeit einzubeziehen. Gerade der Versuch, Curriculumprobleme nicht auf die Konstruktion von Strategien einzuengen, sondern im Rahmen des gesamten gesellschaftlichen und unterrichtlichen Umfelds zu behandeln, scheint mir generell ein Weg zu sein, welcher aus den beschriebenen Aporien der bisherigen Ansätze noch am ehesten herausführen dürfte. Dazu soll die vorliegende Arbeit ein Anfang sein.

H.Moser

---

9 W. Holdener, H. Moser, Dokumentation und Analyse zu einem gescheiterten Projekt, Zürich o.J., S. 9
10 W. Holdener, H. Moser a.a.O.

1. Zum wissenschaftlichen Status der Curriculumforschung

1.1 Spielarten eines „System approach" in der Curriculumdiskussion

Mit der sogenannten empirischen Wende der Erziehungswissenschaft und der Rezeption amerikanischer Arbeiten zur Curriculumforschung verstärkten sich auch die Bemühungen, Curriculumforschung als sozialwissenschaftlichen Bereich zu statuieren und die Methodologie der empirischen Sozialforschung darauf anzuwenden. Der erste - wohl mißlungene - Versuch war das Programm von B. und Ch. Möller, die durch Lernplanung als mathematisch-logische Ableitung von Teillernzielen vermittels logischer Maschinen zur automatischen Optimierung von Lernprozessen gelangen wollten (1). Mit vertieftem Methodenbewußtsein und Sensibilisierung für die Problematik des didaktischen Feldes differenzierten sich die Fragestellungen rasch und die empirische Methodologie wird in jüngster Zeit meist nur noch für Teilbereiche des Curriculumprozesses in Anspruch genommen. Etwa für die Festlegung von Lebenssituationen durch Arbeitsplatzanalysen im Robinsohn-Modell (2) oder zur empirischen Absicherung von Entscheidungsprozessen im Rahmen des LOT-Projektes (3). Allerdings kann man nicht davon ausgehen, daß sich eine empirisch fundierte Curriculumforschung durchgesetzt hat, sondern die ursprüngliche Frage, ob und inwiefern empirische Forschungsmetho-

---

1 B. und Ch. Möller, Perspektiven der didaktischen Forschung, München, Basel 1966, S. 10

2 S.B. Robinsohn, Bildungsreform als Revision des Curriculum, Neuwied, Berlin 1967

3 K.-H. Flechsig u.a., Ein erfahrungswissenschaftlich-entscheidungstheoretischer Ansatz einer Theorie der Curriculumentwicklung, Monographie VI, Konstanz o.J.

den im Rahmen der Curriculumforschung sinnvoll sein könnten, stellt sich auch heute noch mit unverminderter Schärfe.

Sogar amerikanische Curriculumforscher wie G.A. Beauchamp (4) stellen einschränkend fest, daß die Curriculumforschung noch weitgehend im vortheoretischen Zustand befangen sei, daß es also kaum Theorien im strengen Sinn erfahrungswissenschaftlicher Forschung gibt. Und auch seine eigene Arbeit bringt hier keine Fortschritte, ja kaum Ansätze dazu.

Diese Schwierigkeiten scheinen mit der Komplexität des didaktischen Feldes zusammenzuhängen, welche jede prognostische Voraussage von Effekten erschwert und schon die Beschreibung des didaktischen Feldes soweit kompliziert, daß nicht einmal über den Begriff „Curriculum" ein Konsensus hergestellt ist. Die Forschung versucht deshalb oft, die Komplexität des Gebietes künstlich zu reduzieren, um auf diese Weise eine analytische Aufgliederung in besser zu handhabende Subsysteme zu erhalten. Diese Versuche werden vielfach als „systemtheoretische Ansätze" bezeichnet, wobei der Systembegriff selbst recht vage bleibt.

Unter diese weite Fassung des Systembegriffs dürfte die Curriculumdefinition K. Freys fallen: „Das Curriculum ist die systematische Darstellung des beabsichtigten Unterrichts über einen bestimmten Zeitraum als konsistentes System mit mehreren Bereichen zum Zwecke der optimalen Vorbereitung, Verwirklichung und Evaluation von Unterricht" (5). Diese an Beauchamps Vorstellung des „Curriculum als Dokument" (6) sich anschließende Definition weist durch den Ausdruck „konsistentes System mit mehreren Bereichen" eine nicht zu übersehende Schwäche auf; sie hätte erst dann einen faßbaren und für curriculare Fragen erhellenden Sinn, wenn klar abgegrenzte Bereiche des Systems genannt werden könnten. Hier bleibt Frey jedoch in seinen Formulierungen äußerst vage. So werden mit „Bereichen" so disparate Aspekte des Unterrichts wie „die Zeit oder die Instrumente oder die lernpsychologischen Momente des Lernprozesses" (7) bezeichnet.

---

4 Vergl. G.A. Beauchamp, Curriculum Theory, Wilmette 1968
5 K. Frey, Theorien des Curriculums, Weinheim, Berlin, Basel 1971, S. 50
6 Vergl. G.A. Beauchamp a.a.O.
7 K. Frey a.a.O. S. 51

Die Vagheit des Ansatzes von Frey ist jedoch nur Ausdruck einer allgemeinen Schwierigkeit der systemtheoretischen Versuche, die sich ergibt, sobald die Wissenschaft jene Idealisierung der Komplexitätsreduktion zugunsten handlungsorientierter Modelle aufgeben muß. Das zeigt sich exemplarisch am Ansatz von W. Reiss (8), der die strenge Systemdefinition von G. Klaus (9) übernimmt und ein System als Menge von Elementen und Relationen zwischen diesen Elementen definiert. Ein Curriculum wäre in diesem Sinne ein Lehr-Lern-System mit dem Stellenwert eines Subsystems des Bildungssystems (10). Die Schwierigkeiten dieser wie jeder anderen Anwendung der Systemtheorie zeigen sich sofort, wenn man den Begriff „Element" näher untersucht. Werden nämlich Lernziele, Lerninhalte etc. als Elemente des Lehr-Lernsystems definiert, so handelt es sich offensichtlich nicht um distinkte Elemente und deren Relationen. Vielmehr müßte man mit S.B. Robinsohn von „molaren Problemen"(11) sprechen, was nicht nur bedeutet, daß sowohl Wertgesichtspunkte wie Wissen und Meinungen über die Bedingungen realer Verhaltensweisen darin eingehen, sondern es zeigt sich eine eigentümliche Dialektik, welche unter dem Stichwort der „Interdependenz der formalen Strukturmomente des pädagogischen Feldes" erstmals von der Berliner Schule (12) in die Diskussion eingeführt wurde. H. Blankertz hat in der Folge diesen didaktischen Implikationszusammenhang weiter verfeinert und schreibt dazu: „Damit ist zweierlei gemeint, nämlich einmal, daß jede Unterrichtsmethode inhaltliche Vorentscheidungen enthält, auch wenn sie diese nicht sichtbar macht, und zum anderen, daß inhaltliche Zielsetzungen für den Unterricht nicht ohne Bezugnahme auf ihre mögliche oder ausbleibende methodische Durchsetzung sein

---

8 W. Reiss, Über die Verwendung der Termini „Curriculum" und „Curriculumforschung" im Rahmen der Berufsbildungsforschung, in: Die Deutsche Berufs- und Fachschule 1972, S. 101 ff.

9 Vergl. G. Klaus, Wörterbuch der Kybernetik, Bd. 2, Frankfurt 1969, S. 634

10 W. Reiss a.a.O. S. 107

11 S.B. Robinsohn a.a.O. S. 53

12 Vergl. etwa: P. Heimann u.a., Unterricht - Analyse und Planung, Hannover 1965; W. Northemann, G. Otto (Hrsg.), Geplante Information: Paul Heimanns didaktisches Konzept, Weinheim, Berlin, Basel 1969; W. Schulz, Aufgaben der Didaktik, in: D.C. Kochan (Hrsg.), Allgemeine Didaktik, Fachdidaktik, Fachwissenschaft, Darmstadt 1970, S. 403 ff.

können"(13). Dieses Verhältnis zeigt eine enge Verschränkung zwischen Methode, Inhalt und Zielsetzung des Unterrichts, was P. Menck noch weiter verdeutlicht: „Unterrichtsmethode *konstituiert* also ihren Gegenstand *„Unterricht"* als Prozeß und in seinem Ergebnis. Da Unterrichtsmethode einen bestimmten Unterrichtsprozeß und bestimmte Ergebnisse *intendiert*, wird das Intendierte auch *‚Unterrichtsziel'* genannt"(14). Für das hier angesprochene Problem der systemtheoretischen Versuche heißt das, daß z.B. in der Frage nach den Lernzielen bereits Fragen nach Inhalten und Methoden aufgehoben sind. Der Implikationszusammenhang meint also nicht nur, daß zwischen den Elementen „Methode" und „Inhalt" Relationen bestehen. Vielmehr wird damit auf eine Dialektik verwiesen, wo bereits in der Zielsetzung des Curriculum Methodenfragen untrennbar aufgehoben sind. So betont auch J.S. Bruner, daß ein Curriculum ein Ding in der Balance sei, das nicht zuerst für die Inhalte, dann für die Lehrmethoden, dann für audiovisuelle Hilfen, dann für irgendwelche anderen Komponenten entwickelt werden könne (15). Genau hier liegt jedoch die Aporie des systemtheoretischen Ansatzes, in die sich dieser unweigerlich verstricken muß. Die bessere Handhabbarkeit des Modells durch die systemtheoretischen Annahmen erweist sich als nichts anderes denn Selbsttäuschung. Denn hinter dem Rücken kommt die eben ausgesparte Dialektik wieder herein, nur daß der Wissenschaftler es nicht mehr bemerkt.

1.2 *Zur methodologischen Begründung der Curriculumkonstruktion*

Die wissenschaftstheoretische Begründung der Curriculumforschung beschränkt sich oft auf recht unsichere Verweise auf „Hermeneutik", „Empirie" bzw. „Kritische Theorie",

13 H. Blankertz, Theorien und Modelle der Didaktik, München 1969, S. 91

14 P. Menck, Ansätze zur Erforschung von Unterrichtsmethode in der BRD, in: P. Menck, G. Thoma (Hrsg.), Unterrichtsmethode, Intuition, Reflexion, Organisation, München 1972, S. 163; H.-J. Kaiser, P. Menck, Methodik und Didaktik, Vorüberlegungen zu einer Ortsbestimmung pädagogischer Methodenlehren, in: P.Menck, G.Thoma (Hrsg.), Unterichtsmethode, Intuition, Reflexion, Organisation, München 1972, S. 145 ff.

15 J.S. Bruner, Toward a Theory of Instruction, Cambridge 1966, S. 164

ohne daß sich der einzelne Forscher der Konsequenzen dieser Aussagen recht bewußt ist. Einen der ersten Versuche, die Curriculumforschung wissenschaftstheoretisch abzusichern, hat K. Frey unternommen, indem er zwischen vier Methoden der Theoriebildung unterscheidet: Nomothetik, Rationalisierung, Agothetik und Globalisation. Daß er nicht von „wissenschaftstheoretischer Fundierung" sondern von „Methoden" spricht, läßt sich damit begründen, daß seine Methoden bereits eine Anwendung wissenschaftstheoretischer Voraussetzungen darstellen: Die Methoden der Theoriebildung führen zu Sätzen über das Curriculum, sind also bereits auf das Verfahren hin ausgerichtet. Allerdings scheint die Nennung dieser vier Methoden eher willkürlich und wissenschaftstheoretisch nicht recht fruchtbar zu sein; schon deshalb, weil die Beziehungen zwischen den einzelnen „Methoden" nicht recht durchsichtig werden. Dies kann am Beispiel der „Globalisation" verdeutlicht werden, die als Methode der Curriculumforschung die Bildung „verallgemeinernder Synthesen" bedeutet: „Man könnte sie (eher) beschreiben als *kreative Übertragung oder verallgemeinernde Synthese aufgrund eines Ansatzes in Hinsicht auf andere Probleme bzw. inhaltliche Bereiche des Curriculums*"(16). Im Rahmen einer erfahrungswissenschaftlichen Wissenschaftstheorie (der Nomothetik) würde es sich kaum rechtfertigen, die Globalisation als eigene Methode zu statuieren, käme ihr doch höchstens die Funktion zu, im Entdeckungszusammenhang bei der Suche nach Hypothesen mitzuwirken. Daß darüber hinaus alle drei anderen Methoden durch ihre Zugehörigkeit zum Entdeckungszusammenhang der Nomothetik letztlich untergeordnet sind, belegt auch der Tenor der folgenden Ausführungen zum EBAC-Projekt, wo Aregger und Frey schreiben: „Dabei ist im einzelnen abzuklären, wieweit die Gesetze nur begründete Annahmen oder etwas wie nomologische Hypothesen und inwiefern die Gesetze überhaupt integraler Bestandteil der angestrebten Theorie sein können und ob man bei solchen Versuchen nicht wieder in rein subjektive Rationalisierung oder indirekte Agothetik abgleitet"(17). Der Überordnung empirisch-analytischer Methoden, die hier zum Ausdruck kommt, ent-

---

16 K. Frey a.a.O. S. 79

17 K. Aregger, K. Frey, Curriculumtheoretische Ansätze in einem Entwicklungsprojekt, EBAC-Projekt, Bericht 5, Freiburg 1971, S. 40

spricht ein Forschungsinteresse Areggers, das doch recht eindeutig im Bereich der erfahrungswissenschaftlichen Fundierung der Curriculumforschung liegt. Denn nur so scheint es möglich, einen hohen „Wahrheitsgehalt" der Curriculumtheorien - was das auch immer heißen mag - zu erreichen. Ausgelegt auf konkrete Forschung bedeutet das: „Hoher Wahrheits- und Erklärungsgehalt der Theorien impliziert die Konzentration der Theoriebildung auf mehrere Bereiche des curricularen Feldes. D.h. es sind neben einem allgemeinen Konstrukt von Curriculum sekundäre Konstrukte und entsprechende Teiltheorien zu entwickeln, wobei diese oft nicht nur aus voll erklärenden Sätzen bestehen und nach der hier angewendeten differenzierenden Terminologie z.T. nur Modelle von etwas Vorhandenem bilden"(18). Die Autoren sind sich allerdings bewußt, daß ein Curriculum nicht rein empirisch zu gewinnen ist und betonen die Notwendigkeit der zusätzlichen Aufnahme von methodischen Konzepten der Policy-Science, Technologie, Operations Research etc.. Immerhin ist die Randständigkeit der Hermeneutik bemerkenswert, indem es sich zeigt, daß alle vorgeschlagenen Konzepte implizit technokratischem Wissenschaftsbetrieb angehören (19). Und es ist weiter zu vermuten, daß diese Konzepte gerade deshalb Methoden für die Curriculumforschung abgeben sollen, weil sie dem technologischen Wissenschaftsbegriff verpflichtet sind.

In einem ähnlich unpräzisen Sinne auch nimmt D. Knab den Sprachgebrauch der erfahrungswissenschaftlichen Forschung auf, indem sie es als Aufgabe der Curriculumforschung bezeichnet, „die Hypothesen, auf denen die Lehrplankonstruktion beruht, auf allen Stufen mit größter Sorgfalt zu bilden, ja erst ein System solcher Hypothesenbildung zu entwickeln"(2o). Ziel der Entwicklung eines solchen Instrumentariums wäre es, der Willkürlichkeit der Entscheidungen zu steuern, die sich aus unsystematischer

---

18 K. Aregger, K. Frey, a.a.O. S. 21

19 Zwar wird die Hermeneutik oft explizit genannt, ohne jedoch die notwendige Integration in den eigenen Ansatz genügend auszudiskutieren. Vielmehr scheint Hermeneutik in diesem Konzept zum aporetischen Begriff zu werden, der überall dort Platz findet, wo der technologische Ansatz an seine Grenzen stößt.

20 D. Knab, Konsequenzen der Curriculum-Problematik im Hinblick auf Curriculumforschung und Lehrplanentscheidungen in der Bundesrepublik, in: F. Achtenhagen, H.L. Meyer (Hrsg.), Curriculumrevision, Möglichkeiten und Grenzen, München 1971, S. 170

Informationsgewinnung und -verarbeitung ergeben. Allerdings bleiben die Verweise auf human- und sozialwissenschaftliche Methoden recht unscharf, so daß nicht ersichtlich wird, wie ein konkretes Programm erfahrungswissenschaftlicher Curriculumforschung auszusehen hätte. So müßte unbedingt diskutiert werden, inwiefern sich im curricularen Bereich überhaupt sinnvoll von falsifizierbaren Hypothesen sprechen läßt. Mindestens ist nicht jede systematische Informationsgewinnung identisch mit der Bildung von Hypothesen. Wenn beispielsweise erfahrungswissenschaftlich erhoben worden wäre, daß x Prozent der Studenten für ihre Arbeit Kenntnisse in formaler Logik benötigen, so handelte es sich dabei an sich noch nicht um eine Hypothese. Genau diese Verschwommenheit charakterisiert den Aufsatz von D. Knab durchgängig, indem etwa ohne ausreichende Begründung bei der Qualifikationsbestimmung von Hermeneutik und Testtheorie gesprochen wird. An anderer Stelle wird betont, daß es nicht darum gehe, Sachzwänge zu postulieren, wo es sich in Wirklichkeit um Wertentscheidungen handle. Andrerseits wird jedoch auch diese Einschränkung teilweise wieder durchbrochen.

Aus diesen Schwierigkeiten - scheint es - wäre nur dann herauszukommen, wenn sich die Forschung ganz sauber auf die Metaebene beschränkte und streng darauf achtete, nirgends Wertsetzungen erfahrungswissenschaftlich festzumachen, sondern lediglich zu objektivieren. Diese Konsequenzen wurden im Rahmen des Konstanzer LOT-Projektes gezogen. Konkret geht es dieser Gruppe darum, „an welchen Stellen des Entwicklungsprozesses und auf der Basis welcher Informationen Entscheidungen getroffen werden und mit Hilfe welcher Modelle sich solche Entscheidungsprozesse am zweckmäßigsten darstellen und herbeiführen lassen"(21). Es geht also der Konstanzer Gruppe nicht darum, Lernziele aufgrund empirischer Analyse festzulegen, sondern aufgrund empirischer Bewährung die Prozesse zu verbessern, mit denen Lernziele gesucht, formuliert und entschieden werden sollen. Obwohl sich die beteiligte For-

---

21 K.-H. Flechsig u.a., Probleme der Entscheidung über Lernziele, in: F. Achtenhagen, H.L. Meyer, Curriculumrevision, Möglichkeiten und Grenzen, München 1971, S. 249; vergl. auch: H.-D. Haller, Die Anwendung erfahrungswissenschaftlicher Prinzipien und Methoden auf Prozesse der Entscheidung über Lernziele, in: Paedagogica Europaea 1970/71, Braunschweig 1970, S. 148 ff.

schergruppe eindringlich gegen den Vorwurf technokratischer Perfektion abzusichern versucht, kann man sich des Verdachts nicht erwehren, daß das LOT-Projekt diesem Vorwurf trotzdem verfällt. So schreibt W. Schmied-Kowarzik: „Flechsigs Modell der Curriculumentwicklung ist der Versuch, den Prozeß der Konstruktion von Lehrgängen total planbar zu machen, indem alle Voraussetzungen und Bedingungen des Entscheidungsvollzugs identifiziert und empirisch-analytisch festgestellt werden"(22). Dabei kommt jedoch der Ansatz dieser Gruppe mit den Prämissen der kalkülisierenden Entscheidungsmodelle in Konflikt, welche als Forschungsinstrumentarium vorausgesetzt werden. Denn einmal gehen alle diese Modelle von vollständiger Information (23) aus; der Entscheidungsträger müßte alle möglichen Handlungsalternativen, Umweltzustände und Handlungsresultate kennen, was nur in einer utopischen Technokratie - wo alle Menschen rational im Sinne des homo oeconomicus handeln - gegeben wäre. Faktisch aber ist im curricularen Bereich mit sehr komplexen Entscheidungen und höchst unvollkommener Information zu rechnen.

C. Menze hat darüberhinaus aufgezeigt, daß auch die Kalkülisierung von Entscheidungsprozessen den Lehrplankonstrukteur nicht von Wertentscheidungen zu befreien vermag. Denn: „In den Grenzen der technischen Rationalität ist ein wirklicher Fortschritt, etwa durch die Anwendung der Entscheidungslogik im Bereich des Wirtschaftlichen, immer dann zu erzielen, wenn das Ziel, z.B. die Gewinnmaximierung, unbezweifelbar feststeht"(24). Gerade die Entscheidung über diese Ziele ist es aber, die zur Diskussion steht. Es ist deshalb zu befürchten, daß die scheinbare mathematische Exaktheit lediglich die dahinterliegenden Probleme verschleiert.

---

22 W. Schmied-Kowarzik, Kritische Anmerkungen zur deutschen Curriculumforschung, in: Pädagogische Rundschau 1970, S. 531

23 Vergl. dazu: P. Strittmatter, Entscheidungen über Lernziele an der „Basis" - entscheidungstheoretische Grundlagen, in: Programmiertes Lernen, Unterrichtstechnologie und Unterrichtsforschung 1972, S. 1 ff.

24 C. Menze, Überlegungen zur Anwendungsmöglichkeit der Entscheidungslogik auf die Curriculum-Konstruktion, in: F. Achtenhagen, H.L. Meyer, Curriculumrevision, Möglichkeiten und Grenzen, München 1971, S. 155

1.3 Die Deduktionshypothese

Ein weiterer Problemkreis empirischer Forschung im Curriculumbereich ist mit dem Problem der Deduktion verbunden, nämlich dem Problem von „Ableitungen zwischen hohen und niedrigen Abstraktionsniveaus im Bereich von Lernziel- und Lerninhaltsdefinitionen"(25). Vor allem bei Ch. Möller (26) wird behauptet, daß jener Zusammenhang von abstrakten Richtzielen über mittlere Grobziele und volloperationalisierte Feinziele mit naturgesetzlicher Wahrscheinlichkeit den Interessen der auftraggebenden Gesellschaft entspreche. Die Ableitungsthese, die mindestens das Verfahren der Lernzieloperationalisierung und damit den Zusammenhang von „Aims" und „Objectives" empirischer Überprüfbarkeit zuführen möchte, scheint zur Sicherung allgemeiner Qualifizierung durch den Schulunterricht - im Rahmen eines technologischen Modells - unbedingt nötig (27). Das führt zur folgenden seltsamen Konsequenz: „Die wissenschaftstheoretische Problematik solcher (Deduktions-)Hypothesen spricht dagegen, die Notwendigkeit einer politischen Kontrolle der Curriculumkonstruktion spricht dafür"(28). Daraus folgert H.L. Meyer jedoch nicht die Änderung des wissenschaftlichen Ansatzes, sondern er postuliert das von ihm selbst als unmöglich genannte: „Angesichts der Fülle ungelöster Probleme ist unser Vorschlag, in der Curriculumkonstruktion mit Deduktionshypothesen mittlerer Reichweite zu arbeiten, mindestens als wagemutig zu bezeichnen; er wird aber gerechtfertigt durch die Chance, so eine weiterführende Reflexion des Forschungsbereiches einzuleiten"(29). Meiner Meinung nach ist das nicht Wagemut, sondern schlichter Unsinn. Denn der Grundeinwand gegen die Deduktion, daß im Rahmen der Ableitung in aller

---

25 H.L. Meyer, Das ungelöste Deduktionsproblem in der Curriculumforschung, in: F. Achtenhagen, H.L. Meyer, Curriculumrevision, Möglichkeiten und Grenzen, München 1971, S. 106

26 Vergl. Ch. Möller, Technik der Lernplanung, Weinheim, Berlin, Basel 1969, S. 98

27 In einem etwas veränderten Sinne - aber grundsätzlich auf der Basis derselben Prämissen - fordern H.-A. Hesse und W. Manz einen empirisch nachprüfbaren Deduktionszusammenhang zwischen allgemeinen Lernzielen und einzelnen Lernhilfen im Sinne von Medien (vergl. H.-A. Hesse, W. Manz, Einführung in die Curriculumforschung, Stuttgart 1972, S. 96)

28 H.L. Meyer a.a.O. S. 127

29 H.L. Meyer a.a.O. S. 129

Regel Entdeckungsprozesse stattfinden, die zu neuen Ziel- und Wertvorstellungen führen, wird dadurch nicht entkräftet (30). Und das ist so lange nicht zu ändern, als Lernziele umgangssprachlich und nicht in kalkülisierter Formalsprache ausgedrückt werden können. Aber selbst die Deduktion im Rahmen einer Formalsprache wäre mit gutem Grund anzuzweifeln, denn die Operationalisierung von Lernzielen bedeutet nicht nur die logische Transformation von Sätzen; vielmehr müssen im Rahmen des Operationalisierungsvorganges neue Terme und Verknüpfungen eingeführt werden. In ähnlichem Sinn schreibt G. Stütz: „Bis zum gegenwärtigen Zeitpunkt ist insbesondere von Herwig Blankertz stets erwiesen worden, daß Begründungszusammenhänge von normativen Aussagen nicht der deduktiven Logik entsprechen. Das ist eigentlich keine große Erkenntnis, sondern genau dem Wesen deduktiver Logik gemäß. Die Problematik der Deduktionshypothesen, die Meyer sich zu eigen macht, erweist sich somit als nur scheinhaft" (31).

Auch Meyers Neufassung des Deduktionsproblems, die er in seiner „Einführung in die Curriculum-Methodologie" versucht, wäre auf dem Hintergrund dieser Ausführungen zu kritisieren. Im Anschluß an Habermas' Konzept einer kritischen Theorie fordert er den Einbezug des praktischen Interesses in den Deduktionsprozeß: „Ziel einer erziehungswissenschaftlich zu verantwortenden Kontrolle von Deduktionshypothesen kann nur die *Umwandlung des Ableitungszusammenhangs in einen zwanglos hergestellten Konsens aller Beteiligten über die Aufgaben des Unterrichts sein*"(32). Damit ist aber nicht nur eine „Neufassung des Deduktionsproblems" verbunden, sondern der Deduktionsbegriff selbst verliert seinen Sinn, da er nicht mehr an die deduktive Logik gebunden bleibt, also gar nicht mehr als „Deduktion" im eigentlichen Sinne bezeichnet werden dürfte.

---

30 Vergl. K.-H. Flechsig, Die technologische Wendung in der Didaktik, Konstanzer Universitätsreden, Konstanz 1969, S. 27; H. Moser, Technik der Lernplanung: Curriculumforschung und Ideologie, in: Zeitschrift für Pädagogik 1971, S. 70 f.

31 G. Stütz, Curriculum-Forschung oder die Grenzen der Rationalität, in: Pädagogische Rundschau 1971, S. 635

32 H.L. Meyer, Einführung in die Curriculum-Methodologie, München 1972, S. 237

1.4 Normprobleme

In der bisherigen Diskussion wurde der Normbegriff als geklärt vorausgesetzt und so gebraucht, wie er im allgemeinen durch die Curriculumforschung rezipiert worden ist. W. Brezinka (33), H. Heid (34) und G. Zecha (35) haben jedoch in diesem Bereich den Versuch einer Problematisierung des Begriffes "Erziehungsziel" unternommen, was im Anschluß an die sprachanalytische Ethik der angelsächsischen Philosophie zu einigen Differenzierungen des Normbegriffes führt, hinter die der Diskussionsstand nicht zurückfallen darf. Im folgenden möchte ich deshalb untersuchen, ob und inwiefern diese Ansätze fruchtbar in die Curriculumdiskussion eingeführt werden können.

1.4.1 Lernziele als Disposition

W. Brezinka (36) versucht den Begriff des Erziehungszieles im Sinne der sprachanalytischen Philosophie zu präzisieren, indem er den Dispositionsbegriff für die Pädagogik fruchtbar zu machen versucht. Wenn Erziehungsziele als psychische Dispositionen beschrieben werden, so heißt das, „nicht die aktuellen, flüchtigen Erlebnisse und (oder) Verhaltensweisen selbst sind gemeint, sondern die psychischen *Bereitschaften* für sie, d.h. die relativ dauerhaften Fähigkeiten, Haltungen, Einstellungen oder Neigungen, die ihnen zugrundeliegend gedacht werden"(37). Die Leistung der Dispositionsbegriffe liegt darin, daß sie es ermöglichen, die Vielfalt der ihnen entsprechenden Verhaltensweisen unter einen einzigen leitenden Begriff zu bringen. Und gleichzeitig wird auf diese Weise verhindert, daß jede einzelne situationsspezifische Verhaltensweise als Fähigkeit ausgegeben wird. Denn gerade die Lernzieloperationalisierung könnte dazu verleiten, jedes einzelne operationalisierte Lernziel mentalistisch

---

33 W. Brezinka, Was sind Erziehungsziele? in: Zeitschrift für Pädagogik 1972, S. 497 ff.
34 H. Heid, Begründbarkeit von Erziehungszielen, in: Zeitschrift für Pädagogik 1972, S. 551
35 G. Zecha, Zum Normproblem in der Erziehungswissenschaft, in: Zeitschrift für Pädagogik 1972, S. 583 ff.
36 W. Brezinka a.a.O.
37 W. Brezinka a.a.O. S. 512

als „Fähigkeit" zu interpretieren, was hieße, daß der kognitive Bereich des menschlichen Geistes in Tausende von Fähigkeiten diffundierte.

Gleichzeitig ermöglicht es der Vorschlag von Brezinka, die Normenproblematik der Curriculumforschung neu und präziser zu fassen, indem Dispositionen als deskriptive Seite der Normen aufgefaßt werden. D.h. Dispositionen bzw. Dispositionskomplexe vermögen erzieherisches Handeln nicht per se zu leiten, da sie nicht in sich wertvoll oder wertlos sind, sondern selbst der Bewertung bedürfen. Immerhin ermöglicht es der Dispositionsbegriff nach Brezinkas Selbstverständnis, die deskriptive Seite von Erziehungszielen adäquater als die bisherigen Ansätze zu beschreiben und das Verhältnis von Deskription und Bewertung auf dem gegenwärtigen Stand der empirisch-analytischen Methodologie zu behandeln.

Eine Metatheorie normativer Aussagensysteme der Pädagogik hätte damit folgende Charakteristika von Erziehungszielen zu unterscheiden: Erziehungsziele sind 1. psychische Dispositionen, 2. als Aufgabennormen für den Erzieher zu verstehen. Damit ergeben sich für die weitere Diskussion des Ansatzes von Brezinka zwei Probleme: Einmal die Frage nach der Relevanz des Dispositionsbegriffes für die Pädagogik und zweitens, ob die strikte Abtrennung von Norm und Deskription zu halten ist (38).

So müßte man vom methodologischen Standpunkt aus festhalten, daß Dispositionsprädikate selbst umstritten sind, und nach Stegmüller (39) einen eigenen wissenschaftstheoretischen Problemkomplex bilden. G. Ryle (40) charakterisiert die Dispositionsbegriffe - wenn wir Glas als „zerbrechlich" bezeichnen oder Zucker als "löslich" - in folgender Weise: Die Zerbrechlichkeit des Glases oder die Löslichkeit des Zuckers besteht nicht in der Tatsache, daß das Glas zu einem gegebenen Zeitpunkt wirklich zerbrochen und der Zucker durch Eintauchen ins Wasser aufgelöst wird. „Eine dispositionelle Eigenschaft besitzen heißt nicht: in einem bestimmten Zustand sein oder eine bestimmte Veränderung durchmachen; es heißt

38 siehe Abschnitt 1.4.2 in diesem Kapitel

39 W. Stegmüller, Probleme und Resultate der Wissenschaftstheorie und Analytischen Philosophie, Band I, Wissenschaftliche Erklärung und Begründung, Berlin 1969, S. 121

40 G. Ryle, Der Begriff des Geistes, Stuttgart 1969, S. 51 ff.

vielmehr: sicherlich oder wahrscheinlich in einem bestimmten Zustand sein oder eine bestimmte Veränderung durchmachen, wenn eine bestimmte Bedingung erfüllt ist" (41). In formalisierter Weise werden die dispositionellen Aussagen von der empirisch-analytischen Wissenschaftstheorie nach einem Vorschlag Carnaps (42) als „Reduktionssätze" behandelt. Die Disposition „intelligent" kann dann wie folgt aufgelöst werden: „Wenn eine Person x zu irgendeinem Zeitpunkt t der Testbedingung Tb unterworfen wird und wenn x intelligent ist, dann erbringt x zu diesem Zeitpunkt das Ergebnis Rs' sowie ‚Wenn eine Person x zu irgendeinem Zeitpunkt t der Testbedingung Tb unterworfen wird und wenn x nicht intelligent ist, dann erbringt x zu diesem Zeitpunkt nicht das Ergebnis Rs'" (43).

Ausgehend von dieser kurzen Charakterisierung der Dispositionsbegriffe stellen sich folgende Probleme für die Diskussion von Erziehungszielen: Inwiefern sind Dispositionsbegriffe auf den menschlichen Bereich anwendbar, wie stehen konkrete Endverhaltensbeschreibungen zu Dispositionen, ersetzen Dispositionen Theorien?

Einmal ergibt sich damit also die Frage, ob Dispositionen wie „löslich" auch im menschlichen Bereich sinnvoll sind. Zwar scheinen es Dispositionen im menschlichen Bereich zu ermöglichen, Bündel von Fertigkeiten einer komplexen menschlichen Fähigkeit zuzuordnen. G. Ryle zeigt diese Funktion von Dispositionsbegriffen am Beispiel der Schießkunst auf: „Keine einzelne Handlung beweist, daß einer wirklich schießen kann. Aber eine mäßige Anzahl verschiedenartiger Leistungen genügt im allgemeinen, um jeden Zweifel daran zu beheben. Nur so kann allenfalls entschieden werden, ob er unverhofft ins Schwarze traf oder ob er sich genügend aufs Schießen verstand, um erfolgreich zu sein, wenn er sich Mühe gibt"(44).

Die Zuordnung von Handlungen zu Dispositionen ergibt sich also nicht aufgrund eines einzelnen Versuches, son-

---

41 G. Ryle a.a.O. S. 52

42 R. Carnap, Testability and Meaning, in: Philosophy of Science, Bd. 3, 1936, S. 420 ff.

43 Nach W.K. Essler, Wissenschaftstheorie I, Definition und Reduktion, Freiburg, München 1970, S. 129. Auf eine eingehendere Diskussion der Problematik der Reduktionssätze verzichte ich in diesem Zusammenhang.

44 G. Ryle a.a.O. S. 55

dern aufgrund verschiedenartiger Leistungen. Der Begriff „Zuordnung" selbst kann jedoch unterschiedlich interpretiert werden. Denn von Zuordnung im eigentlichen Sinne kann man nur sprechen, wenn jenem Dispositionsbegriff ein geistiges Korrelat entspricht: Dispositionsbegriffe würden dann einzelne Handlungen den zugehörigen geistigen Fähigkeiten zuordnen. Ryle selbst moniert jedoch, daß diese mentalisierende Auffassung des Dispositionsbegriffes einem Mißverständnis entspreche: Eigenschaft*wörter*, mit denen wir verschiedene Tätigkeiten als genial, weise, methodisch, sorgfältig, witzig etc. bezeichneten und die damit als Zeichen für Ablauf gewisser Ereignisse im Bewußtseinsstrom genommen würden, erhielten auf diese Weise die Rolle von okkulten Ursachen der so bezeichneten Tätigkeiten(45). Diese Hypostasierung verkennt damit - nach Ryles Auffassung - die eigentliche Leistung der Dispositionen, nämlich Handlungen unter gewisse hypothetische oder halbhypothetische Sätze zu subsumieren. Wenn jemand vernünftig redet, Knoten knüpft, sich verstellt oder eine Statue meißelt, dann sind die Handlungen, die wir wahrnehmen, gerade das, was er "intelligent" tut.

Demgegenüber betont Brezinka die mentale Verankerung von Dispositionsbegriffen, wenn er Dispositionen als Persönlichkeitsmerkmale, dauerhafte Fähigkeiten, Haltungen, ja als seelische Verfassung kennzeichnet, welche im Rahmen der Psychologie untersucht werden sollen: „Es bedarf deshalb wissenschaftlich-psychologischer Untersuchungen darüber, ob es entsprechende Dispositionen überhaupt gibt und - falls dies bejaht wird - welche es sind und wie sie untereinander und mit dem beobachtbaren Verhalten zusammenhängen"(46).

Etwas differenzierend meint W. Leinfellner (47) im Rahmen der allgemeinen wissenschaftstheoretischen Diskussion, daß der Dispositionsbegriff nur dann fruchtbar angewendet werden könne, wenn die Dispositionen auf Theorien bezogen werden. Denn die Willkür dessen, was als semantischer Gehalt von Dispositionen bezeichnet wird, läßt sich nur dann vermeiden, wenn es gelingt, Gesetzes-

45 G. Ryle a.a.O. S. 60 f.
46 W. Brezinka a.a.O. S. 513 f.
47 Vergl. W. Leinfellner, Struktur und Aufbau wissenschaftlicher Theorien, Wien, Würzburg 1965, S. 30

hypothesen in Dispositionsaussagen zu integrieren, „also an die Stelle der „gesetzesartigen" singulären Dispositionsaussagen eine allgemeine Gesetzeshypothese über dieses Dispositionsprädikat treten zu lassen"(48). Das heißt nichts anderes, als daß die Theorie selbst auf diese Weise die Interpretation des Dispositionsbegriffes leitet. Auch hier setzt jedoch der Forschungsstand enge Grenzen, so daß Stegmüller etwas pessimistisch schreibt: „Was die dispositionellen Erklärungen betrifft, so wird es heute vor allem im Bereich der Psychologie oft nicht möglich sein, Aussagen, in denen Individuen psychische Dispositionen zugeschrieben werden, unter allgemeine Gesetze unterzuordnen"(49).

Dieses Programm ist aber nicht nur vom psychologischen Forschungsstand her gesehen schwerlich einzulösen, es bringt letztlich das gesamte Introspektionsproblem des Mentalismus mit sich. Solange dieses Problem jedoch nicht gelöst ist, muß der Status von Dispositionen als äußerst unsicher betrachtet werden. Weiß man nämlich nicht, was für kognitive Strukturen den Dispositionen entsprechen, so kann man grundsätzlich zu jeder Äußerung eine Disposition postulieren. So kann Brezinka beispielsweise eine „Disposition zum täglichen Reinigen der Zähne"(5o) ansetzen. Auf diese Weise wird der Vorteil, welchen die Postulierung von Dispositionen mit sich bringen sollte, wieder aufgehoben: Auch vermittels Dispositionen kann eine Atomisierung der Persönlichkeitsstruktur durch die Wissenschaft nicht vermieden werden. Dadurch, daß vielmehr jedes Verhalten grundsätzlich als Ausdruck einer zugehörigen verhaltensspezifischen Disposition aufgefaßt werden kann, verliert der Dispositionsbegriff seine Trennschärfe und damit seinen Sinn. Daß Brezinka trotz dieser offensichtlichen Schwierigkeiten und der Unlösbarkeit der Aufgabe auf den Dispositionsbegriff im szientifischen Sinn nicht verzichten kann, ist wahrscheinlich nur auf dem allgemeinen Hintergrund seiner zweckrationalen Konzeption von Erziehung zu verstehen.

Denn über den Dispositionsbegriff soll tendentiell die gesamte Persönlichkeitsstruktur des Educanden der Verfü-

---

48 W. Stegmüller a.a.O. S. 122
49 W. Stegmüller a.a.O. S. 122
50 W. Brezinka a.a.O. S. 535

gung des Erziehers unterstellt werden. Zwar wird dabei die streng behavioristische Ausrichtung der Forschung überwunden, indem es eher um „Verhaltens- und Erlebnisbereitschaften" - was das auch immer heißen mag - als um beobachtbare Verhaltensäußerungen geht. Dadurch wird aber letztlich der Bereich der Verfügung eher noch erweitert, indem der Zusammenhang zwischen empirisch überprüfbaren Verhaltensweisen und Dispositionen, den Brezinka postuliert, dazu führt, daß über empirische Verfahren sogar festgelegt werden soll, was die zugehörigen psychischen Bereitschaften sein dürfen. Damit wird aber nichts anderes versucht, als die Erfahrungsmöglichkeiten des Menschen selbst in den Griff zu bekommen und zu normieren.

Wenn man aber weiter frägt, wer denn jenes Subjekt ist, das für sich in Anspruch nimmt, „die Persönlichkeit anderer Menschen mit psychischen und (oder) sozial-kulturellen Mitteln in irgendeiner Hinsicht zu fördern"(51), so verweist Brezinka zuallererst auf den autonomen Willen des Erziehers, dann auf Verfasser von „Erziehungslehren", Gesetzgeber und Führer bzw. Mitglieder von Verbänden. Allerdings wird im positivistischen Sinn die Frage inhaltlicher Legitimation im Sinne des wissenschaftlichen Wertrelativismus ausgeklammert. Da Brezinka die Diskussion der Legitimationsproblematik nach der Aufzählung möglicher bzw. faktischer Entscheidungsträger abschneidet und lakonisch schreibt: „Unabhängig davon, wer sie hat, können Erziehungsziele sinnvoll nur als Ziele *für Erzieher* bestimmt werden"(52), gelingt es ihm, das autonome Subjekt des Erziehers zu postulieren. Eine Autonomie, die sich vor den faktischen Realitäten der gegenwärtigen gesellschaftlichen Machtverhältnisse als Ideologie erweisen muß. So fällt denn auch zum Schluß seines Aufsatzes die am Anfang durchaus noch angeschnittene gesellschaftliche Perspektive völlig aus. Erziehung wird nur noch in der verkürzten Dimension Erzieher-Educandus betrachtet. Dieses Verhältnis geht jedoch ganz eindeutig zu Lasten des Educandus, der nur noch Objekt des Willens des Erziehers ist: „Zu den Merkmalen des Begriffes Educand gehört nur, daß es sich

---

51 W. Brezinka, Über Erziehungsbegriffe, in: Zeitschrift für Pädagogik 1971, S. 613

52 W. Brezinka a.a.O. S. 525. Vergl. dazu auch folgende Aussage Brezinkas: „Selbst Erziehungsziele, die er kennt, braucht er nicht zu bejahen, sondern kann sie ablehnen". (ebd.)

um ein Objekt der Erziehung handelt. Durch Erziehung wird *versucht*, Educanden zum willentlichen oder unwillkürlichen Lernen bestimmter Inhalte (psychische Dispositionen) zu bringen, aber ob diese Inhalte auch tatsächlich gelernt werden, bleibt offen"(53). Wie der letzte Teil des Zitates andeutet, bleibt es die einzige Möglichkeit des Educanden, das Lernen der Inhalte zu verweigern und sich damit der Verfügungsgewalt des Erziehers zu entziehen; mitzubestimmen hat er nichts.

Umgekehrt wird die Weigerung des Educanden individualistisch dem Erzieher zur Last gelegt: „Was zum Unbehagen in der jüngeren Generation geführt hat, scheint mir aber vor allem dieser Mangel an mitmenschlicher Zuwendung, an persönlichem Engagement, an Mut zu verantwortlicher Stellungnahme und zu unbedingten Forderungen auf seiten der Erwachsenen zu sein"(54). Erziehung folgt in diesem Modell einem streng technologischen Paradigma, wo die einzelnen völlig autonom erscheinen - wie im ökonomischen Konkurrenzmodell des praktischen Solipsismus - und es keine strukturelle Gewalt gibt. Die Rollen der Beteiligten sind starr fixiert, es gibt keine Prozesse der Situationsdefinition, wo im Sinne einer „kommunikativen Didaktik" zuerst ein Konsens ausgehandelt werden muß, der Educandus also als Subjekt in den Erziehungsprozeß eintritt.

Allerdings ist der Dispositionsbegriff nicht unauflöslich an ein technologisches Modell des Erziehers gebunden, wie es durch Brezinka skizziert wird. Vielmehr bedeutet die Aufnahme des Dispositionsbegriffes in die erziehungswissenschaftliche Diskussion durchaus einen gewissen Fortschritt, weil es auf diese Weise möglich wird, einzelne Verhaltensweisen in ihrem Zusammenhang mit einer allgemeinen Disposition zu sehen, ohne den Aporien der Deduktionshypothesen zu verfallen. Allerdings müssen in diesem Falle Dispositionen eher im umgangssprachlichen (primordialen) als im szientifischen (technischen) Sinne aufgefaßt werden (55); also eher wieder in engerer Anknüpfung an Ryle. Dispositionen sind danach Versuche, menschliche

---

53 W. Brezinka, Was sind Erziehungsziele a.a.O. S. 527

54 W. Brezinka, Die Pädagogik der neuen Linken, Stuttgart 1972, S. 51

55 Zum primordialen und technischen Gebrauch bestimmter Konzepte vergl. auch: J.E. Mc Clellan, The Logical and the Psychological: An Untenable Dualism? in: B.O. Smith, R.H. Ennis, Language and Concepts in Education, Chicago 1961

Handlungen unter klassifizierende Begriffe (Dispositionen) zu ordnen: Es sind Bündel von Handlungen, die nach leitenden Gesichtspunkten zusammengefaßt werden. Im Unterschied zu einer szientifischen Fassung des Dispositionsbegriffes sind primordiale Dispositionen „offen", d.h. sie umfassen eine offene Klasse von Handlungen, die nicht durch Sprachnormierung zum vorneherein reduziert wird. Primordiale Dispositionen bedürfen vielmehr der hermeneutischen Auslegung, die ihre immanente Dialektik zu erfassen versucht, nämlich wie eine Disposition selbst auf bestimmte Handlungen verweist und wie in einer konkreten Handlung bereits der Sinn einer Disposition angelegt ist. Der primordiale Begriff ist damit nicht bloß formal zu fassen, sondern hat inhaltliche Qualität, indem die Reflexion auf die darunterfallenden Handlungen und die sie konstituierenden Fähigkeiten nicht vom inhaltlichen Substrat abstrahieren darf. Kreativität äußert sich beispielsweise nicht in einer abstrakten Fähigkeit, sondern darin, daß jemand eine konkrete Zeichnung gestaltet, ein Gedicht zu einem persönlichen Erlebnis schreibt, die politischen Hintergründe eines Wahlskandals erforscht etc.. Manchmal sind derartige inhaltliche Bestimmungen bereits in der Disposition selbst angelegt. So etwa in der Disposition Friedensfähigkeit, wo die Fähigkeit selbst bereits auf einen ganz bestimmten Inhalt (Frieden) bezogen ist.

Nun ist es jedoch recht schwierig, sich Dispositionen wie „Friedensfähigkeit" in ihrer mentalistischen Verankerung vorzustellen. Es soll deshalb hier offen gelassen werden, ob primordialen Dispositionen bzw. wenigstens Teilen davon ein geistiges Korrelat entspricht und wie jenes strukturiert wäre. Vielmehr sind Dispositionen menschliche Klassifikationssysteme für Handlungen. Der Mensch ordnet damit die potentiell unendlichen Handlungen nach leitenden Gesichtspunkten und erhält vermittels Sprache die Möglichkeit, das Verhalten anderer Menschen und sein eigenes Verhalten interpretieren zu können. Das heißt jedoch nicht, daß solche Dispositionen selbst neutral wären und Verhalten objektiv beschrieben. Wie szientifische Dispositionen im Rahmen empirisch-analytischer Theorien interpretationsbedürftig sind, so sind die primordialen Dispositionen an die Erfahrungen der Menschen, an eine umgangssprachlich konstituierte Lebenswelt gebunden. Das heißt nichts anderes, als daß eine Interpretation primordialer Dispositionen an der Interpretation der Lebenswelt selbst festgemacht sein muß (56).

Wenn nun im Anschluß an die Erörterung des Dispositionsbegriffs die Deduktionsproblematik nochmals kurz diskutiert werden soll, so unter dem Aspekt, daß hier eine Lösung nahegelegt wird, welche sich nicht auf die Schlußverfahren der formalen Logik beziehen muß. Primordiale Dispositionen sind nämlich ein Sonderfall von umgangssprachlich verankerten Slogans, wie sie von Komisar und Mc Clellan beschrieben und vom Paradigma naturwissenschaftlicher Generalisierungen abgehoben werden (57). Erziehungswissenschaftliche Slogans sind Aussagen wie: „Erziehung zu Anpassung und Widerstand", „Erziehung zur Freiheit", „Good Teaching is Meaningful Teaching" etc. Dabei sind zwei Weisen des Gebrauchs von Slogans zu unterscheiden: der zeremonielle und der nicht-zeremonielle. Zeremonielle Slogans sind inhaltsleer und appellieren lediglich an die Gefühle der Hörer oder Leser, ohne daß damit Bezug auf irgendetwas Bestimmtes genommen wird. Wenn Erziehungsziele relativ genereller Art als „Leerformeln" kritisiert werden müssen, so hängt das gerade damit zusammen, daß sie zeremoniell gebraucht werden. Nicht-zeremonielle Slogans unterscheiden sich davon, indem sie einen Informationswert besitzen und pädagogischem Handeln eine Richtung geben: Wenn wir herausfinden wollen, was ein nicht-zeremonieller Slogan bedeutet, so brauchen wir nur darauf zu achten, welche Handlungsmöglichkeiten er assertiv zusammenfaßt. Im Unterschied zu Generalisierungen im Sinne nomothetischer Wissenschaft kann man den logischen Implikationsbegriff nicht auf Slogans anwenden. Slogans sind solange systematisch vieldeutig, bis sie durch einen Akt der Interpretation begrenzt werden: „Zwischen dem generalisierenden Slogan und seiner Anwendung auf einen bestimmten Fall steht ein etwas willkürlicher Interpretationsakt"(58).

---

56 Wie der hier analysierte und weiterentwickelte Dispositionsbegriff in ein Curriculum-Entwicklungsschema integriert werden könnte, soll im zweiten Teil dieser Arbeit aufgezeigt werden.

57 P. Komisar, J.E. Mc Clellan, The Logic of Slogans, in: B.O. Smith, R.H. Ennis, Language and Concepts in Education, Chicago 1961, S. 195 ff.

58 P. Komisar, J.E. Mc Clellan a.a.O. S. 200

Oft geschieht es auch, daß andere Menschen eine bestimmte Interpretationsweise eines Slogans übernehmen: der Slogan erfährt eine Standardinterpretation und in pädagogischen Abhandlungen wird im Sinne einer gewissen Ökonomie diese Standardinterpretation vorausgesetzt. Die Schwierigkeit besteht dann jeweils darin, daß der Übergang zum zeremoniellen Gebrauch von Slogans fließend ist, indem ein Slogan „abgeschliffen" wird und als Leerformel blind weitertradiert wird.

Diese Konzeption von Komisar und Mc Clellan muß dahingehend kritisiert werden, daß sie affirmativ gegenüber beliebigen inhaltlichen Konkretionen bleibt: „Ob Slogans dem Fundus reaktionärer Ideologien (so der Spruch einer Bildung von Kopf, Herz und Hand als Rechtfertigungsversuch der volkstümlichen Bildung) oder der Anstrengung wissenschaftlicher Reflexion (so die zum Emanzipationsbegriff verdichtete Kritische Theorie) entstammen, ändert ihren Charakter nicht"(59). H.L. Meyer lehnt denn auch diese „skeptische Lösung des Deduktionsproblems" ab, weil auf solche Weise Werturteile nur noch als resubjektivierte Gefühlsausdrücke verstanden würden. Dem ist insofern beizupflichten, als die Logik der Slogans von den genannten Autoren in positivistischer Manier verstanden wird und die Verankerung der Slogans in umgangssprachlichen Lebenswelten nicht thematisiert wird. Gerade die Aufgabe einer kritischen Wissenschaft wäre es, jene Slogans aus ihrer unreflektierten Verankerung im Rahmen der Lebenswelt zu lösen, sie reflektierend auf ihre Funktion im Rahmen der bestehenden gesellschaftlichen Lage zu untersuchen und im Sinne emanzipatorischer Erziehungswissenschaft neu zu interpretieren. Auf diese Weise werden Slogans jener von Meyer kritisierten Resubjektivierung enthoben, so daß eine Lösung des Deduktionsproblems - im Sinne eines Zusammenhangs zwischen Handlungen und Dispositionen resp. Leitideen eines Curriculum - gefunden wird, die weder das Unmögliche doch noch wahrzumachen versucht, noch im Affirmativen stehen bleibt. Nicht-zeremoniellen Slogan könnten sich damit als fundierende Voraussetzung einer Curriculumforschung erweisen, deren Selbstverständnis dem Bezugsrahmen kritischer Erziehungswissenschaft entspringt.

---

59 H.L. Meyer, Einführung a.a.O. S. 78

1.4.2 Der normative Charakter von Erziehungszielen

Damit ist aber bereits die Frage der Normen (60) angeschnitten: Wenn die Dispositionen nämlich selbst im Rahmen einer bestimmten Lebenswelt und dessen Sprachgebrauchs zu interpretieren sind, so sind diese Dispositionen nicht mehr als rein deskriptiv zu charakterisieren. Vielmehr sind sie als Begriffe der Sprache an gesellschaftlichen Normen ausgerichtet. Denn der Mensch bezieht sich vermittels der Sprache ja nicht auf ein unabhängiges Objekt, sondern in der Sprache wird jenes Objekt erst konstituiert und aufgrund gesellschaftlicher Erfahrung aus anderen Bezeichnungsmöglichkeiten herausgehoben. Die Identifizierung eines Objekts vermittels Sprache - etwa bestimmter Dispositionen - setzt damit deren vorgängige positive Bewertung als in der Sprache gegebene Objekte voraus.

Eine bewußte Normsetzung - etwa durch den Erzieher - ist dann gar nicht mehr notwendig, daß überhaupt Normen ins Spiel kommen. Sobald bestimmte Objekte sprachlich identifiziert werden, kommt das einer Normierung gleich, indem alle Möglichkeiten ausgeschieden werden, die von der gesellschaftlichen Erfahrung nicht vorgesehen sind. Wer meint, bewußt Normen zu setzen, verkennt sehr leicht, daß er im Rahmen eines - möglicherweise sehr engen - gesellschaftlich vorgegebenen Spielraumes operiert. Daß sich also leicht gesellschaftliche Interessen hinter seinem Rücken durchsetzen, wo er meint, völlig autonom zu handeln.

Damit verbunden ist jedoch eine zweite Schwierigkeit, die eine positivistische Analyse der „Logik der Erziehungsziele" mit sich bringt. Um dieses Problem zu verdeutlichen, soll hier die Struktur normativer Aussagen, die Erziehungszielen unterlegt wird, etwas deutlicher herausgehoben werden. Eine theoretische Klärung in diesem Sinne versucht H. Heid (61), indem er Tatbestände oder

---

60 Damit ist die Grundfrage des Verhältnisses von Sein und Sollen angeschnitten, die trotz der strengen Scheidung durch gewisse wissenschaftstheoretischen Schulen nicht unumstritten ist. Dazu wäre vor allem die Searlsche Sprechakttheorie hinzuzuziehen, die versucht, einen neuen Weg aufzuzeigen, wie Sein in Sollen transformiert werden kann (J.R. Searle, Sprechakttheorie, Frankfurt 1971, S. 261 ff.)

61 H. Heid a.a.O.

Tatbestandseigenschaften, zu denen wertend Stellung genommen wird, in Anlehnung an Kraft (62) als Wertträger und die wertende Stellungnahme als Auszeichnung der Tatbestände unter Verwendung von Wertbegriffen in Wertprädikaten bzw. Werturteilen charakterisiert. Erziehungsziele enthalten damit einen deskriptiven Gehalt - den wertend auszuzeichnenden Sachverhalt - der positivistisch als völlig neutral postuliert wird: „Die Dinge sind, was sie sind und wie sie sind. ‚Ihr Wert' ergibt sich nicht aus ihnen selbst und kommt ihnen nicht zu, wie ihnen Eigenschaften zukommen"(63). In diesem Zusammenhang ist jedoch nicht die oben angeführte Kritik an der Wertneutralität entscheidend, sondern der Anspruch, daß Erziehungsziele eine Beziehung zwischen Gegenstandsbeschaffenheit und wertend stellungnehmendem Verhalten herstellen sollen. Die Intention dieses Versuches ist klar: Es soll auf diese Weise möglich werden, Tatsachenwissen (im Sinne der empirisch-analytischen Methodologie) für die Diskussion von Erziehungszielen fruchtbar zu machen. Denn wenn eine wertende Auszeichnung eines Sachverhaltes von falschen theoretischen Aussagen über diesen Sachverhalt ausgeht, soll eine Art Falsifizierung möglich werden. Dadurch werden aber insgesamt die Kriterien des Positivismus auf Wertaussagen anwendbar; wenn auch nicht auf die Bewertung selbst. Immerhin wird es möglich, über Argumente zu entscheiden, „die sich auf eine ‚bessere', ‚richtigere' Darstellung der deskriptiven Komponenten dieser Soll- und Zielaussagen richten, um den Adressaten dieser ‚Sachklärung' zu einer Überprüfung seiner Bewertung zu veranlassen"(64).

Der Heidsche Versuch, Gesichtspunkte der sprachanalytischen Ethik in die Curriculumdiskussion einzubringen, ist nun zwar einerseits verdienstvoll. Andrerseits vermißt man eine klare Unterscheidung von Präskription und Werturteil, wie sie K.B. Henderson unternommen hat (65). Denn durch diese weitere Differenzierung wird das Verhältnis von Sachverhalt und Bewertung entscheidend ver-

---

62 V. Kraft, Die Grundlagen einer wissenschaftlichen Wertlehre, Wien 1951

63 H. Heid a.a.O. S. 560

64 H. Heid a.a.O. S. 566

65 K.B. Henderson, Uses of „Subject Matter", in: B.O. Smith, R.H. Ennis, Language and Concepts in Education, Chicago 1961, S. 50 ff.

ändert. Das Werturteil bei Heid entspricht den „value statements" (Wertaussagen) von Henderson, welche dazu dienen, etwas zu bewerten und implizit eine bestimmte Art von Verhalten - das bewertet wird - bereits voraussetzen. Wertaussagen setzen damit ganz allgemein einen Sachverhalt voraus, der mit Worten wie „richtig", „gut", „wertvoll" ausgezeichnet wird. Demgegenüber sind Präskriptionen Befehle, Direktiven wie „Menschen sollen die Wahrheit sagen" oder „schwöre nicht"; sie drücken eine Absicht bzw. eine Aufgabe aus und bedürfen selbst wieder der Begründung. Denn die Präskription (Soll-Aussage) ist selbst noch nicht Ausdruck einer Bewertung, sondern nichts anderes als ein Sprechakt im Searlschen Sinne (66). Erziehungsziele können deshalb nicht autonom bewertet werden, sondern bedürfen der Rechtfertigung im Rahmen des dahinterliegenden „background knowledge". Wenn beispielsweise ein Erziehungsziel heißt: „Die Schüler sollen einen Überblick über die wichtigsten weltgeschichtlichen Ereignisse von 186o bis 187o geben können", so ist die Zuschreibung eines Wertes nicht im Sprachgebrauch des Wortes „sollen" impliziert. Und das zugezogene „background knowledge" ist nicht als wertfrei zu verstehen, sondern beinhaltet Werturteile, die letztlich selbst in die Bewertung des Erziehungszieles eingehen. So könnte sich die Entscheidung über das eben angeführte Erziehungsziel auf Aussagen wie die folgenden abstützen: „Die Epoche von 1860-1870 eignet sich gut als Beispiel für den Geschichtsunterricht", „Ein richtiger Gymnasiast braucht geschichtliches Faktenwissen" etc. Es handelt sich dabei in der Terminologie von W.K. Frankena um „außermoralische Werturteile", die sich selbst wiederum zu rechtfertigen haben (67).

Im Hinblick auf den Präskriptionsbegriff drängt sich eine weitere Differenzierung des Konzeptes von Heid beim Begriff des Wertträgers auf. Denn der Begriff Wertträger setzt bestimmte Dinge - Personen, Sachen, Verhaltensweisen - voraus, die bewertet werden. Damit ist seine Anwendung aber auf Wertaussagen beschränkt. Erziehungsziele sind jedoch gerade nicht Wertaussagen, sondern Präskriptionen und unterscheiden sich damit wesentlich von der

66 Vergl. J.R. Searle a.a.O.
67 W.K. Frankena, Analytische Ethik, München 1972, S. 28. Im Bereich der moralischen Erziehung sind daneben auch moralische Werturteile möglich wie „J.H. Pestalozzi ist ein Vorbild für Pädagogen".

Logik jener normativen Aussagen, die Heid einführt. Der Wertträger, der vom Erzieher bewertet werden soll, existiert ja noch gar nicht, sondern kann höchstens als wünschbar postuliert werden. Die Logik postulativer Aussagen kann deshalb nicht von etwas „rein Sachlichem" ausgehen, also zum Beispiel einen Gegenstand als schön bewerten (68), da das Ziel nicht etwas bereits Vorfindbares darstellt.

Hier sieht wohl Brezinka klarer, wenn er Erziehungsziele als Aufgabennormen charakterisiert: „Sie stellen dem Erzieher die Aufgabe, ein gewisses Ziel zu erreichen, aber sie sagen nichts über die Mittel, deren er sich dabei bedienen soll"(69). Wenn aber Ziele als Aufgaben definiert werden, heißt das, daß ihnen keine Objekte entsprechen; vielmehr wäre das Objekt (z.B. eine psychische Disposition) erst als ein zu schaffendes aufgegeben.

Demgegenüber scheint Heid Möglichkeit und Wirklichkeit zu verwechseln, indem er das, was erst ein mögliches Ziel darstellt, bereits als faktisch voraussetzt. Dies ist letztlich nichts anderes als eine Hypostasierung des Zielbegriffes, hinter der sich ein latenter Konservativimus verbirgt. Denn wenn das Mögliche als Tatsache eingeführt wird, so bedeutet das für die Festlegung von Erziehungszielen, daß vom bereits Vorhandenen aus das Mögliche bestimmt wird. Werden Erziehungsziele in dieser Weise definiert, so sind sie kaum mehr angreifbar, da die Macht des Faktischen von vorneherein für sie spricht, womit die Hypostasierung nur mehr schwerlich kontrafaktisch aufgelöst werden kann.

1.5 Die empirisch-analytische Methodologie im Rahmen der Curriculumforschung

Auf dem Hintergrund der Normenproblematik soll nun nochmals auf das Verhältnis von empirisch-analytischer Metho-

68 So argumentiert H. Heid a.a.O. S. 560

69 W. Brezinka a.a.O. S. 537. Allerdings muß festgehalten werden, daß seine Aussagen über die Mittel auf dem Hintergrund des Implikationszusammenhanges recht fragwürdig erscheinen. Die Aufgabennorm beinhaltet zweifellos schon gewisse Vorentscheidungen für die Mittelwahl in sich.

dologie und Curriculumforschung zurückgekommen werden. Allerdings nur um den von der Curriculumforschung her scheinbar plausibelsten - und deswegen vom programmierten Unterricht über Ansätze der Unterrichtsforschung bis zu curricularen Forschungsansätzen stillschweigend vorausgesetzten - Versuch eines Einbezugs der Empirie zu verdeutlichen.

Die dabei in Anspruch genommene Funktion erfahrungswissenschaftlicher Forschung läßt sich besonders deutlich am Konzept R.M. Gagnés (7o) zeigen; sie liegt aber auch den meisten anderen Curriculumstrategien implizit zugrunde, welche die Formulierung operationalisierter Lernziele betonen. Gagné geht in seinem Ansatz von operationalisierten Lernzielen (objectives) aus und definiert deren Inhalt als „Beschreibungen der von Schülern erwarteten Fähigkeiten in bestimmten Bereichen menschlicher Aktivität" (71). Schon diese Definition erweist das lerntheoretische Interesse Gagnés, nämlich Bildungsinhalte als Fähigkeiten zu betrachten, die unter einem Set von Lernbedingungen erworben werden können.

Gagné versucht also, einen Zweck-Mittel-Zusammenhang zu schaffen, der es erlaubt, über 1. die Diagnose von Erziehungsbedürfnissen, 2. Formulierung von Lernzielen, 3. Inhaltsselektion, 4. Inhaltsorganisation, 5. Selektion von Lernerfahrungen und 6. Festlegung der Wege und Mittel, um die Effektivität des Gelehrten zu evaluieren (72), Curricula auf ihre Güte zu testen. Denn was man über ein gegebenes Curriculum wirklich wissen wolle, sei, ob es funktioniere. Gagné spricht in diesem Zusammenhang von „Hypothesen"(73) und faßt dabei die einzelnen Lernziele offensichtlich im Sinne der erfahrungswissenschaftlichen

---

70 R.M. Gagné, Curriculum Research and the Promotion of Learning, in: R.W. Tyler e.a., Perspectives of Curriculum Evaluation, AERA Monograph Series of Curriculum Evaluation 1, Chicago 1967, S. 21. Den Zusammenhang zu seiner „Task Analysis" und der damit verbundenen Taxonomie zeigt: ders., Die Bedingungen des menschlichen Lernens, Beiträge zu einer neuen Didaktik, Hannover 1969

71 R.M. Gagné, Curriculum a.a.O. S. 21

72 R.M. Gagné, Curriculum a.a.O. S. 20

73 So schreibt Gagné: „Initially, such measures can be obtained by assessing student performance in a carefully designed test, aimed at pinpointing the achievement of units arranged in a hierarchical sequence. *The hierarchy of units represents a set of hypotheses* regarding the prerequisites of each capability described (R.M. Gagné, Curriculum a.a.O. S. 35; Auszeichnung durch Verfasser).

Methodologie als falsifizierbare Hypothesen auf. Dies weist auf eine Differenzierung hin, die vom kritischen Rationalismus Popperscher Prägung hinsichtlich des Bereiches „wissenschaftlicher" Aussagen verfochten wird: die Unterscheidung in Entdeckungs- und Begründungszusammenhang. Im Anschluß an H. Albert (74) könnte man danach die Curriculumforschung in einen nicht-wissenschaftlichen und einen wissenschaftlichen Bereich trennen, was wissenschaftstheoretisch einer Aufgliederueng der Forschungsaktivitäten im Rahmen des Entdeckungs- und des Begründungszusammenhanges entsprechen würde. Zur Curriculumkonstruktion gehörte die vorwissenschaftliche Informationssammlung und deren Auslegung auf operationalisierte Lernziele (75). Von hier aus begänne erst die eigentliche wissenschaftliche Tätigkeit, nämlich in einem zweiten Schritt die „Hypothesen" (=Lernziele) im Begründungszusammenhang zu überprüfen. Letztlich könnte man auf diese Weise nicht allein Erklärungen gewinnen, sondern auch Prognosen für zukünftige Lernprozesse. Denn die erfahrungswissenschaftliche Methodologie betont, daß die Umwandlung von Erklärungen in Prognosen ein Verfahren von ausschließlich tautologischer Transformation sei, das allein auf den Schlußregeln der Logik beruht (76). In diesem Sinne scheint zum Beispiel K. Frey Prognosen für die Curriculumkonstruktion in Anspruch zu nehmen: „Das Grundanliegen des Curriculums selbst, eine gewisse Bildung zu erreichen, setzt eine Erklärung voraus. Es ist noch mehr als eine Erklärung, eine Prognose"(77).

Obwohl auf den ersten Blick ein solches methodologisches Vorgehen für die Curriculumforschung sinnvoll erscheint, ergeben sich mit dem Begriff „Hypothese" einige schwerwiegende Fragen. Halten wir nochmals fest; eine Hypothese im erwähnten Sinn hätte etwa die Form: „Wenn

74 Vergl. H. Albert, Theorie und Prognose in den Sozialwissenschaften, in: E.Topitsch (Hrsg.), Logik der Sozialwissenschaften, Koln, Berlin 1970, S. 126 ff.

75 Ein weiterer Vorteil wäre, daß das Problem der Deduktionshypothese auf diese Weise aus der Diskussion um die erfahrungswissenschaftliche Absicherung von Curricula herausgenommen werden könnte, da es ja noch im Entdeckungszusammenhang anzusiedeln wäre.

76 Vergl. H. Albert a.a.O. S. 130; zum allgemeinen philosophischen Kontext siehe: K.R. Popper, Das Elend des Historizismus, Tübingen 1969; ders., Logik der Forschung, Tübingen 1969

77 K. Frey a.a.O. S. 67

man den Unterricht in der Weise A gestaltet, dann wird das Bildungsziel B erreicht"(78). Wenn man jedoch in dieser Weise Unterricht als Zweck-Mittel-Zusammenhang abzusichern versucht, so ergibt sich einmal das Problem, ob es überhaupt möglich ist, ein Forschungsparadigma anzuwenden, das eher für Laboratoriumsversuche mit einer beschränkten Anzahl von Variablen geeignet ist. Die Komplexität des Unterrichtsfeldes hat es nämlich bis heute weitgehend verhindert, eine eindeutige Zuordnung von Unterrichtszielen und Mitteln zu ermöglichen. Dieses Dilemma bezeichnet G. Tulodziecki: „Angenommen, die Grundmenge für jede einzelne Variable würde nur 4 Elemente enthalten; es gäbe also nur vier Lernzielklassen, nur vier Inhaltsklassen usw.; dann würden durch das kartesische Produkt im Geschehnisraum bereits

4^7 = 16384 Punkte definiert und damit 16384 Unterrichtsprozesse beschrieben"(79).

Daß Tulodziecki auf dieser Basis dennoch an eine erfolgreiche Anwendung dieses Forschungsparadigmas glaubt, ist nicht mehr recht einsichtig, da die Kapazität von Forschungsprogrammen recht bald erschöpft sein dürfte und die Relevanz der Ergebnisse für die Praxis nur mehr gering wäre. Denn der Praktiker würde sehr rasch überfordert, wenn er für seinen Unterricht auch nur 5 - 10 Variablen gleichzeitig zu kontrollieren hätte (8o).

Und zudem gehen solche Forschungsparadigmata oft von der fragwürdigen Annahme aus, daß die Gestaltung des Unterrichts (also die Mittel) nur als abhängige Variable zu betrachten wäre. Dagegen besagt der Implikationszusammenhang von Blankertz, daß eben diese Methoden nicht allein abhängige Variablen sind, sondern daß die Unterrichtsmethode bereits inhaltliche Vorentscheidungen enthält, die damit von den Methoden abhängen.

---

78 G. Tulodziecki, Möglichkeiten und Grenzen einer empirisch orientierten Theorie des Unterrichts, in: Die Deutsche Schule 1973, S. 159

79 G. Tulodziecki a.a.O. S. 168

80 Tulodziecki verweist dabei zwar auf die Möglichkeit einer Datenbank, wobei nicht recht durchsichtig wird, wie die konkrete Realisierung zu leisten wäre. Zumal es ja in der Literatur beinahe schon üblich ist, bei Problemen, welche durch die Komplexität der notwendigen Informationen entstehen, auf Computer zu verweisen, ohne daß dadurch ein Beitrag zur Lösung dieser Probleme geleistet wird.

Diese eher forschungstechnischen Gesichtspunkte der Kritik können durch einen schwerwiegenden Einwand aus dem Bereich der in den vorhergehenden Abschnitten diskutierten Normenproblematik ergänzt werden. Wer nämlich von Lernzielen als „Hypothesen" spricht, verkennt deren Status vollkommen, indem er die Lernziele als wertfreie Aussagen betrachtet. Dieses Postulat der Wertfreiheit - als das die empirische Wissenschaft fundierende Prinzip - ist jedoch gerade im Curriculumbereich nicht einzulösen. Curricula sollen ja gerade Lernprozesse steuern und Aufgabennormen verwirklichen: Ihre Sätze bilden damit präskriptive Aussagensysteme, welche „gutes" von „schlechtem" Erziehungsverhalten unterscheiden (81).

Wer als Curriculumforscher irrtümlicherweise glaubt, eine Hypothese (= operationalisiertes Lernziel) erfahrungswissenschaftlich zu prüfen, setzt damit in Wirklichkeit eine Norm durch. Und da er selbst im Rahmen des wertfreien Paradigmas zu forschen meint, hintergeht er gleichzeitig die Frage der Legitimation, die sich erst dann stellen würde, wenn jenes Mißverständnis bewußt würde. Wenn der Forscher also erkennen würde, daß es sich bei Curricula nicht um überprüfbare Aussagen, sondern um soziale Aktivitäten handelt (82), die selbst erst der Rechtfertigung bedürfen.

Eine Lösungsmöglichkeit für die hier angeschnittene Problematik wird von N. Hilgenheger (83) unter dem Stichwort des „normativen Schlusses" diskutiert. Vom Standpunkt des Positivismus aus wäre diese Lösung besonders günstig, da sie sein methodologisches Fundament nicht grundsätzlich in Frage stellt. Vielmehr geht Hilgenheger im Sinne der Werturteilsdiskussion davon aus, daß ein Schluß von Sein auf Sollen logisch nicht zu rechtfertigen sei und daß im Rahmen eines schließenden Verfahrens die Normenproblematik lediglich im Sinne eines unendlichen Regresses hinausgeschoben werde. Dieses Problem der Curriculumtheorie verdeutlicht folgende formale Notierung:

---

81 Vergl. V.E. Herrick, The Function of General Objectives, in: E.C. Short, G.D. Marconnit (Hrsg.), Contemporary Thought on Public School Curriculum, Dubuque 1968, S. 267

82 Vergl. zum Problem von Lehren und Lernen als sozialer Aktivität: I. Scheffler, Die Sprache der Erziehung, Düsseldorf 1971, S. 101 ff.

83 N. Hilgenheger, Die normativen Elemente der Curriculumtheorie, in: Pädagogische Rundschau 1971, S. 681 ff.

„Da die Sequenz S_1 nachweislich zu Disposition D führt und da D sein soll, außerdem aber keine bekannte Sequenz S_2 mit besserem Erfolg zur Disposition D führt, soll auch S_1 sein. Das Normenproblem ist hiermit jedoch nur um ein Glied weiter zurückgeschoben: Zwar weiß man jetzt, daß auch S_1 sein soll, falls D sein soll; aber warum soll D sein"(84)?

Die Problematik des Regresses versucht Hilgenheger dahingehend zu umgehen, daß er die normativen Prämissen derartiger Schlüsse als bereits gegeben - bzw. von anderswo legitimiert - vorausgesetzt. Wenn damit auch die Normen selbst nicht empirisch gerechtfertigt werden können, so gelingt es immerhin auf diese Weise, das Verfahren logischer Schlüsse für normative Aussagen fruchtbar zu machen: Es wird also möglich, bei Curriculumproblemen im Rahmen der empirisch-analytischen Methodologie zu argumentieren: „Wenn die allgemeinen normativen Prämissen einer Argumentation so sorgfältig erörtert werden, wie es den augenblicklichen Möglichkeiten entspricht und wenn darüberhinaus alle empirischen Prämissen, die zusätzlich benötigt werden, nach den Methoden der empirischen Forschung überprüft werden können, so darf diese normative Überlegung als wissenschaftlich gelten. In solchen Fällen hat man eine normative *und* wissenschaftliche Theorie vor sich"(85).

Allerdings ist damit für die Legitimationsfrage selbst noch nicht viel gewonnen, wird sie doch lediglich ausgeklammert. Welche Schwierigkeiten sich jedoch einer adäquaten Behandlung von Normen im Rahmen der empirisch-analytischen Wissenschaft stellen, haben in jüngster Zeit vor allem die Versuche zu einer „deontischen Logik" deutlich gemacht. Im Rahmen der deontischen Logik wird nämlich versucht, für normative Aussagen eigentliche Normkalküle zu entwickeln. Bisher hat sich jedoch gezeigt, daß es nicht möglich ist, die Normenproblematik mit Hilfe einer erweiterten Logik in den Griff zu bekommen, da es keine Übertragung des Wahrheitswertes vom nichtnormativen Teil einer Aussage aufs Ganze gibt (86). Und weiter ist

---

84 N. Hilgenheger a.a.O. S. 686
85 N. Hilgenheger a.a.O. S. 687
86 N. Hilgenheger, Zur Begründbarkeit normativer Sätze, in: Vierteljahresschrift für wissenschaftliche Pädagogik 1971, S. 222

es bisher auch nicht gelungen, Basisnormen - die G. Zecha in Analogie zu den Popperschen Basissätzen diskutiert - im Rahmen der empirisch-analytischen Wissenschaftstheorie hinreichend zu begründen: „Die Basissätze der empirischen Wissenschaften werden an der Erfahrung überprüft: woran werden aber letztlich die Basisnormen überprüft? Es konnte meines Wissens nach bisher noch nicht einwandfrei gezeigt werden, daß und wie normative Basissätze *intersubjektiv* überprüft (bzw. kritisiert) werden können"(87). Das zeigt sich ganz deutlich an Brezinkas wissenschaftstheoretischer Konzeption (88), wo die Kriterien an normative Aussagen im Bereich der praktischen Pädagogik äußerst vage und unpräzis werden, also dem Standard nomologisch fundierter Wissenschaft kaum mehr entsprechen. So moniert D. Ulich: „Es gibt in der Erziehungslehre keine inhaltlichen Kriterien, die normative Sätze zu verwerfen gestatten, es ist für sie keine ähnlich scharfe Kontrolle vorgesehen wie für erfahrungswissenschaftliche Sätze. Die ausschließlich formalen Unterscheidungsgesichtspunkte Brezinkas gelten für jeden vernünftigen Satz der Umgangssprache und erlauben noch nicht, zwischen konkurrierenden Wertvorstellungen und Normen zu entscheiden - was aber Aufgabe der ergänzenden Bereiche der Pädagogik wäre"(89).

Letztlich bleibt dann an dieser blinden Stelle der methodologischen Voraussetzungen von Curriculumforschung lediglich noch das Postulat der Herstellung eines Konsensus und damit das Verfahren hermeneutischer Interpretation übrig. Wo jedoch versucht wird, die Reflexion auf die Lebenssituation zu hintergehen - also die Interpretationsbedürftigkeit von Normen auszuklammern - bedeutet das, daß die Curriculumtheorie selbst affirmativ wird. Denn wenn Begründungsverfahren auf logische Kritik und erfahrungswissenschaftliche Analyse restringiert werden, also lediglich zwischen alternativen Normen auswählen, dann müssen die bestehenden gesellschaftlichen Bedingungen - die auch die Bedingungen der Normen selbst sind - unreflektiert vorausgesetzt werden: Diese affirmative Tendenz wird be-

87 G. Zecha a.a.O. S. 593

88 W. Brezinka, Von der Pädagogik zur Erziehungswissenschaft, Weinheim, Berlin, Basel 1971

89 D. Ulich, Wissenschaftsmodell und Gesellschaftsbild, in: Zeitschrift für Pädagogik 1972, S. 400

sonders deutlich bei H. Heid, wenn er schreibt: „Jedoch wenn ich das eigene und das soziale Leben einmal bejaht habe, kann ich den Wert alles dessen, was dafür unerläßliche Voraussetzung ist, unmöglich negieren, ohne in logische Widersprüche zu geraten"(9o). Daß hier der Anspruch auf Objektivierung individueller Wertungen selbst ideologisch wird, zeigt sich darin, daß konservative politische Schlußfolgerungen als Konsequenz angedeutet werden. Denn wenn Heid die gegensätzliche Möglichkeit verbal auch durchaus zugesteht, so sind die damit verbundenen Konnotationen doch eindeutig: „Es gibt zwar keine *sachliche Notwendigkeit*, bestimmte Werturteile und Wertungsgrundsätze anzuerkennen. Ich kann sogar den Wert alles dessen negieren, was das Leben ermöglicht und erhält"(91). Daß diese letzte Möglichkeit real nicht in Betracht zu ziehen ist - wer möchte schon das zerstören, was das Leben ermöglicht - geht aus dem Kontext ziemlich klar hervor. Was dann noch die verbale Einräumung einer Negation soll, bleibt solange schleierhaft, als man die Schwierigkeit übersieht, in die sich der Positivismus an dieser Stelle verstrickt. Denn gerade hier wird deutlich, wie eine Methodologie sich selbst auf eine Lebensform hin transzendiert (92). Das Selbstverständnis des Positivismus kann seine eigene Verabsolutierung jedoch trotzdem nicht zugeben, da er sich damit in Widersprüche mit sich selbst verstrickt und muß deshalb wenigstens verbal auch die Negation dieser Lebensform zugestehen. Dieses Zugeständnis wiederum läßt sich kaum mit dem absoluten Charakter der Methodologie vereinbaren, eine Aporie, die nicht mehr aufzulösen ist.

1.6 Die Krise der Curriculumforschung

Die Skizzierung einiger Probleme aus dem Bereich der Curriculumforschung, wie sie in diesem Kapitel versucht wurde, macht es wohl leicht einsichtig, daß die Curriculumforschung selbst in einer Krise steckt. Denn Curriculum-

90 H. Heid a.a.O. S. 580
91 H. Heid a.a.O. S. 579 f.
92 Vergl. H. Moser, Programmatik einer kritischen Erziehungswissenschaft, in: Zeitschrift für Pädagogik 1972, S. 644 ff.

forschung wird im Rückbezug auf die früheren Ansätze der Didaktik meist damit begründet, daß versucht werden müsse, dieses Gebiet zu verwissenschaftlichen. Dabei bleiben jene Verwissenschaftlichungsversuche oft bei der Übernahme eines sozialwissenschaftlichen Jargons stehen, dessen inhaltliche Bedeutung lediglich Begriffe herkömmlicher didaktischer Versuche neu füllt oder Wissenschaftlichkeit durch die unreflektierte Übernahme behavioristischer Ansätze vorzugeben versucht. Demgegenüber wird meist die Frage übergangen, ob gängige Paradigmata bestehender sozialwissenschaftlicher Ansätze in die Curriculumforschung überhaupt übernommen werden können; sondern der Versuch, für das Gebiet des Curriculum wissenschaftliches Prestige zu erlangen, führt dazu, daß das Paradigma naturwissenschaftlicher Erkenntnis unbefragt vorausgesetzt wird. So betont R.E. Schutz, daß die Curriculumforschung eine „kranke Wissenschaft" sei und dies nicht zuletzt durch die unkritische Übernahme der psychologischen Forschungsmethodologie, zu deren Tönen Curriculumforscher getanzt hätten, ohne sich jedoch der Differenzen zu jener Methodologie und ihren aus Agrarwissenschaft und Biologie entlehnten statistischen Analysen bewußt zu werden (93). Aber auch M. Johnson konstatiert in seinem berühmten programmatischen Aufsatz eine Krise des Gebietes, dessen theoretische Fundierung fehle (94).

Die Tatsache der Krise hat für die Curriculumforschung jedoch eine merkwürdige Konsequenz. Denn wenn auf der einen Seite das Fehlen einer erfahrungswissenschaftlichen Theorie moniert wird, so nimmt man das jeweils lediglich zum Anlaß, eine solche theoretische Fundierung neu zu fordern. Man glaubt also nicht an prinzipielle Schwierigkeiten, sondern macht für das Versagen den gegenwärtigen Stand der Theoriebildung verantwortlich.

Demgegenüber zieht J.J. Schwab (95) radikalere Konsequenzen, indem er eine grundsätzliche Kritik und Neube-

---

93 R.E. Schutz, Methodologische Probleme der Curriculumforschung, in: F. Achtenhagen, H.L. Meyer (Hrsg.), Curriculumrevision, Möglichkeiten und Grenzen, München 1971, S. 99

94 Vergl. M. Johnson, Definitionen und Modelle in der Curriculumtheorie, in: F. Achtenhagen, H.L. Meyer (Hrsg.), Curriculumrevision, Möglichkeiten und Grenzen, München 1971, S. 30 ff.

95 Vergl. u.a. J.J. Schwab, The Practical: A Language for Curriculum (1), Washington 1970; ders. The Practical: A Language for Curriculum (2), in: M. Levitt (Hrsg.), Curriculum, Urbana 1971, S. 306 ff.

stimmung des curricularen Feldes formuliert, die sich - wenn auch nicht ausdrücklich - auf die Paradigmalehre Kuhns bezieht (96). Um den Gedankengang Schwabs verständlich zu machen, soll deshalb hier zuerst kurz der Begriff des Kuhnschen „Paradigmas" erläutert werden.

T.S. Kuhn knüpft in seiner Lehre von der Geschichte der Wissenschaften an Wittgensteins Spätphilosophie an und faßt die Wissenschaften als *Wissenschaftsspiele* auf. Solche Wissenschaftsspiele sind inhaltlich auf Paradigmata aufgebaut, anerkannte Beispiele wissenschaftlicher Praxis, aus denen festgefügte Traditionen wissenschaftlicher Forschung erwachsen. Paradigmata stellen nach T.S. Kuhn etwa die Wellentheorie des Lichts, die Newtonsche Physik, die Quantenmechanik etc. dar. Wie Schwab betont, muß im Rahmen einer derartigen Forschungstradition zwischen substantiver und syntaktischer Struktur der Wissenschaft unterschieden werden (97). Die substantive Struktur gibt an, welche konzeptuellen Strukturen in den Wissenschaftsprozeß eingehen, welche Merkmale, Eigenschaften und Verhaltensweisen der Gegenstände für forschungswürdig gelten. Der Forscher erhält damit eine Art Wegweiser für das Sammeln von Daten, indem die Ausrichtung auf die substantive Struktur ein Kriterium für die Relevanz bzw. Irrelevanz von Daten abgibt. Demgegenüber determiniert die syntaktische Struktur für jedes Gebiet, „wie es bei Entdeckungungen und Beweisen vorgeht, welche Kriterien zur Qualität der Datenmessung sie gebraucht, wie streng sie ihre Evidenzmaßstäbe anwenden kann und ganz generell, wie man von Rohdaten zu den Schlüssen gelangt"(98). Im Ablauf der Wissenschaftsgeschichte, die an derartigen Paradigmata orientiert ist, müssen drei verschiedene Phasen unterschiedlicher Qualität beachtet werden: a) die vorwissenschaftliche Phase, b) die Phase der normalen Wissenschaft und c) die Phase wissenschaftlicher Revolutionen.

Die vorwissenschaftliche Phase ist dadurch gekennzeichnet, daß es kein von den Forschern des betreffenden Gebietes anerkanntes Paradigma gibt. Das impliziert für die Forscher eine gewisse Richtungslosigkeit, indem alle

---

96 T.S. Kuhn, Die Struktur wissenschaftlicher Revolutionen, Frankfurt 1967

97 Vergl. J.J. Schwab, Structures and Dynamics of Knowledge, in: M. Levitt (Hrsg.), a.a.O.SS. 181 ff. Die dritte Determinante - die Organisation der Disziplinen - wird in diesem Zusammenhang vernachlässigt.

98 J.J. Schwab, Structures a.a.O. S. 185

Fakten gleich wichtig erscheinen; und das Zusammentragen von Fakten unterliegt in hohem Maße dem Zufall. Da auch eine einheitliche Methodologie (syntaktische Struktur) fehlt, ist es kein Wunder, „daß in den frühen Stadien der Entwicklung jeder Wissenschaft verschiedene Leute, die sich dem gleichen Bereich von Phänomenen, aber gewöhnlich nicht alle den gleichen Phänomenen gegenüber sehen, sie auch auf unterschiedliche Art und Weise beschreiben und interpretieren"(99). Aus diesen tastenden Anfängen und Versuchen entsteht ein wissenschaftliches Paradigma, indem oft eine der Schulen aus der Vor-Paradigma-Zeit triumphiert und ihre substantive und syntaktische Struktur als fundamentalen Konsensus über das Fortschreiten wissenschaftlicher Arbeit auf jenem Gebiet einbringen kann.

Ein derartiges Paradigma wird dann zum Begründer einer wissenschaftlichen Tradition und zur Richtschnur wissenschaftlicher Forschung. Sie „erlangen ihren Status, weil sie bei der Lösung einiger Probleme, welche ein Kreis von Fachleuten als brennend erkannt hat, erfolgreicher sind als die mit ihnen konkurrierenden"(100). In der Phase der normalen Wissenschaft wird nun versucht, jene Verheißung zu verwirklichen und auf diese Weise die Fruchtbarkeit des Paradigmas - seine Funktion der Organisation von Erfahrung und der methodischen Anleitung des Forschens - auszunützen. Es ist dies nicht die Zeit großer Entdeckungen, sondern Aufräumtätigkeit, der Versuch, den Objektbereich „in die vorgeformte und relativ starre Schublade, welche das Paradigma darstellt, hineinzuzwängen"(101). Die normale Wissenschaft kann jedoch plötzlich ihr eigenes Ungenügen entdecken, indem Phänomene entdeckt werden, die durch das Paradigma nicht erklärt werden: Seine Annahmen und Grundprinzipien werden fragwürdig. Das Entdecken von Anomalien führt auf diese Weise zu einer ausgedehnten Erforschung dieser Anomalie und findet erst nach Berichtigung der Paradigmatheorie, ihrer Modifikation oder der Einführung einer neuen syntaktischen bzw. substantiven Struktur einen Abschluß. Im Rahmen eines derartigen „Paradigmawechsels" lernt der Wissen-

99 T.S. Kuhn a.a.O. S. 36
100 T.S. Kuhn a.a.O. S. 44
101 T.S. Kuhn a.a.O. S. 45

schaftler, ein Objekt anders zu sehen; der Wissenschaftsprozeß im ganzen ist eine Abfolge derartiger Paradigmata und ihres Wechsels. Kuhn nennt diesen Vorgang des Paradigmawechsels aufgrund seiner Tragweite „wissenschaftliche Revolution".

Zur Curriculumforschung meint Schwab, daß sie im Stadium einer Krise stecke, also im Stadium der sichtbaren Anomalien: Dieses Forschungsfeld „ist unfähig, vermittels der gegenwärtigen Methoden und Prinzipien seine Arbeit fortzusetzen und etwas Bedeutendes zum Fortschreiten der Erziehung beizutragen"(102). Diese Unfähigkeit versucht Schwab auf die Überbetonung des Theoretischen im Gebiet des Curriculum zurückzuführen, wobei er in Anknüpfung an die aristotelische Position zwischen dem Theoretischen und dem Praktischen, der Kunst, unterscheidet. Den dabei gemeinten Unterschied macht er am Beispiel der Medizin klar: „Die Medizin zum Beispiel dürfte ihre klassische Beschreibung des Typhus besitzen. Diese Beschreibung wird die Beschreibung eines Typs sein und kein bestimmter Fall von Typhus dürfte wohl mit diesem Typ genau übereinstimmen. Der bestimmte Fall des Typhus und die bestimmte Person, welche davon befallen ist, konstituieren nun das Problem des ‚Praktischen'. Denn es ist dieser bestimmte Fall von Typhus, welcher geheilt werden soll, und dieser Patient, der behandelt werden muß. In dieser Sicht ergibt sich daraus konsequenterweise das Bedürfnis für eine besondere Art der praktischen Kompetenz, welche über den Punkt hinausgeht, wo theoretisches Wissen aufhört, ein begründendes Urteil über den einzelnen Fall zu erlauben"(103). Die Probleme des Praktischen sind deshalb von denen des Theoretischen verschieden(104). Das Theoretische ist auf Wissen und allgemeine, überprüfbare Aussagen ausgerichtet, die über lange zeitliche Perioden gültig bleiben. Das Ziel des Praktischen hingegen sind Entscheidungen, die Auswahl und Hinführung zu einer möglichen Aktion. Erst im nachhinein können die Konsequenzen als gut oder schlecht beurteilt werden. Die inhaltlichen Probleme des Thoretischen leiten sich von dem, was wir schon wissen, her, sie sind geistige Zustän-

---

102 J.J. Schwab, The Practical (1) a.a.O. S. 1
103 J.J. Schwab, Structures a.a.O. S. 199
104 Vergl. dazu: J.J. Schwab, The Practical (1) a.a.O. S. 2 ff.

de, während die praktischen Probleme aus der Sachlage selbst und deren Beziehung zu uns - der Praxis also - stammen.

Schwab kritisiert nun an der Curriculumforschung, daß sie irrtümlicherweise versucht habe, sich als theoretische Disziplin zu etablieren, während ihre Probleme in Wirklichkeit praktischer Natur seien. Die Forschung gründe sich auf die unterschiedlichsten Theorien der Verhaltenswissenschaften: Psychologie, Psychiatrie, Politik, Soziologie, Geschichte etc., während in Wirklichkeit keine Theorie, die ausschließlich auf einem dieser Ansätze beruhe, haltbar sei. Zudem versuche eine Theorie Regularitäten zwischen Dingen abzudecken; sie gründe also auf Abstraktionen, indem nicht dazupassende Elemente und Züge des Einzelfalls weggelassen werden. „Das Curriculum beruht jedoch nicht auf idealisierter oder abstrahierter Repräsentation, sondern auf dem einzelnen Ding, auf dem einzelnen Fall, in all seiner Komplexität ..."(105).

Die dem Curriculum angemessene Methode ist deshalb nicht theoretischer, sondern eklektischer Natur, indem man sich bemüht, Wissen verschiedenster Gebiete zu integrieren, um so die Einseitigkeit jeder einzelnen Theorie zu vermeiden. Da nämlich jede einzelne Theorie einseitig und deshalb letztlich für sich allein unhaltbar ist, scheint es die einzige gangbare Alternative, unsystematische, unsichere und pragmatische Verbindungen zwischen den einzelnen Theorien vorzunehmen, um auf diese Weise das Curriculum auf eine breitere Grundlage menschlichen Wissens abzustützen (106).

Die hier vorgestellten Thesen Schwabs scheinen im ganzen gesehen vor allem wichtig, um übertriebene szientifische Hoffnungen einzuschränken. Sie heben diesbezüglich hervor, daß praktische Probleme einen anderen Status als theoretische (szientifische) haben, daß es also im Rahmen der Curriculumforschung nicht um wertfreie Erkenntnis, sondern um bewertendes Handeln geht.

Allerdings enthalten Schwabs Versuche auch einige Inkonsistenzen. So scheint es mir nicht möglich, willkürlich einzelne Paradigmata als einander ergänzend in den Curri-

---

105 J.J. Schwab, The Practical (1) a.a.O. S. 26

106 Vergl. dazu: J.J. Schwab, The Practical (2) a.a.O. S. 314 ff.

culumprozeß einzuführen. Vielmehr dürfte es so sein, daß miteinander wetteifernde Theorien aus methodologischen oder substantiven Erwägungen einander gegenseitig ausschließen. Der behavioristischen Lerntheorie können nicht einfach interaktionistische bzw. psychoanalytische Konzepte als Ergänzungen zur Vermeidung von Einseitigkeit beigegeben werden. D.h. jedes einzelne Paradigma mit syntaktischer und substantiver Struktur ist an ein bestimmtes Forschungsinteresse gebunden, das der Sphäre des umgangssprachlichen Lebens entstammt. Denn die Wissenschaften sind an ihre Lebenswelt, der sie entstammen, gebunden und mit ihr vermittelt. Diese Vermittlung zwischen umgangssprachlichem Leben und paradigmatischer Theorie beschreiben J. Ritsert und C. Rolshausen in ihrer Dialektik: „Paradigmata, damit auch Regeln, Kriterien etc. der ‚normalen Wissenschaft', steuern die Präzisierung der Erfahrungen über Gesellschaft und sind daher gerade für eine Gesellschaftstheorie unerläßlich, welche objektive, in den Bewußtseinsdaten, befolgten Regeln und verfolgten Intentionen der gesellschaftlichen Individuen nicht aufgehende Prozesse, Strukturzusammenhänge, Institutionen, Handlungsfolgen berücksichtigt. Unsere These stellt soziologische Grundvorstellungen über soziale Konflikte und gesellschaftliche Einheit, die auf diese bezogenen und akkumulierten Einsichten normaler Wissenschaft, in einen Zusammenhang gleichermaßen mit Merkmalen gesellschaftlicher Objektivität wie den Alltagstheorien (Situationsverständnissen) und Normen gesellschaftlicher Akteure"(1o7). Sozialwissenschaftliche Paradigmata dienen also einerseits dazu, die Erfahrungen über Gesellschaft zu präzisieren und zu reorganisieren; sie behaupten damit für die untersuchten Subjekte selbst bedeutsame Sinngehalte. Andererseits sind sozialwissenschaftliche Paradigmata selbst als Systematisierung der umgangssprachlichen Paradigmata menschlichen Handelns zu verstehen. Der Wissenschaftler fungiert eben nicht, wie es bei Kuhn manchmal scheint, als deus ex machina, der aus dem Nichts heraus neue Denkmodelle entwirft und damit die Wissenschaft auf neue Wege bringt. Vielmehr weist die gesellschaftliche Synthesis selbst dem Denken die Richtung, und dieses vollzieht nur

107 J. Ritsert, C. Rolshausen, Der Konservativismus der Kritischen Theorie, Frankfurt 1971, S. 16

die Abstraktion der Verhältnisse des umgangssprachlichen Handelns.

In unserem Zusammenhang heißt das, daß die Reflexion des Zusammenhangs von Theorie und gesellschaftlicher Praxis es erst ermöglicht, Curriculumforschung als kritische erziehungswissenschaftliche Disziplin zu etablieren. Denn erst die Reflexion auf die Dialektik zwischen Theoretischem und Praktischem ermöglicht es, über den Schwabschen Dezisionismus hinweg zu kommen.

Wird diese Reflexion auf die Lebenswelt, welche als fundierende Voraussetzung der Wissenschaftsentwicklung zugrundeliegt, hintergangen, so wird dadurch die eigentliche Leistung der Paradigmenlehre - nämlich das letztlich immer noch dem philosophischen Idealismus unterliegende Konzept einer Einheitswissenschaft aufzubrechen - zugunsten eines wissenschaftstheoretischen Atomismus aufgehoben, und die Statuierung und Zuordnung von Paradigmata ist der beliebigen Entscheidung des Wissenschaftlers anheimgestellt. Erst in der Rückbindung des Paradigmas an die umgangssprachliche Lebenswelt wird es möglich, Wissenschaftsgeschichte und Gesellschaftsgeschichte in einen Zusammenhang zu bringen und Paradigmata als Ausformungen bestimmter Gesellschaftsformation festzumachen. Eine Analyse in dieser Richtung hat F. Tomberg geleistet, indem er die Forschungen Galileis in den Zusammenhang des heraufkommenden bürgerlichen Zeitalters stellte (1o8). Und im Bereich der Curriculumforschung selbst wäre von hier aus das behavioristische Paradigma anzugehen, welches von der Statuierung einer verbindlichen Norm ausgeht, Abweichungen dazu als Defizit ausgibt und Lernprozesse zur Behebung dieses Defizits verlangt. Das behavioristische Paradigma erwiese sich damit als charakteristisch für eine Praxis, die die Menschen um jeden Preis an den bestehenden Status quo anzupassen versucht und jene, die sich dem Konformitätszwang zu entziehen versuchen, tendentiell als „abnormal" - ja fast mit der Konnotation „geisteskrank" kennzeichnet (1o9).

---

108 Vergl. F. Tomberg, Was heißt bürgerliche Wissenschaft? in: Das Argument 1971 (66), S. 461 ff.

109 Diese Kennzeichnung des behavioristischen Paradigmas gibt: G.M. Esland, Teaching and Learning as the Organization of Knowledge, in: F.D. Young (Hrsg.), Knowledge and Control, New Directions for the Sociology of Education, London 1971, S. 70 ff.

Der Versuch J.J. Schwabs muß demgegenüber letztlich als mißlungen betrachtet werden, gerade weil bei ihm das Theoretische und das Praktische, Erkenntnis und Handeln völlig auseinanderfallen. Der Gewinn, den die Kuhnsche Paradigmenlehre gegenüber der herkömmlichen empirisch-analytischen Methodologie in Anspruch nehmen kann, nämlich Wissenschaftsmethodologie aus ihrem Ghetto des Formalen herauszulösen und substantiell werden zu lassen, wird von Schwab verspielt. Denn der Vorteil wird durch die vollständige wesensmäßige Abtrennung des Theoretischen vom Praktischen aufgehoben, während noch im Popperschen kritischen Rationalismus der Zusammenhang - wenn auch restringiert - in der Form prognostischer Aussagensysteme und der daraus resultierenden „Stückwerk-Technologie" vorhanden ist.

Eine Lösung böte vielleicht das Programm einer kritischen Erziehungswissenschaft, die das Theoretische selbst als ein Moment gesellschaftlicher Praxis auszuweisen versucht (110). Das zeigt sich schon an der Umwertung des erfahrungswissenschaftlichen Bereichs. Denn die kritische Erziehungswissenschaft geht davon aus, daß erfahrungswissenschaftliche Erziehungswissenschaft nicht vergeblich versuchen sollte, Erkenntnisse zu akkumulieren, sondern sie hätte im Rahmen der Utopie, einer bildungstheoretisch gefaßten Dialektik der Aufklärung, Möglichkeiten emanzipatorischer Praxis auszuweisen. Wissenschaftliche Forschung unterschiede sich dann von der gesellschaftlichen Praxis nicht durch völlig andere Verfahrensweisen und Methoden als sie im gesellschaftlichen Handeln gemeinhin gelten, sondern lediglich dadurch, daß die zugrundeliegenden Paradigmata strenge Anwendung finden. Denn auch umgangssprachliches Handeln im Rahmen einer Interpretiergemeinschaft wendet eine Art Paradigma zur Lösung ihrer Probleme an; diese umgangssprachlichen Paradigmata sind jedoch eher implizit als explizit, ihre syntaktische Struktur ist den Menschen, die sie benützen, oft nicht bewußt und zur Lösung eines Problems werden oft verschiedene Paradigmata angewandt.

Für den Status der Curriculumforschung heißt das, daß sie sich wesentlich als Ermöglichung menschlicher Praxis

---

110 Vergl. H. Moser, Zur Programmatik einer kritischen Erziehungswissenschaft, in: Zeitschrift für Pädagogik 5, 1972, S. 639 ff.

zu erweisen hätte; als Praxis von Lernprozessen und ihrer bildungstheoretischen Vermittlung nämlich. Erfahrungswissenschaftliche Forschung ist dabei nur ein Sonderfall; im Rahmen des Curriculum dürfte sie lediglich eine untergeordnete Rolle spielen, etwa im Sinne von Evaluationsprozessen, wenn versucht wird, bestimmte Lernziele durchzusetzen (das können Fähigkeitsqualifikationen aber auch soziale Qualifikationen wie Zufriedenheit etc. sein), über die von den am Unterricht Beteiligten (Schüler, Lehrer, Eltern) ein Konsensus erreicht wurde. Evaluationsprozesse müßten sich dabei aber nicht nur auf objektivierende" Maßstäbe empirischer Forschung, sondern auch auf subjektive Bewertungen, wie sie zur Evaluation im umgangssprachlichen Paradigma gebräuchlich sind, stützen (111).

Bevor jedoch der Versuch einer eigenen Konzeption der Curriculumforschung im Rahmen dieser Arbeit explizit aufgenommen werden soll, möchte ich im zweiten Teil anhand einiger konkreten Curriculumansätze etwas verdeutlichen, wie sich das methodologische Selbstverständnis dieser Ansätze auf konkrete Vorschläge zur Lehrplanrevision auswirkt. Dabei sollen die in diesem Teil wissenschaftstheoretisch begründeten Probleme und Fragestellungen vom Bedürfnis der Forschungspraxis her neu aufgenommen und differenziert werden.

---

111 Vergl. den von M. Scriven eingeführten Begriff der intrinsischen Evaluation. (M. Scriven, Die Methodologie der Evaluation, in: Ch. Wulf (Hrsg.), Evaluation, München 1972, S. 60 ff.). Dazu grundsätzlich: W. Holdener, H. Moser, Ansätze zur methodologischen Wenbestimmung, in: Projekt Politische Bildung Zürich (Hrsg.), Arbeitsbericht 2, Zürich 1973, S. 1 ff. (int. verv. Ms.)

2. Ansätze und Probleme der Curriculumforschung

2.1 Lernziele

Die Lernzielproblematik der Curriculumforschung betont meist die Fragestellung, wie Lernziele zu finden seien, und versucht dann, den Findungsprozeß schematisch darzustellen und die einzelnen Schritte zu begründen. Dabei gilt die Tylersche Rationale (1) als Vorbild, wo Lernziele von i) den Bedürfnissen des Lerners, ii) dem gegenwärtigen Leben außerhalb der Schule und iii) den Fachwissenschaften selbst her gewonnen werden, wobei als Zwischenschritt Erziehungsphilosophie und Lernpsychologie als Filter wirken. In der deutschsprachigen Rezeption der lernzielorientierten angloamerikanischen Curriculumforschung tritt vor allem die - im Hinblick auf methodologische Implikationen im ersten Kapitel behandelte - Deduktionshypothese in den Vordergrund, nämlich wie generelle Lernzielformulierungen in konkrete Lernziele der operationalisierten Form Magers (2) übersetzt werden können. Dabei übernimmt die deutschsprachige Curriculumpraxis oft den Ansatz Ch. Möllers (3), wo Feinziele von Grob- und Richtzielen her abgeleitet werden. Eine etwas differenziertere Version desselben Paradigmas hat jüngst die Freiburger Arbeitsgruppe für Lehrplanforschung (FAL) mit ihrem Zielebenenmodell zur Diskussion gestellt, indem operatio-

---

1 R.W. Tyler, Basic Principles of Curriculum and Instruction, Chicago, London 1971
2 R.F. Mager, Lernziele und programmierter Unterricht, Weinheim, Berlin, Basel 1969
3 Ch. Möller, Technik der Lernplanung, Weinheim, Berlin, Basel 1969

nalisierte Lernziele von Leitideen und Dispositionen im szientifischen Sinn her begründet werden (4).

Gemeinsam ist dieser Forschungsrichtung, daß Lernziele als intendierte Lernergebnisse betrachtet werden, als meßbare Verhaltensänderung des Schülers. Deshalb möchte ich diese Art des „Curriculum-building", also Ansätze, die weniger den Lernprozeß selbst als die Endergebnisse für ausschlaggebend halten, produktorientiert nennen. Wichtig ist jedoch bei Tyler, daß er im Gegensatz zu Mager und Möller die inhaltliche Dimension einbezieht und sie als eigenständig zu reflektierende Ebene hervorhebt. Denn bei den beiden letzteren Autoren wird das inhaltliche Substrat nicht einmal mehr erwähnt: Die Lerninhalte werden unreflektiert im Rahmen der Lernzielbestimmung ins Curriculum eingeführt. Lerninhalte sind bei Mager und Möller lediglich noch Äußerlichkeiten, Material, an dem das Lernziel erreicht wird. H. Rumpf kritisiert dieses Vorgehen wie folgt: „Eine inhaltsneutral arbeitende Psychologie kann es sich vielleicht leisten, die einschlägige Problematik auszuklammern - nicht aber die Erziehungswissenschaft. Im Unterricht geht es auch um das Erlernen sehr spezifisch strukturierter Inhalte, die als bloßes Material zur Erzeugung und Demonstration von Attitüden und Kompetenzen zu denken nicht angeht. Man kann Bücher eindeutig bestimmten Klassen zuordnen, wenn man sie nach intersubjektiv einwandfrei überprüfbaren Merkmalen sortiert - etwa nach dem Gewicht, der Seitenzahl, der Drucktype, dem Verlag, dem Erscheinungsjahr usf. Durch solche Ausklammerung des Inhalts ist das beseitigt, was eindeutige Klassifikationen mit hoher Reabilität erschwert oder unmöglich macht. Die Klarheit des Resultats ist mit seiner Belanglosigkeit erkauft"(5). Das heißt nichts anderes, als daß es nicht genügt, bloße Meßbarkeit und damit Ausdrückbarkeit in Termini eindeutigen Verhaltens zu gewährleisten. Denn das allein liefert keine Kriterien dafür, daß belanglose Inhalte ausgeschaltet werden.

---

4 J. Eigenmann, A. Strittmatter, Ein Zielebenenmodell zur Curriculumkonstruktion (ZEM), in: K. Aregger, U. Isenegger (Hrsg.), Curriculumprozeß: Beiträge zur Curriculumkonstruktion und -implementation, Bericht 18/19, Freiburg 1972, S. 65 ff.

5 H. Rumpf, Inhaltsneutrale Konzepte von Lernzielen, in: H. Rumpf, Scheinklarheiten, Braunschweig 1971, S. 307

Wie durch die Vernachlässigung einer didaktischen Aufarbeitung von Inhalten ein schlechter Status quo weitertradiert werden kann, zeigte beispielsweise das Freiburger LUV-Projekt (6), das darin bestand, daß die herkömmlichen Lerninhalte mit der Intention, eine verbesserte Unterrichtsvorbereitung des Lehrers zu ermöglichen, operationalisiert wurden. Die fehlende bildungstheoretische Konzeption führt dazu, daß sich die einzelnen Lernzielkataloge selbst enthüllen: Es sind hunderte von willkürlichen Lernzielen, die unvermittelt nebeneinanderstehen und Unterrichtsprozesse lediglich atomisieren, ohne die überkommenen inhaltlichen Konzepte selbst einer Innovation zu unterziehen. Das erwähnte ZEM-Modell derselben Arbeitsgruppe versucht diese Schwächen dahingehend aufzuarbeiten, als es Dispositionen und Leitideen als Bezugsrahmen operationalisierter Lernziele einführt; dabei verfällt dieses Modell jedoch der allgemeinen Kritik an der Deduktionshypothese, da vor allem nicht recht ersichtlich wird, wie Leitideen und Dispositionen stringent zusammenhängen; und zudem stellt sich hier das Problem des szientifischen Dispositionsbegriffes erneut.

Für die vorherrschende produktorientierte Forschungsrichtung stellt sich jedoch letztlich ganz allgemein die Frage nach dem Wert volloperationalisierter Lernziele; denn noch Tyler beharrte keineswegs auf dem von Mager geforderten Präzisionsgrad.

Das Hauptargument für solche Operationalisierungsforderungen ist einmal die Meßbarkeit der intendierten Verhaltensänderungen. Denn nur wenn Lerneffekte im overten Verhalten meßbar und das Ziel des Unterrichts bekannt sei, könne man erfahren, ob der Unterricht zum Lernerfolg führe. In diesem Sinne schreiben zum Beispiel R.C. Whitfield und J.F. Kerr: „Eine genaue Bewertung von Schülerleistungen erfordert die Meßung von spezifischen Fertigkeiten und Fähigkeiten (Verhaltensweisen), welche die Schüler in einer handgreiflichen Weise als Lernerfolg demonstrieren; diese Fähigkeiten und Fertigkeiten müssen in den Lernzielen des Curriculum - ausgedrückt in Termini distinkten Verhaltens - ihren Ausdruck finden, was besser ist als stolze Hoffnung oder die Statuierung bestimmter

6 Erziehungsdirektion des Kantons Freiburg (Hrsg.), Lehrplan für die Primarschulen (Curriculum-Entwurf 1970/71), Freiburg o.J.

inhaltlicher Gebiete"(7). Ebenso wird betont, daß der Schüler erst so Möglichkeiten erhalte, sich über angestrebte Lernziele zu informieren, die er zu erreichen habe. Und für die Lehrerseite argumentiert R. Wood (8), daß die Aufgabe der Spezifizierung von Lernzielen den Lehrer eher dazu bringe, über das zu reflektieren, was er tue und warum er es tue.

In den letzten Jahren ist jedoch unter den Curriculumforschern zunehmend eine Einstellung gewachsen, die den operationalisierten Lernzielen mit Skepsis gegenübersteht. Dabei gehen die Meinungen von einer Warnung der Überschätzung behavioristisch formulierter Lernziele (9) bis zur völligen Ablehnung. W.J. Popham (10) gibt folgendes Schema von Lernzieltypen, das die anstehende Problematik verdeutlicht:

	Geplante Resultate	Ungeplante Resultate
meßbare Resultate	A	B
unmeßbare Resultate	C	D

Er unterscheidet zwischen meßbaren und unmeßbaren Zielen, die zu antizipierten und ungeplanten Resultaten führen können. Die behavioristisch formulierten Lernziele sind dabei in der Zelle A zu finden. Die weiteren Lernergebnisse des Unterrichts (Zellen B - D) werden bei jenen

7 R.C. Whitfield, J.F. Kerr, Some Problems in Course Evaluation: A British View, in: Teachers College Record 1970/71, S. 269

8 R. Wood, Objectives in the Teaching of Mathematics, in: Educational Research 1968, S. 219 ff.

9 Vergl. z.B. R.C. Whitfield, J.F. Kerr, Some Problems in Course Evaluation a.a.O. S. 269

10 W.J. Popham, Epilogue, in: W.J. Popham e.a., Instructional Objectives, AERA Monograph Series on Curriculum Evaluation, Chicago 1969, S. 134 f.

Autoren, die sich allein mit operationalisierten Lernzielen befassen, vernachlässigt. Und wenn man annimmt, daß in jedem Unterricht ungeplante und nicht meßbare Effekte vorkommen, so bedeutet das, daß sie bei den extremen Vertretern der Operationalisierung unreflektiert bleiben. Allerdings besteht auch Popham darauf, daß der Lehrer und die Schule sich in erster Linie auf Zelle A beschränken sollten, da hier allein eine zureichende Kontrolle gewährleistet sei. „Wenn darüber hinaus im Unterrichtsablauf zusätzliche Effekte erreicht werden, so schließt dies ja nicht aus, die vorhersehbaren Intentionen des Unterrichts zu präzisieren"(11). Diese Argumentation gilt jedoch nur so lange, als diese weiteren Effekte den Unterrichtszielen nicht entgegenstehen und die Realisierung der Ziele von Zelle A gefährden. Allerdings spricht diese Argumentation - und darin ist Popham durchaus beizupflichten - nicht grundsätzlich gegen den Versuch einer Operationalisierung der Lernziele; vor allem, wenn der Lehrer auf mögliche Neben- und Störeffekte achtet.

Allerdings muß man sich vor dem Mißverständnis hüten, durch Operationalisierung Lernziele beliebig präzisieren zu können. Brügelmann (12) spricht im Anschluß an Bauersfeld (13) in diesem Zusammenhang von einer „curricularen Unschärferelation", die es mit sich bringt, daß die Feinheit der Lernziele nicht beliebig vertieft werden kann. Denn eine vollständige Erfassung der Zielsetzung durch die Meßung isolierter Verhaltensziele geht zwangsläufig mit einem immer größeren Fehleranteil einher, weil die Einbettung der kognitiven Verhaltensweisen in ihre sozialen und emotionalen Kontexte immer weniger erfaßt werden und der Gesamtzusammenhang verloren geht. U. Liebe-Harkort zieht sogar eine Parallele zur „Heisenbergschen Unbestimmtheitsrelation": „Dort ist nachgewiesen, daß nur entweder der Ort oder die Geschwindigkeit atomarer

---

11 R. Messner, Funktionen der Taxonomien für die Planung von Unterricht, in: Zeitschrift für Pädagogik 1970, S. 773

12 H. Brügelmann, Lernziele im offenen Curriculum, in: Thema Curriculum 2, 1972, S. 30

13 H. Bauersfeld, Einige Bemerkungen zum „Frankfurter Projekt" und zum „alef"-Programm, in: Arbeitskreis Grundschule e.V. (Hrsg.), Materialien zum Mathematikunterricht in der Grundschule. Beiträge zur Reform der Grundschule, Frankfurt 1972, S. 243 (zit. nach: H. Brügelmann, Lernziele a.a.O.)

Teilchen beliebig genau festgestellt werden kann. Die Messung eines der beiden Faktoren beeinträchtigt den anderen Faktor. Ähnlich kann vermutet werden, daß die immer genauere Erfassung operationalisierter Lernziele deren Relation zum situativen Kontext immer stärker beeinflußt, so daß eine unabhängige Erfassung und Kennzeichnung nicht mehr möglich ist. Jedenfalls kann gesagt werden, daß die Erfassung struktureller Dimensionen kaum begonnen hat"(14).

Eine weitergehende Kritik faßt den Trend zur Lernzieloperationalisierung als Auswuchs eines technokratischen Gesellschaftssystems auf, das über den gesamten Menschen verfügen möchte und ihn total planbar zu machen versucht. Nach Nash und Agne ist ein technokratisches System darauf ausgerichtet, die ganze Industriegesellschaft ihren Zielen unterzuordnen. „Das technokratische Ethos bedeutet etwa folgendes: Ein unnachgiebiges Verfolgen von Effizienz und Produktivität; eine extensive rationale Kontrolle über jede menschliche Bemühung, eine Logik der Organisation, die Integration, Modernisierung und extreme Systembildung betont; eine Betonung von Technik, Kompetenz über alles und jedes, und Expertendenken; ein leidenschaftliches Interesse an objektiven Daten und Meßbarkeit, und eine bewußte Bemühung, um die Meinungen und Handlungen aller Gebiete der naturwissenschaftlichen Weltsicht anzupassen" (15).

Th. Roszak wirft diesem technokratischen Ethos vor, daß es zu einem „mechanistischen Imperativ" pervertiere und auf die Menschen einen alles umfassenden Zwang zur Konformität mit den vorherrschenden Werten der Bürokraten, Manager, Systemanalytiker und Sozialtechnologen ausübe (16). Der moderne Mensch sei deshalb kaum mehr von jenen kybernetischen Systemen, an denen er teilhabe, zu unterscheiden. Der vom technischen Denken verbogene Mensch sei kühl, genau, logisch denkend, leidenschaftslos, effizient, teilnahmslos und dem Objektiven zugewandt. Er sei in jedem Zoll ein „Professional", der beobachte, klassi-

14 U. Liebe-Harkort, In Memoriam Behavioral Objectives. Über den Bedeutungswandel operationalisierter Lernziele, in: Thema Curriculum 1, 1972, S. 12

15 R.J. Nash, R.M. Agne, The Ethos of Accountability - a Critique, in: Teachers College Record 1972, S. 363

16 Vergl. Th. Roszak, The Making of a Counter Culture: Reflection on the Technocratic Society and Its Youthful Opposition, New York 1969, S. 1 ff.

fiziere, messe, quantifiziere und darüber durch die Vermittlung von abstrakten Schemata, blutlosen Modellen und fröstelndem Jargon kommuniziere. Die Schaffung einer derartigen Gesellschaft, wo jeder in einem kleinen Gebiet Experte sei, vernachlässige jedoch jegliche Art von besorgtem, sorgsamem und spontanem Engagement in der Welt.

Die Schule selbst wird in dieses technokratische System eingepaßt, indem sie mit der Metapher einer heute schlecht funktionierenden Maschine bezeichnet wird, „die von System-Ingenieuren durch massives Hineinpumpen von Meßbarkeit, Objektivität und Effizienz repariert werden kann"(17). In diesem Zusammenhang wird die Operationalisierung im technokratischen System wichtig; denn die vollständige und lückenlose Verplanung verlangt in einem ersten Schritt, daß der geplante Wandel durch einen Set operationalisierter Ziele antizipiert wird. Und das nicht nur im Bereich der Schule, sondern überall, wo Problemlösungen im Rahmen technokratischen Managements gesucht werden; von den Lernzielen der Schule bis zur Zeitplanung im Management von Großfirmen und Verwaltungsabteilungen des Staates. So besteht kaum ein Unterschied zur Argumentationsweise der Curriculumforscher, wenn in einer Anleitung für die Netzplanung in den amerikanischen Ministerien steht: „Die Determinierung und Definition von operationalisierten Zielen ist der erste und wichtigste Schritt im Management-Prozeß, weitgehend deshalb, weil die Ziele einer Organisation der einzige Grund für ihre Existenz sind"(18).

Für die Schule bedeutet der Technokratismus einmal die Betonung des Formalen (formaler Lernzieloperationalisierung, formaler Modelle von Entscheidungsprozessen etc.), was letztlich eine Entsprechung zur industriellen Technokratie, der „industriellen Metapher"(19), bedeutet.

J.M. Atkin (2o) bringt diese Überbewertung formaler Aspekte des Unterrichts in Zusammnehang mit den Entschei-

---

17 R.J. Nash, R.M. Agne a.a.O. S. 365

18 The Management Proceß Cycle, in: R. Hooper (Hrsg.), The Curriculum: Context, Design and Development, Edinburgh 1971, S. 125

19 Vergl. E.W. Eisner, Instructional and Expressive Educational Objectives: Their Formulation and Use in Curriculum, in: W.J. Popham e.a., Instructional Objectives, AERA Monograph Series on Curriculum Evaluation, Chicago 1969, S. 3

20 J.M. Atkin, On Looking Gift Horses in the Mouth: The Federal Government and the Schools, in: The Educational Forum 1968, S. 9 ff.

dungsprozessen im Erziehungs-Management (in Behörden, Verlagen, Budgetkommissionen etc.). Derartige Gremien setzen sich nämlich oft aus Nicht-Fachleuten zusammne, die recht wenige inhaltliche Entscheidungskriterien über den Bildungswert oder über die didaktische Güte eines Projektes besitzen, über das sie entscheiden müssen. Für Entscheidungsorgane ist es damit leichter zu beurteilen, ob die Ziele operationalisiert worden sind, ob ein formales Modell der Entscheidungsprozesse besteht und ob für die zeitliche Terminierung ein Netzplan ausgearbeitet worden ist. Atkin fürchtet, daß dadurch im Erziehungswesen eine Entwicklung eingeleitet werde, die die Kreditwürdigkeit von Projekten lediglich am Formalen bemesse, was zur Vernachlässigung entscheidender erziehungswissenschaftlicher Kriterien wie Qualität, Relevanz und Bildungswert führen könnte.

Aber auch wegen der impliziten Wirkung auf den einzelnen Schüler wird der Technokratismus angegriffen. Wozu etwa R. Karplus schreibt: „Ich bin sicher, daß diese Fragen (des Curriculum, d. Verf.) für verschiedene Lehrer und verschiedene Gruppen von Schülern unterschiedlich beantwortet werden sollten. Dieses Faktum stellt die Einzigartigkeit jeder Schulklasse und die starke Abhängigkeit der Erziehung von den Persönlichkeitszügen der Lehrer und Schüler heraus. In Utopia würde jede Klasse ihr eigenes Curriculum erarbeiten, indem sie die Fähigkeiten und Möglichkeiten ihrer Mitglieder, ihrer Gemeinschaft und ihrer natürlichen Umgebung ausnützen würde"(21).

Die genannten Argumente der Technokratiediskussion scheinen gegenüber dem Operationalisierungstrend der Erziehungswissenschaften einige bedenkenswerte Argumente anzuführen. Immerhin muß man sich bewußt sein, daß diese aus der amerikanischen „Neuen Linken" herzuleitende Richtung implizit ein allzu technikfeindliches Bild zeichnet. Da die Negation unbestimmt und damit bei bloßer Ablehnung eines abstrakten „Systems" verbleibt, scheint schon in dieser Art der Kritik eine Wurzel jenes Neo-Romantizismus zu liegen, der jene politischen Bewegungen der USA schließlich zum Teil aufsog. Dem entspricht eine emotional aufgeladene Sprache, deren argumentativer Charakter auf der Strecke zu bleiben droht. Das zeigt sich dort be-

21 R. Karplus, Some Thoughts on Science Curriculum Development, in: E.W. Eisner, Confronting Curriculum Reform, Boston 1971, S. 56

sonders deutlich, wo der technokratisch handelnde Mensch mit Adjektiven wie „kühl", „leidenschaftlich" etc. apostrophiert wird. Die gesellschaftliche Analyse spätkapitalistischer Industriegesellschaften wird auf diese Weise kurzgeschlossen, da dem Oberflächenphänomen „technokratisches System" etwas angelastet wird, was erst einer vertieften gesellschaftlichen Analyse bedürfte.

Immerhin scheint diese Kritik einen entscheidenden Punkt technologischer Erziehungswissenschaft herauszuarbeiten, nämlich daß der Schüler selbst zum Objekt eines dem technischen Interesse im Habermasschen Sinne unterworfenen Lernprozessen wird, was dem Modell entfremdeter Arbeit entspricht: Der Schüler selbst wird zum „Tauschwert"; er ist unter beliebige Programme, die nicht von ihm her entworfen sind, substituierbar. Dadurch, daß dem Betroffenen die Zwänge behavioristisch vorgeplanter Curricula als abstrakte Programme (Bücher, learning packages etc.) erscheinen, fühlen sie sich einer fremden Struktur ausgeliefert, gegen die man zwar emotional rebellieren kann, die jedoch nicht der rationalen Auseinandersetzung unterworfen werden kann. Denn Diskurse sind nur dort möglich, wo Verantwortlichkeiten transparent sind. Das abstrakte lernzielorientierte Curriculum aber nimmt jene Verantwortlichkeit von den Lehrern weg und depersonalisiert sie für Lehrer und Schüler, indem die Programmautoren für sie unerreichbar sind und damit nicht mehr auf ihre Legitimation hin befragt werden können. Die Inhalte der Curricula erhalten mit ihrer Aura als „Produkt von Experten" einen unhinterfragbaren Wahrheitscharakter und werden nicht mehr als das wahrgenommen, was sie sind: Produkte, in die selbst bestimmte Interessen eingeflossen sind, die ihrerseits kritisch zu beurteilen wären.

Dem entspricht auf der Ebene des individuellen Schülers eine Verstärkung des Konformitätsdrucks. Denn operationalisierte Lernziele sind Standards, die von allen Schülern fordern, daß sie sich gleich verhalten sollen. Sie lernen nur, auf vorgegebene Ziele zu reagieren, nicht aber selbst aktiv zu werden. K.-J. Bruder führt den gesellschaftskritischen Gedankengang weiter, wenn er die Betonung der Lernziele mit der vorgeblichen Notwendigkeit in Beziehung bringt, das Individuum für den gesellschaftlichen Reproduktionsprozeß zu qualifizieren und bestimmte ideologische Interpretationsschemata für die gesellschaftliche Wirklichkeit zu vermitteln, um so das bestehende System zu sichern (22).

Die Atomisierung des Lernprozesses zerstückelt die Information so weit, daß sowohl Lehrer wie Schüler nur noch das einzelne Item sehen und an den einzelnen Lernschritt fixiert werden. Die Einsicht in größere Zusammenhänge und damit die Möglichkeit der Reflexion - etwa auf die gesellschaftlichen Bedingungen - wird schon durch die Methode verunmöglicht. Für eine emanzipatorisch ausgerichtete Schule, die den Menschen durch Lern- bzw. Sozialisationsprozesse zum Subjekt seines Handelns heranbilden möchte, ergeben sich daraus schwerwiegende Konsequenzen. Indem nämlich die am Paradigma von operationalisierten Lernzielen orientierte Curriculumforschung von allen kommunikativen, sozialen und individuellen Faktoren der Schule absieht, droht sie die Komplexität des pädagogischen Feldes radikal zu simplifizieren - und das zugunsten der leichten Handhabbarkeit des Modells. Von daher gesehen ist es wohl kein Zufall, daß beispielsweise sozialisationstheoretische, psychoanalytische und psychohygienische Aspekte des Unterrichts in diesen Modellen völlig wegfallen. L. Stenhouse spricht denn auch vom behavioristischen Modell als „Scheuklappenmodell"(23).

Zu dieser Komplexitätsreduktion gehört auch, daß jene Kommunikations- und Interpretationsprobleme, welche sich im Rahmen des Operationalisierungsansatzes stellen, in der Literatur fast nie erwähnt werden. Denn Lehrer interpretieren dasselbe Lernziel verschieden und messen ihm einen unterschiedlichen Wichtigkeitsgrad zu. Und sogar Lehrergruppen, die über den Wert ihrer Lernziele einig sind, verwirklichen sie in der Implementationsphase unterschiedlich (24). Zudem bringt der Bruch zwischen sozialwissenschaftlicher Terminologie und der Umgangssprache des Praktikers neue Probleme mit sich, die mit Curriculumforschung allein nicht zu lösen sind. Hier könnten wohl nur neue Aus-, Fort- und Weiterbildungskonzepte für die Erziehungspraktiker langfristige Lösungen bringen, in-

---

22 K.-J. Bruder, Taylorisierung des Unterrichts, Zur Kritik der Instruktionspsychologie, in: Kursbuch 24, S. 114

23 L. Stenhouse, Some Limitations of the Use of Objectives in Curriculum Research and Planning, in: Paedagogica Europaea 1970/71, Braunschweig 1970, S. 81 f.

24 Vergl. L. Stenhouse a.a.O. S. 78 f.

dem dadurch die Zusammenarbeit von Theoretikern und Praktikern eng miteinander verzahnt würde (25).

Ebenso wird die Komplexität didaktischer Prozesse durch die Beschränkung auf meßbare Effekte wohl zu sehr eingeengt: die Reduktion auf das Meßbare kann dazu führen, daß wichtige Qualitäten wie Reflexion, Kreativität etc. vernachlässigt werden. Wenn nämlich solche „Ziele" operationalisiert werden, widersprechen sie sich selbst: Denn das, was sich spontan und ungenormt zu äußern hätte, muß sich an zum vorneherein gegebenen Standards orientieren. Lernziele, die Expressivität ermöglichten, dürften nur die Situation angeben, in der das Kind arbeitet, das Problem, mit dem es sich beschäftigt, nicht aber das Endverhalten und damit das Lernprodukt bereits vorwegnehmen (26). Brügelmann schreibt dazu: „Warum sollten auch nur solche Situationen in der Schule zugelassen sein, deren Ergebnisse der Lehrer schon im voraus kennt - oder zu kennen glaubt? Warum soll ein Schüler nicht mit einem Problem konfrontiert werden, ohne daß ihm vorgeschrieben wird, was ihn daran zu interessieren hat, welche Fragen er stellen darf, wie er sich mit ihm auseinandersetzt, wohin ihn sein Nachdenken führt? Unterschätzt ein Unterricht, der alle Seiten- und Irrwege, alle Zweifel und Ambiguitäten, auch die Erfahrung des Versagens aus der Schule verbannt und nur noch sorgsam aufbereitete, sozusagen keimfreie, Schritt-für-Schritt-Lektionen zuläßt, unterschätzt ein so entproblematisierter Unterricht nicht Neugier und Interesse, Lernwillen und Lernfähigkeit, vor allem aber das kreative Potential des Schülers"(27)? In der Praxis ergibt es sich oft, daß viele wertvolle Ziele erst während des Unterrichts auftauchen: Im Prozeß des Lernens und Diskutierens tauchen unerwartete Möglichkeiten auf, die zur Demonstration einer neuen Idee führen, die dem Lernprozeß eine neue Wendung geben oder das Vermitteln weiterer Informationen notwendig machen (28). H.M. Kliebard betont deswegen, daß eine Unterrichtstheorie eher

---

25 J. Eigenmann, A. Strittmatter a.a.O. S. 83

26 Vergl. E.W. Eisner, Instructional a.a.O. S. 14 ff.

27 H. Brügelmann, Offene Curricula, in: Zeitschrift für Pädagogik 1972, S. 105

28 E.W. Eisner, Educational Objectives: Help or Hindrance, in: E. Stones (Hrsg.), Educational Objectives and the Teaching of Educational Psychology, London 1972, S. 217

die Aktivitäten und Lernerfahrungen selbst betonen müsse, und weniger die Vorwegdefinition der Lernziele (29).
Ganz eng mit diesen Fragen hängt auch das Problem der Schülerinteressen zuammen. Denn wenn der Curriculumprozeß den Informationsfluß einseitig vom Curriculumexperten zum Lehrer zum Schüler lenkt, ist es leicht möglich, daß dem Schüler die Lerninhalte irrelevant erscheinen (3o). Es sind dann nicht mehr die eigenen Probleme, die im Unterricht zur Sprache kommen und die dort reflektiert werden, sondern solche, die ihn vielleicht nichts angehen und die ihn nicht zu motivieren vermögen. Da die Lernergebnisse bereits von vorneherein feststehen, ist es ja nicht möglich, das Curriculum flexibel an die Bedürfnisse der Lerngruppe anzupassen, so daß die Lernziele selbst zum Hindernis für den Unterricht werden können.

Lernen im Sinne der operationalisierten Lernziele geschlossener Curricula ist damit sehr stark fremdbestimmt, indem die Interessen, Wünsche und Leiden der Schüler nur soweit in das Curriculum eingehen, als dies im Rahmen der curricularen Vorgabe bereits einprogrammiert wurde. Der Schüler folgt blind den vorgegebenen Lernschritten, ohne selbst Einsicht in das zu gewinnen, was er tut. Sofern man jedoch von Lernprozessen mehr verlangt, als im Sinne des operanten Konditionierens Verhalten zu ändern - indem man den Schüler nicht nur dazu erziehen möchte, etwas zu tun, sondern auch dazu, warum er es tut (31) - reicht ein behavioristischer Ansatz nicht mehr aus. Nicht zuletzt deshalb, weil ein solcher verengter Lernbegriff sich letztlich Formen von Verhaltensänderungen annähert, die nicht mehr unbedingt wünschenswert sind. So schreibt R.T. Hyman polemisch: „Denn Gehirnwäsche, Drohungen, Folter, das alles kann Verhaltensänderungen bewirken, und wenn man lediglich Verhaltensänderungen anstrebt, kann man auf Lehren im eigentlichen Sinn des Wortes oft verzichten"(32).

Obwohl im psychologischen Bereich durch die amerikanischen Forschungen die behavioristische Schule beson-

29 H.M. Kliebard, The Tyler Rationale, in: School Review 1970, S. 268 f.

30 Vergl. J.B. Macdonald, Responsible Curriculum Development, in: E.W. Eisner, Confronting Curriculum Reform, Boston 1971, S. 120 ff.

31 R.T. Hyman, Means-Ends Reasoning and the Curriculum, in: Teachers College Record 1972, S. 395 f.

32 R.T. Hyman a.a.O. S. 395

ders einflußreich und gut ausgebaut ist, gibt es Gegentendenzen, die durchaus zu einer anderen Auffassung von Lernen führen könnten. So betont Walter eine Sichtweise, die vom anthropologischen Sachverhalt ausgeht, „daß in jedem Individuum so etwas wie spontane Aktivität angelegt ist, eine starke Tendenz, seine Umwelt zu explorieren und damit in den Griff zu bekommen"(33). Über diesen Sachverhalt ergibt sich ein weitzurückreichender Konsensus, der von der „progressiven Erziehung" J. Deweys bis zu neueren psychologischen und anthropologischen Konzepten reicht:

- Bereits Dewey wendet sich gegen eine Reiz-Reaktions-Psychologie, deren theoretische Voraussetzungen lediglich „Anpassung" als ein bloß passives Geprägtwerden von der Umwelt zulassen - so wie Wachs von dem Siegel geprägt wird, das man darauf drückt: „Indem es (das Kind, d. Verf.) eine Handlung *lernt* anstatt sie sozusagen fertig vorzufinden, lernt es mit Notwendigkeit ihre Faktoren zu variieren und sie in verschiedenster Weise zu kombinieren, je nach den verschiedenen Umständen"(34).
- Von anthropologischer bzw. neurophysiologischer Seite wird betont, daß der Mensch ein offenes Energiesystem sei, das in konstantem Austausch mit seiner Umwelt stehe. Dieser Austauschprozeß finde sein „Aequilibrium" erst mit dem Tod, was bedeute, daß das grundlegende Ziel des Menschen kontinuierliches Wachstum sei: „Das bedeutet, ein ständiges Streben nach Erfahrung, eine ständige Neugier, ein Bedürfnis, sich ständig mit der Umwelt auseinanderzusetzen, ein ungeheurer Drang zu lernen"(35). Ähnliche Folgerungen ziehen B.E. Long und D. Wolsk aus neurophysiologischen Befunden (36).
- Im psychologischen Bereich ist vor allem die Schule um J. Piaget mit einer ähnlichen Auffassung der psychischen Entwicklung verbunden. So wird etwa der Intel-

---

33 H. Walter, Open Curricula and Resulting Social Character, UNESCO-Institut, Hamburg 1972 (int. verv. Ms.), S. 1

34 J. Dewey, Demokratie und Erziehung, Braunschweig 1949, S. 69

35 I.J. Gordon, Developments in Human Behavior, in: G. Hass, K. Wiles, J. Bondi, Readings in Curriculum, Boston 1970, S. 146

36 B. Long, D. Wolsk, Projective Education for the Child's Need to Know, in: Social Education 1971, S. 295 ff.

ligenz durch Piaget eine genuin aktive Funktion zugemessen: „Die wesentlichen Funktionen der Intelligenz bestehen im Begreifen und im erfinderischen Denken, mit anderen Worten darin, Strukturen zu konstruieren, indem man die Realwelt strukturiert"(37). Einen Gegenstand erkennen, heißt nach Piaget nicht, sich ihm nur anzupassen, sondern ihn aktiv handelnd zu transformieren.

Diese Betonung explorativen Verhaltens sollte jedoch nicht biologistisch verstanden werden. So betont K. Großmann in einem Übersichtsreferat zur Neugierforschung, daß die Ansetzung eines „Trieb"-Modells der Neugier einen zu einfachen Erklärungsversuch darstelle; vielmehr ist zu vermuten, daß sich die Genese der Neugier auf einen profunden Einfluß der sozialen Wechselwirkungen zwischen dem Kind und den übrigen Familienmitgliedern zurückführen läßt (38), daß also Neugier selbst ein Produkt früher Sozialisationserfahrungen darstellt. Es ist deshalb zu vermuten, daß jene im Kinde angelegte „spontane Aktivität", die in den ersten Lebensmonaten etwa durch den Begriff der „aktiven Aufmerksamkeit" gekennzeichnet wird, erst durch weitere Sozialisationserfahrungen zur Neugier im eigentlichen Sinn wird. Es wäre deshalb naiv, zu glauben, daß neue Lerngegenstände per se Neugier zu wecken vermöchten; vielmehr ist es nötig, die bisherigen Sozialisationsprozesse dabei mitzureflektieren, um auf diese Weise mögliche Hindernisse und Restriktionen für exploratives Verhalten von vornherein einbeziehen zu können.

Wenn aus diesen anthropologischen Voraussetzungen die Konsequenzen gezogen werden sollen, so scheinen mir zwei inhaltliche Aufgaben damit in engster Beziehung zu stehen: Einmal wäre zu untersuchen, wie Lernziele formuliert werden müßten, wenn diese zweite Ansicht von Lernprozessen der Curriculumforschung zugrundegelegt werden sollte. Eine Aufgabe, die im dritten Kapitel dieses Buches angegangen werden soll. Zunächst scheint es mir jedoch wichtig, die inhaltsbezogenen Ansätze der „Struktur der Disziplin" im nächsten Kapitel aufzunehmen, da gerade diese amerikanischen Ansätze in den hier behandelten Fragen

37 J. Piaget, Theorien und Methoden der modernen Erziehung, Wien, München, Zürich 1972, S. 37

38 K. Grossmann, Neugier - der Motor des Lernens, in: betrifft:erziehung 12, 1970, S. 15 ff.

eng an die progressive Erziehung (39) und dann an manche Theoreme Piagets (40) anknüpfen.

2.2 Zum Problem der Lerninhalte in der Curriculumforschung

Die zentrale Frage im Rahmen der Inhaltsproblematik ist diejenige nach den Quellen der Inhalte. Noch in der geisteswissenschaftlichen Didaktik betonte man den propädeutischen Charakter des Schulunterrichts und hielt wissenschaftliche und schulische Bildung streng auseinander. So ist bei E. Weniger (41) die Wissenschaft lediglich eine unter vielen Bildungsmächten, von denen keine die Möglichkeit hat, sich den anderen Bildungsmächten als überlegen gegenüberzusetzen. Dasselbe gilt auch für das Gefüge des Lehrplanes selbst, wenn Weniger schreibt: „Die Wissenschaft ist als eigene Bildungsmacht an dieser Arbeit in den verschiedenen Fächern in verschiedenem Grade beteiligt, aber sie ist nicht selber, auch nicht in ihren neuen Formen, z.B. als Strukturtheorie, Ziel des Schulunterrichts, der vielmehr auf eine, wenn man will, vorwissenschaftliche, jedenfalls aber unmittelbare Stellung zur Welt geht"(42).

Mit der zunehmenden Rezeption der sogenannten zweiten Generation (43) der amerikanischen Curriculumforschung wurde auch im deutschsprachigen Raum die wissenschaftliche Ausrichtung von Unterrichtsprozessen wieder vermehrt

---

39 So betont bereits J. Dewey jene Forderung, daß es darum gehe, das Lernen zu lernen. Eine Forderung, die heute im allgemeinen den Vertretern des Strukturansatzes als ureigenstes Prinzip zugeschrieben wird. (Vergl. J. Dewey a.a.O. S. 69)

40 Hier wären vor allem die Arbeiten Bruners zu nennen.

41 E. Weniger, Die Theorie der Bildungsinhalte und des Lehrplanes, Teil 1, Weinheim o.J.

42 E. Weniger a.a.O. S. 91

43 Diese Einteilung nach Phasen in der amerikanischen Curriculumforschung nach: F. Achtenhagen, H.L. Meyer, Curriculumforschung: Analyse und Konstruktion, in: F. Achtenhagen, H.L. Meyer, Curriculumrevision, Möglichkeiten und Grenzen, München 1971, S. 11 ff.
Die Phasen sind:
1. Phase: Betonung sozial relevanter Lernerfahrungen (Reformpädagogik)
2. Phase: Rückwendung zur Inhaltsproblematik
3. Phase: Verunsicherung über den theoretischen Status der Curriculumforschung

gefordert. So schreibt H. Roth: „Was für eine Antwort darauf auch gegeben werden mag, *der Weg führt über die Wissenschaft*. Alle Lebens-, Berufs- und Freizeitbereiche haben in ihren Spitzen, wo die Erkenntnisse gewonnen werden und die Entscheidungen fallen, Wissenschaften hervorgebracht, d.h. sie helfen sich durch Forschung und Wissenschaft weiter, indem Akademiker mit wissenschaftlichen Denkmitteln die sich mehrenden Probleme zu lösen versuchen, die einfach nicht mehr rein praktisch oder mit bloßem gesundem Menschenverstand zu beantworten sind. Unter Wissenschaft werden hier alle Einrichtungen und Bemühungen verstanden, wo Theorie und Realität (Praxis) auf hohem Reflexionsniveau und methodisch durchdacht in einer sich gegenseitig bedingenden Wechselwirkung stehen; Religion, Künste und Technik sowie ihre zugehörigen Wissenschaften eingeschlossen (als eigene Wege der Erkenntnis)"(44).

Die Identifizierung von Lernobjekten ist jedoch nicht Aufgabe der Erziehungswissenschaft selbst, sie ist vielmehr an die Fachwissenschaften bzw. deren Fachdidaktiken verwiesen. Vor allem die anglo-amerikanische Curriculumforschung hat unter wissenssoziologischem Aspekt versucht, Kriterien, welche für eine didaktische Aufarbeitung fachwissenschaftlicher Erkenntnisse herbeigezogen werden können, zu formulieren.

Es handelt sich dabei um den sogenannten Strukturansatz der Curriculumforschung, der seit Beginn der sechziger Jahre zunehmende Verbreitung fand und ausgehend von den Naturwissenschaften und der Mathematik bis in den Bereich der Sozialwissenschaften praktiziert wird (45). Das wesentliche Postulat dieses Ansatzes lautet dahingehend, daß die Schule die „Struktur der Disziplin" zu vermitteln habe; d.h. es soll nicht beliebiges Wissen vermittelt werden, sondern die Grundbegriffe und fundamentalen Strukturen einer Wissenschaft.

J. Bruner schreibt dazu: „Die Grundideen jedes Wissensbereiches sind Erfindungen, um Erfahrungen ökonomisch und zusammenhängend darzustellen. Wir erfinden solche

---

44 H. Roth, Stimmen die deutschen Lehrpläne noch? in: F. Achtenhagen, H.L. Meyer, Curriculumrevision, Möglichkeiten und Grenzen, München 1971, S. 47 f.

45 H. Prokasky, Politische Bildung in den USA, in: Politische Bildung 3, 1971, S. 10

Grundbegriffe wie ‚Kraft' in der Physik, ‚Verbindung' in der Chemie, ‚Motive' in der Psychologie, ‚Stil' in der Literatur als Mittel zum Ziel des Verstehens"(46). Durch die Struktur der Disziplin soll jener Graben zwischen Schulwissen und Wissenschaft verkleinert werden, der heute besteht und von H. Roth als Reduktion der Inhalte gekennzeichnet wurde: „Für Volksschüler die ‚volkstümliche Bildung' (heute die ‚Arbeitslehre'), für die Realschüler die Propädeutik der angewandten Wissenschaften für angewandte Zwecke, für die Gymnasiasten die Propädeutik der ‚reinen Wissenschaften'" (47).

Zunächst sind zwei naheliegende Mißverständnisse zu klären, die den Begriff der „Struktur der Disziplin" betreffen könnten. Einmal ist der Bezugsrahmen dieses Begriffes nicht unbedingt mit der bisherigen Fächeraufgliederung der Schule gleichzusetzen. Vielmehr wendet sich der Focus curricularer Planung gerade von der schulischen Fächeraufgliederung ab und richtet sich jenen breiten wissenschaftlichen Gebieten zu, die sich am Nukleus von Paradigmata im Kuhnschen Sinne orientieren (48). Zum zweiten bedeutet diese Ausrichtung an den Wissenschaften nicht von vornherein, daß die Ausrichtung an Kriterien der Wissenschaften eine „unpädagogische" Curriculumforschung impliziert. Denn der Begriff der „Struktur der Disziplin" beinhaltet letztlich ein pädagogisches Kriterium. Das kommt bereits in der Ausgangsfrage des Strukturansatzes zum Ausdruck, die A.A. Bellack zum Teil eines Aufsatzes macht: „Welches Wissen ist von größtem Wert?" (49) nämlich von größtem Wert für den Lernenden, der sich mit den Problemen des heutigen Lebens beschäftigt und diese in „wissenschaftlicher" Weise zu lösen versucht. Diese bemerkenswerte Parallele

46 J. Bruner, On Knowing, Cambridge 1962, S. 120

47 H. Roth a.a.O. S. 50

48 Wenn auch kaum explizit auf den Kuhnschen Ansatz zurückgegriffen wird, so zeigt sich doch in vielen Aufsätzen eine große Ähnlichkeit mit dem Konzept wissenschaftlicher Paradigmata (vergl. z.B. A.W. Foshay, Knowledge and the Structure of the Discipline, in: G. Hass, K. Wiles, J. Bondi, Readings in Curriculum, Boston 1970, S. 301 ff.; A.A. Bellack, Conceptions of Knowledge: Their Significance for the Curriculum, in: G. Hass, K. Wiles, J. Bondi, Readings in Curriculum, Boston 1970, S. 317 ff.

49 A.A. Bellack, What Knowledge is of Most Worth, in: W.M. Alexander (Hrsg.), The Changing Secondary School Curriculum, New York 1967, S. 22 ff.

zwischen wissenschaftlichen Lösungsversuchen und der Auseinandersetzung mit Alltagsproblemen geht von der Annahme aus, daß jede wissenschaftliche Disziplin in ihrem Gebiet durch ihr methodologisch fundiertes, systematisches Vorgehen die besten Chancen für eine Lösung der Probleme der Realität biete. Die sogenannte „Verwissenschaftlichung" des Lebens bestehe gerade darin, zunehmend befähigt zu werden, jene wissenschaftlichen Erkenntnisse, welche die besten Gedanken über die ihnen zugeordneten Gegenstandsbereiche zusammenfassen, auf die Lebensprobleme anzuwenden. Da zudem einzelne Probleme unter den Aspekten mehrerer Disziplinen behandelt werden können, wird es als Ziel der Erziehung gesehen, die Kompetenz zu vermitteln, ein Problem vom Standpunkt verschiedener Disziplinen her zu bearbeiten (5o). Von diesen Grundannahmen aus, welche als eine Art von Legitimationsversuch die Betonung der Wissenschaften im Rahmen der Curriculumforschung zu rechtfertigen versuchen, werden von einzelnen Autoren verschiedene Variationen und Differenzierungen des Grundkonzeptes vorgeschlagen. So unterscheiden H.S. Broudy u.a. (51) zwischen der psychologischen und der logischen Struktur eines „Konzepts". Vom psychologischen Standpunkt aus kann ein Konzept in der Weise definiert werden, daß es aus abstrakten Charakteristiken besteht, die einer Gruppe von Objekten, Ereignissen etc. gemeinsam sind. Konzepte sind dann intervenierende Bedingungen zwischen Stimulus und Response, welche die menschliche Erfahrung organisieren.

Die logische Struktur eines Konzeptes dagegen bezeichnet die logischen Relationen zwischen Konzepten, wobei diese logische Struktur aus zwei Bestandteilen besteht: „Eine Klasse von Objekten und eine Anzahl von Kriterien, die bestimmen, welche Objekte in der Klasse eingeschlossen und welche ausgeschlossen sind"(52).

Für die Curriculumforschung betonen H.S. Broudy u.a. vor allem die logische Struktur und begründen die Wichtigkeit des Erlernens von solchen Strukturen in der Schule wie folgt: „Wenn wir sagen, daß Konzepte Organisations-

50 A.W. Foshay a.a.O. S. 306 f.

51 H.S. Broudy, B.O. Smith, J.R. Burnett, Concepts and Principles: Structure and Selection as Curriculum Content, in: M. Levitt (Hrsg.), Curriculum, Urbana 1971, S. 159 ff.

52 H.S. Broudy, B.O. Smith, J.R. Burnett a.a.O. S. 162

zentren in unserer kognitiven Struktur darstellen, so sagen wir damit, daß wir sie benützen, um die Objekte, Ereignisse etc. unserer Umwelt zu identifizieren und klassifizieren. Sie determinieren, wie wir die Welt sehen" (53).

Da es nun nicht möglich ist, alle nur denkbaren Konzepte in der Schule zu vermitteln, wird es notwendig, eine pädagogische Intention in den Strukturansatz einzubringen, was über folgende zwei Auswahlkriterien versucht wird: Konzepte sollen a) möglichst in vielen Gebieten angewandt werden können, um auf diese Weise für das Verhalten des Individuums eine grundlegende Bedeutung zu erhalten, b) möglichst grundlegend für die logische Struktur eines Wissensgebietes sein. D.h. es wird gefordert, daß die Konzepte grundlegend für das Individuum und/oder grundlegend für das Wissensgebiet sein sollen, was wiederum auf die anfängliche Trennung in psychologische und logische Komponente verweist.

Problematisch an diesem Ansatz ist jedoch gerade diese unvermittelte Trennung in eine psychologische und eine logische Dimension der Konzepte. Sie ist nur auf dem Hintergrund einer Reiz-Reaktionspsychologie verständlich, die über den Aufbau der kognitiven Strukturen des Menschen nichts aussagt. Wenn wir jedoch die Ansätze von Piaget, Wygotzki oder Bruner heranziehen, die den Aufbau der kognitiven Strukturen im Menschen selbst als psychologisches Phänomen beschreiben, so verschiebt sich das Bild: die Psychologie wird selbst zu einer „Psycho-Logik" (psycho-logic)(54).

Die Struktur der Disziplin ist nicht eine vom Menschen unabhängige Struktur, die den Dingen innewohnt, sondern die Psyche der Menschen selbst ist es, die ihre Erfahrungen auf diese Weise organisiert. Der Mensch baut also diese kognitiven Strukturen in der Auseinandersetzung mit der Welt, in der Dialektik von Aneignung und Anpassung (55) auf; und die Schule sollte diesen Aufbau in systematischer Weise ermöglichen.

---

53 H.S. Broudy, B.O. Smith, J.R. Burnett a.a.O. S. 167

54 Ph.H. Phenix, The Use of Disciplines, in: M. Levitt (Hrsg.), Curriculum, Urbana 1971, S. 150 ff.

55 Vergl. dazu vor allem die Arbeiten von J. Piaget und dessen Grundbegriffe der Akkomodation und Assimilation.

Das alles bedeutet jedoch nicht, daß der Unterschied zwischen logischer und psychologischer Struktur einzuebnen ist, worauf D.P. Ausubel verweist. So schreibt er zusammenfassend: „Der relative Abstraktionsgrad der Lerninhalte wird zu einer wichtigen pädagogischen Betrachtungsweise, indem er die Reihenfolge determiniert, in der die Schüler in verschiedene wissenschaftliche Disziplinen eingeführt werden sollten. Vom ausschließlich logischen Standpunkt her könnte man argumentieren, daß die verschiedenen Disziplinen in der Reihenfolge ihrer Komplexität eingeführt werden sollten, z.B. daß die von der Sache her fundamentaleren und einfacheren Gesetze der Physik und Chemie vor den komplexeren, variableren Daten der Biologie studiert werden sollten. Vom psychologischen Standpunkt sind jedoch die von der Logik her einfachen Gesetze der Physik und Chemie abstrakter und schwieriger als die von der Logik her komplexen Gesetze der Biologie, welche sowohl in ihrer Natur eher beschreibend sind und der alltäglichen konkreten Erfahrung näher stehen"(56). Dahinter steckt die entwicklungspsychologische Annahme, daß der Mensch einen Entwicklungsprozeß vom Konkreten zum Abstrakten durchläuft und daß die logischen Strukturen des Denkens nicht a priori gegeben sind, sondern sich im Entwicklungsprozeß erst aufbauen. Demgegenüber weist die logische Struktur des Objekts - welche im gattungsgeschichtlichen Prozeß entstanden ist - keine entwicklungsbedingten Veränderungen in der kognitiven Reife des Inhalts auf (57).

Dieser entwicklungspsychologischen Dimension kann im Ansatz der „Struktur der Disziplin" durchaus Rechnung getragen werden, wenn der individualgeschichtliche Aufbau kognitiver Strukturen dialektisch als Annäherung einer entwicklungsbedingt unvollkommenen Logik an die „Idealform" aufgefaßt wird. Genau das meint die These J. Bruners, daß jedes Kind auf jeder Entwicklungsstufe jeden Gegenstand in einer intellektuell ehrlichen Form erfolgreich lernen könne. Denn ein Kind bestimmten Alters in einem Lehrgegenstand zu unterrichten, bedeutet nichts anderes, als die Struktur dieses Gegenstandes in der Art

---

56 D.P. Ausubel, Some Psychological Aspects of the Structure of Knowledge, in: S. Elam (Hrsg.), Education and the Structure of Knowledge, Chicago 1964, S. 228

57 D.P. Ausubel a.a.O. S. 227

und Weise darzustellen, wie das Kind Dinge betrachtet (58).

Diese Überlegungen erfordern jedoch zusätzliche Kriterien dafür, welche Gegenstände für den Lernprozeß - also den Aufbau der kognitiven Strukturen im Menschen - besonders grundlegend sind. Ph.H. Phenix nennt drei derartige Kriterien: (59)

1. Analytische Vereinfachung: Die Struktur muß die Vielfalt der Sinneseindrücke reduzieren und selektieren, was durch die Bildung von Symbolen geschieht.
2. Synthetische Koordination: Die Struktur muß die Bildung von Beziehungen und Zusammenhängen ermöglichen, um auf diese Weise Denkprozesse zu organisieren.
3. Dynamik: Da eine Disziplin ein lebendiges Wissensgebiet ist, muß ein weiteres Fortschreiten des Wissens ermöglicht werden, also die Generalisierung von Konzepten und die Reorganisation von Strukturen.

Ähnliche Anforderungen an die „optimale Struktur" stellt J. Bruner, wobei er allerdings dem dritten Merkmal - der Dynamik - das größte Gewicht zumißt: „‚Optimale Struktur' bedeutet dann, daß man eine Reihe von Grundlagen definiert, von denen aus weitere Wissenschaftsbereiche erschlossen werden können" (60).

Die im Rahmen des Strukturansatzes festgemachten Grundbegriffe einer Disziplin sind im Sinne einer Kompetenz zu verstehen, die, ähnlich wie bei Chomsky (61), die unbegrenzte Anwendbarkeit auf neue Gegenstände bedeutet. Auf den Lernprozeß selbst gewendet heißt das, daß das kreative, ‚intuitive' Denken betont wird: „Intuitives Denken beruht gewöhnlich auf einer Vertrautheit mit dem fraglichen Wissensbereich und mit seiner Struktur, und dies ermöglicht es dem Denkenden, herumzuspringen, Stufen auszulassen und Abkürzungen zu gehen"(62). Kreativität in diesem Sinne steht nicht in Gegensatz zu geordnetem bzw.

---

58 J.S. Bruner, Der Prozeß der Erziehung, Berlin, Düsseldorf 1970, S. 44 ff.

59 Ph.H. Phenix a.a.O. S. 151 ff.

60 J. Bruner, Gedanken zu einer Theorie des Unterrichts, in: G. Dohmen u.a. (Hrsg.), Unterrichtsforschung und didaktische Theorie, München 1970, S. 189

61 Vergl. N. Chomsky, Aspekte der Syntax-Theorie, Frankfurt 1969

62 J. Bruner, Der Prozeß a.a.O. S. 66

systematisiertem Wissen, ist auch nicht eine Art anarchische Form des Denkens, wo alle Regeln zugunsten der Phantasie außer Kraft gesetzt sind, sondern setzt eine enge Vertrautheit mit dem Wissen über einen Gegenstand voraus. Das Denken hält sich nicht an vorgegebene Algorithmen, welche den Lernweg vorausbestimmen, sondern geht heuristisch vor.

Das bedeutet für den Unterricht, daß die Lernziele nicht bereits vor Beginn feststehen und damit den Algorithmus des Lernens antizipieren, sondern daß sich der Schüler während der Arbeit selbst Ziele setzen kann. Das Lernen selbst ist damit nicht produkt-, sondern prozeßorientiert; denn wichtiger als das Lernprodukt ist die Qualität des Denkprozesses selbst (63). Oder in einer bekannten Formel: Der Schüler soll das Lernen lernen.

In der Prozeßorientiertheit von Lernprozessen knüpft Bruner nicht zuletzt an die Tradition der progressiven Erziehung an, wie sie u.a. von Dewey vertreten wurde. So weisen die Brunerschen Strukturen im Sinne von internalisierten generativen Prinzipien, welche bei der Lösung von Problemen fruchtbar angewandt werden könen, überraschende Ähnlichkeiten mit den „habits" von Dewey auf. Nach Dewey ist ein „habit" eine Fähigkeit, natürliche Umstände als Mittel zu einem Zweck zu benutzen, die tätige Beherrschung der Umgebung (environment) durch die Beherrschung der handelnden Organe (64). Diese „habits" aber sind ebenfalls aktiv zu verstehen und schließen Denken, Erfindung und Initiative in der Anwendung von Fähigkeiten auf neue Aufgaben ein. Sie stehen im Gegensatz zur Routine, die nach Dewey eine „Wachstumsstörung" anzeigt. Und die Betonung prozeßorientierten Lernens, wo die Aktivität des Kindes herausgefordert werden soll, führt Dewey dazu, explizit die Partizipation der Schüler bei der Festlegung von Zielen zu fordern; denn schon Platon habe einmal den Sklaven - moniert er - als jene Person definiert, welche die Ziele eines anderen blind ausführe (65).

Wenn hier die Berührungspunkte zwischen progressiver Erziehung und dem Strukturansatz (v.a. in der Version von Bruner) besonders akzentuiert werden, so deshalb, weil in

---

63 J. Bruner, Gedanken a.a.O. S. 218
64 J. Dewey, Demokratie a.a.O. S. 70 f.
65 J. Dewey, Experience and Education, New York 1971, S. 67

der deutschsprachigen Rezeption der amerikanischen Curriculumforschung die Zäsur zwischen diesen beiden Richtungen oft in ihrer Gewichtung zu stark ausgefallen ist. Dabei soll nicht bestritten werden, daß der Strukturansatz gleichzeitig als Kritik an der progressiven Erziehungsbewegung zu verstehen ist. Mit der technologischen Wende der Erziehungswissenschaft in den USA der frühen sechziger Jahre, die im Gefolge des Sputnickschocks mit einer Betonung von wissenschaftlichen Lerninhalten verbunden war, ergab sich auch ganz konkret eine Krise der progressiven Erziehung, was schon durch die Auflösung der „Progressive Education Association" im Jahre 1955 verdeutlicht wird (66). Jene Krise wurde vor allem durch den Conant-Bericht bildungspolitisch wirksam, da die von Conant kritisierten Mängel des Schulwesens nicht zuletzt dem Einfluß der progressiven Erziehung angelastet wurden: „Der akademisch-talentierte Student ist in der Regel nicht genügend herausgefordert, arbeitet nicht ernsthaft genug, und sein Programm akademischer Lehrfächer hat keinen genügenden Rang"(67). Eine Reaktion darauf waren jene Ansätze der „Struktur der Disziplin", welche wissenschaftliches Lernen betonen, oder wie Ph.P. Phenix schreibt: „Das bedeutet, daß psychologische, soziale Probleme ... nicht geeignet sind, um zu determinieren, was gelernt werden soll"(68). Dabei ist jedoch darauf hinzuweisen, daß Dewey selbst durchaus die Notwendigkeit des Einbezugs der Wissenschaften in die Schule sah, indes wandte er sich gegen einen wissenschaftsorientierten Unterricht, der a) sich nicht an den Interessen der Kinder ausrichtet und b) die logische und kultivierte Natur der Inhalte selbst verfälscht (69).

Immerhin müßte auch der Deweysche Ansatz darauf befragt werden, was mit jenen wissenschaftlichen Ergebnissen geschieht, für die das Kind kein genuines Interesse aufbringt. Die Gefahr einer antiintellektualistischen Auslegung des Ansatzes wurde dann bei den Nachfolgern

---

66 Vergl. W. Van Til, Is Progressive Education Obsolete? in: G. Hass, K. Wiles, J. Bondi, Readings in Curriculum, Boston 1970, S. 146

67 J.B. Conant, Gleichheit der Chancen, Bad Nauheim 1955, S. 85

68 Ph.P. Phenix a.a.O. S. 149

69 Nach: G.E. Axtelle, J.R. Burnett, Dewey on Education and Schooling, in: J.A. Boydston (Hrsg.), Guide to the Works of John Dewey, Carbondale, Edwardsville 1970, S. 269

Deweys - und insbesondere bei den „progressiven" Schulpraktikern - zur Tatsache.

Umgekehrt scheint die progressive Erziehung mit ihrer Betonung der Lebenswelt des Kindes und dessen Erfahrungen heute noch eine gültige Kritik der extremen Versionen des Strukturansatzes zu sein, wo letztlich die Wissenschaften bestimmen, welches die wesentlichen Lebensprobleme des Menschen seien. Und zudem scheint die Schaffung von Zusammenhängen zwischen wissenschaftlichen Erkenntnissen und Bedürfnissen und Interessen des Kindes - wie sie Dewey postulierte - notwendig, wenn Wissenschaft wirklich jene Auswirkungen auf das Alltagsleben haben soll, die ihr gerade von den Vertretern des Strukturansatzes zugebilligt wird.

Dieser Bezug zwischen Lernobjekt und -subjekt scheint ganz generell eines der wichtigsten Grundprinzipien Deweys zu sein, das auch heute für die Ausgestaltung von curricularen Lernprozessen weitgehend Gültigkeit behalten dürfte. Theoretisch wird die Verbindung von lernendem Subjekt und Lernerfahrung durch Dewey in folgenden zwei Prinzipien gefaßt:

- Das Prinzip der Kontinuität von Lernprozessen bedeutet, daß jede einzelne Lernerfahrung sowohl etwas aufnimmt von dem, was sich früher ereignete, wie es die Qualität dessen, was sich später ereignet, modifiziert. Die menschliche Entwicklung selbst, - gefaßt als Abfolge von Neustrukturierungen und Transformationen - folgt jenem Prinzip der Kontinuität.
- Lernerfahrungen sind auf die Erfahrungswelt des Menschen, seine subjektive Welt, in der er lebt, bezogen. D.h. Lernerfahrungen sind eingebunden in einen transaktionalen Prozeß der Interaktion zwischen einem Individuum und „seiner Welt", die selbst durch persönliche Bedürfnisse, Wünsche, Ziele, Fähigkeiten, Wahrnehmungsmuster etc. im Rahmen früherer Erfahrungen mitgeprägt wurde (7o). Verschiedene Situationen, in denen Lernprozesse stattfinden, folgen einander nach, wobei es

70 Die hier vorgeschlagene Fassung des Deweyschen Interaktionsprinzips wird durch die Interpretation des Begriffes „environment" als „subjektive" Erfahrungswelt nicht voll gedeckt. Es wird damit bereits eine Anpassung an die in dieser Arbeit entwickelte Konzeption vorgenommen.

das Prinzip der Kontinuität erlaubt, Übergänge herzustellen, also das Lernen auf dieselbe Erfahrungswelt zurückzubeziehen, welche sich durch neue Erfahrungen erweitert oder verkleinert. Danach führt das Lernen nicht dazu, daß man plötzlich in einer ganz anderen Welt lebt, sondern lediglich dazu, daß man eine neue Qualität derselben Welt erlebt. Erweiternd ist dabei Lernen insofern, als das, was in einer bestimmten Situation gelernt wurde - im Sinne von Wissen und Fähigkeiten - sich als ein Instrument zum Verständnis neuer Situationen und zur Lösung von Problemen, welche durch diese neue Situation gestellt werden, erweist. Umgekehrt können Lernerfahrungen auch einschränkend sein, indem sie die Entwicklung neuer Erfahrungen verhindern - etwa durch einen Unterricht, der die Spontaneität der Schüler abtötet, oder durch die Betonung eines Spezialgebietes, wodurch die Empfänglichkeit für zukünftige Erfahrungen auf anderen Gebieten vermindert wird. Anschließend an diesen letzten Aspekt besagt das Prinzip der Interaktion, daß eine umfassende Erziehung nur dann möglich ist, wenn die einander sukzessiv folgenden Erfahrungen miteinander integriert sind: Eine geteilte Welt, eine Welt, deren Teile und Aspekte nicht zusammenhingen, sei ein Anzeichen und eine Ursache für gespaltene Persönlichkeit (71).

Ähnlich wie die Schule um S.B. Robinsohn in der deutschsprachigen Curriculumforschung geht die progressive Erziehung damit von Lebenssituationen und den ihnen entsprechenden Erfahrungen aus. Allerdings mit einem signifikanten Unterschied: Robinsohn geht davon aus, daß „in der Erziehung Ausstattung zur Bewältigung von Lebenssituationen"(72) geleistet werde, d.h., daß Unterricht für zukünftige Lebenssituationen qualifiziere. Damit ergibt sich für die Robinsohnsche Konzeption ein objektivistischer Bias, der sich methodologisch in dem Versuch äußert, Lebenssituationen durch Arbeitsmarktanalysen, Arbeitsplatzanalysen etc. festzumachen, während auf der anderen Seite die gegenwärtigen Lebenssituationen der Schüler - seine Erfahrungswelt - vernachlässigt wird. D.h. es droht

71 Vergl. zu diesen Ausführungen: J. Dewey, Experience a.a.O. S. 44
72 S.B. Robinsohn, Bildungsreform als Revision des Curriculum, Neuwied, Berlin 1969, S. 45

übersehen zu werden, daß die Schule nicht nur für das zukünftige Leben zu qualifizieren hat, sondern ebenso die Lebenswelt des Schülers in den Erziehungsprozeß einzubringen hätte. Letztlich droht der emanzipatorische Anspruch Robinsohns in unkritische Affirmation überzugehen, weil der Schüler für Situationen qualifiziert wird, die nicht von ihm her entworfen sind. Denn wenn zukünftige Lebenssituationen, die nicht zuletzt durch Ausbildungsstandards der Industrie vorgegeben sind, bestimmen, was Bildung zu sein hat, ist Emanzipation kaum mehr ins Spiel zu bringen.

Andererseits zeigt gerade der Robinsohnsche Ansatz, daß auch die Konzeption Deweys letztlich zu kurz gedacht ist. Denn wenn die Erfahrungswelt des Scnülers als oberste Ressource genommne wird, so droht der gesellschaftliche Bezug dieser Lebenssituationen - nämlich deren Zugehörigkeit zu einem ökonomisch-gesellschaftlichen System - unterschlagen zu werden: Die Erfahrungswelt wird unkritisch als Ausgangspunkt für Lernprozesse vorausgesetzt; daß diese Erfahrungswelt selbst kritisch reflektiert werden müßte, wird übersehen. Ebenso wird vorausgesetzt, daß Bedürfnisse gleichsam Naturkonstanten sind, also nicht selbst durch die gattungsgeschichtliche Entwicklung verändert oder sogar pervertiert werden können. Diese letzlich ungeschichtliche Haltung des Pragmatismus verdichtet sich in der Ideologie eines radikalen Liberalismus, der das amerikanische Modell der Demokratie unbefragt voraussetzt und es als naturnotwendiges Ergebnis der gesellschaftlichen Entwicklung betrachtet, da es Freiheit und soziale Kontrolle in einzigartiger Form miteinander verschränke. Die Gesellschaft selbst wird als demokratisches Laboratorium betrachtet, als Experiment in Analogie zu den Naturwissenschaften. Damit bricht der im Pragmatismus implizierte Positivismus durch, der sich am Modell des wissenschaftlichen Experiments orientiert; menschliches Handeln wird dadurch zur monadologischen Auseinandersetzung eines „Experimentators" mit einer Welt, die nichts mehr als die Erfahrungen des Individuums spiegelt. Der einzelne Mensch versucht, diese Erfahrungswelt auf eigene Rechnung zu beherrschen und verfällt der Illusion, daß dies durch geeignete Erziehung ohne weiteres möglich wäre. Während in Wirklichkeit seine eigene Kontrolle über die Umwelt und die vorausgesetzte Autonomie solange solipsistischer Schein bleiben, als dadurch lediglich verschleiert wird, daß der Mensch von gesellschaftlichen Interessengruppen beherrscht und der Fremdbestimmung unterworfen ist. Dieser affirmativen Gesellschaftskonzeption entspricht die pragmatistische Erkenntnistheorie, die Wahrheit utilitaristisch am Erfolg der eigenen Handlungen mißt: „Die pragmatische Methode besteht in solchen Fällen in dem Versuch, jedes (dieser) Urteil(e) dadurch zu interpretieren, daß man seine praktische Konsequenzen untersucht. Was für ein Unterschied würde sich praktisch für irgend jemanden ergeben, wenn das eine und nicht das andere Urteil wahr wäre? Wenn kein, wie immer gearteter, praktischer Unterschied sich nachweisen läßt, dann bedeuten die beiden entgegengesetzten Urteile praktisch dasselbe und jeder Streit ist müßig"(73). Wie M. Horkheimer betont, steht letztlich hinter dem pragmatistischen Modell einer Handlungstheorie ein grenzenloses Vertrauen in die bestehende Welt: „Wenn der Güte jedes Gedankens Zeit und Gelegenheit gegeben ist, an den Tag zu kommen, wenn der Erfolg des Wahren - und sei es auch nach Kampf und Widerstand - am Ende immer sicher ist, wenn die Idee einer gefährlichen, sprengenden Wahrheit überhaupt nicht in den Gesichtskreis treten kann, dann ist die gegenwärtige gesellschaftliche Form geheiligt und - soweit sie Schäden aufweist - unabsehbar entwicklungsfähig"(74). Die damit verbundene affirmative Haltung des Pragmatismus läßt sich auch an seiner pädagogischen Version zeigen, indem progressive Erziehung nur mehr zu einer bloßen Einübung in vorbestimmte Lebenswelten wird, die zudem durch einen quasinaturwüchsigen Verlauf der menschlichen Entwicklung gegen Kritik immunisiert wird. Es ist nicht möglich, durch Reflexion aus dieser Lebenswelt herauszutreten, sie selbst kritisierbar zu machen; Lernprozesse haben nicht in einem dialektischen Prozeß durch die Negation zu verlaufen, sondern an das Bestehende, so wie es (gut) ist, anzuknüpfen.

Immerhin muß der pragmatistischen Erziehungskonzeption zugutegehalten werden, daß sie versucht, den Lernprozeß an der Erfahrungswelt des Kindes anzusetzen und Lernen

---

73 W. James, Was will der Pragmatismus, in: H.-G. Gadamer (Hrsg.), Philosophisches Lesebuch 3, Frankfurt 1970, S. 238

74 M. Horkheimer, Zum Problem der Wahrheit, Berlin o.J., S. 20

insofern zu „entschulen". Und gegenüber der intellektualistisch ausgerichteten neueren Curriculumforschung, wie sie von den Anhängern des Strukturansatzes oder auch von vielen Anhängern einer behavioristischen Lernzielorientierung vertreten wird, werden hier Gefühle, Expressionen nicht von vorneherein abgewertet. Wenn die Schule jedoch die gefühlsdurchlagerten Erfahrungen der Kinder nicht positiv aufnimmt - und das gilt insbesondere für Unterschichtkinder - bedeutet das, daß deren Erfahrungswelt und damit auch deren Gefühle entwertet werden. Gerade von Autoren, die sich mit kompensatorischer Erziehung befassen, wird jener neue Intellektualismus z.T. eingehend kritisiert, da er sich vor allem auf die Förderung der akademischen Fähigkeiten des Kindes verlege und dabei das Bedürfnis des Kindes nach positiver Selbstdefinition und positiven Beziehungen zu andern nicht erfüllen könne (75).

Die Situation des Unterschichtkindes ist jedoch nur ein Problem, das sich aus dem Auseinanderfallen von Emotionen und Ratio ergibt. Ganz allgemein scheint die Tendenz zu bestehen, daß Emotionen als Bedrohung des Intellektes interpretiert werden, der nur dann gesteuert werden kann, wenn Emotionen im Sinne von Verhaltenssteuerung kanalisiert werden können. Anstatt daß der Ausdruck von Gefühlen unterstützt und gefördert würde, gelten sie lediglich als intervenierende Störfaktoren, welche etwa im Sinne der Peer-group Orientierung von den eigentlichen Aufgaben der Schule ablenken und daher diszipliniert und unterdrückt werden müssen (76). Letztlich aber ergibt sich damit eine Parzellierung des Menschen, welche den Bereich der Wissenschaften und des Wissens vom expressiven Bereich abschneidet und damit deren gegenseitige Durchdringung nicht mehr mitreflektiert.

Aber auch im Bereich des Wissens selber ist die These nicht unumstritten, daß allein die Wissenschaften Bildungsinhalte zu liefern hätten. So kritisiert S.B. Robinsohn, daß im didaktischen Zusammenhang weder die akademischen Fachabgrenzungen noch die fachimmanenten Zielset-

75 M.D. Fantini, G. Weinstein, Reducing the Behavior Gap, in: G. Hass, K. Wiles, J. Bondi (Hrsg.), Readings in Curriculum, Boston 1970, S. 330 ff.

76 Vergl. C.W. Backmann, P.F. Secord, Sozialpsychologie der Schule, Weinheim, Basel 1972, S. 58 ff.

zungen ohne weiteres auf die Bildungsleistung dieser Fächer übertragen werden können (77). Zudem ist es extrem schwierig abzugrenzen, was Wissenschaft ist. Je nach Wissenschaftsbegriff fallen andere Gebiete unter dieses Prädikat. Und gleichzeitig läßt eine derartige Einschränkung die Fülle des unorganisierten Wissens sowie der Fertigkeiten und Haltungen, die außerhalb der ins Auge gefaßten Wissenschaften liegen, unberücksichtigt (78).

Problematisch ist in diesem Zusammenhang auch die Voraussetzung, daß Lebensprobleme am besten im Rahmen wissenschaftlichen Vorgehens zu lösen seien. Denn das hier zum Ausdruck kommende uneingeschränkte Vertrauen in die Wissenschaften ist kaum zu rechtfertigen. Gerade im Bereich der Social-Studies-Erziehung zeigt es sich, daß wissenschaftsorientierte Erziehung nur beschränkte Relevanz für Lebensprobleme hat. So betont Ch. Wulf: „Einmal droht sie der sozialen Realität nicht habhaft zu werden, da viele Probleme sich in den Wissenschaften erst später, oft nur unter begrenzter Perspektive zeigen, zum anderen droht sie die entscheidende Aufgabe, die Jugendlichen zum *gesellschaftlich-politischen Engagement* zu erziehen, zu vernachlässigen"(79). Gerade die positivistisch orientierten Sozialwissenschaften können eine Haltung des wertfreien Erkennens gegenüber sozialen Problemen fördern, welche politischem Engagement entgegengesetzt ist.

Wenn wir davon ausgehen, daß nicht alles Wissen, das wir für die Lösung von Problemen unseres Lebens benötigen, in den Wissenschaften abgedeckt ist, ist es sinnvoll, folgende Unterscheidung zu treffen: „Alles menschliche Wissen kann unter zwei Kategorien klassifiziert werden; a) Wissen, welches Resultat angestrengter, systematischer Untersuchung ist und b) Wissen, das aus alltäglicher Erfahrung stammt"(80). Damit ist jedoch die Frage der Kriterien, nach welchen alltägliches Wissen und wissenschaftliches Wissen in den Unterrichtsprozeß eingehen, noch keineswegs gelöst. Denn es genügt nicht, darauf hinzuweisen, daß auf jenes Wissen zurückgegriffen werden müsse, das für die Struktur der Lebenssituation selbst

---

77 S.B. Robinsohn a.a.O. S. 46
78 M. Johnson a.a.O. S. 37
79 Ch. Wulf, Die „New Social Studies" in den USA, in: Die Grundschule 4, 1971, S. 22
80 W.K. Richmond, The School Curriculum, London 1971, S. 199

relevant sei, solange der Bezug zur Gesellschaftsstruktur, auf dessen Hintergrund jene Relevanz erst reflektiert werden kann, nicht geklärt wird. Werden nämlich einzelne Situationen isoliert in Problemlösungsprozesse einbezogen, so ist damit jene affirmative Einübung in eine Lebenswelt mitgegeben, welche der Illusion verfällt, an den gesellschaftlichen Bedingungen von Lebenssituationen vorbeigehen zu können und Unterricht selbstgenügsam an situativen Gehalten allein festmachen zu können.

Diese Problematik ist insbesondere von der Schule um H. Blankertz (81) in die Curriculumdiskussion eingebracht worden, wo sich die Bildungsinhalte eines Unterrichtsfaches erst einmal an einer Bedingungsanalyse ausweisen müssen. An einer Bedingungsanalyse, welche den Prozeß der historisch-gesellschaftlichen Genese des didaktischen Gegenstandes nicht hintergeht. Dabei unterscheidet H. Blankertz vier Bedingungsfaktoren (82):

1. die objektivierbaren Veränderungen der Lebenssituationen, also die Frage nach den Situationen des Lebens, die ein bestimmtes Gebiet für Unterrichtsprozesse relevant machen. Am Beispiel der Arbeitslehre zeigt es sich etwa, daß eine allgemeine Tendenz zur Entpolitisierung festgestellt werden kann, die eine pädagogische Vermittlung des Politischen erforderlich macht, um den steigenden Forderungen an politische Einsicht zu genügen und Tendenzen zur Bewußtseinsmanipulation begegnen zu können (83).
2. die entgegenstehenden Faktoren aus dem Bereich der vorgegebenen Institutionen. D.h. es werden jene Faktoren analysiert, die das betreffende Gebiet als reformbedürftig erweisen oder seiner Aufnahme in den Unterricht entgegenstehen.
3. die politisch-gesellschaftlichen Postulate, die von verschiedenen Gruppen der Gesellschaft als Forderungen zum betreffenden Gebiet aufgestellt werden.
4. die soziokulturell-anthropogenen Voraussetzungen der Jugend.

---

81 Vergl. H. Blankertz, Theorien a.a.O.; ders. (Hrsg.), Curriculumforschung - Strategien, Strukturierung, Konstruktion, Essen 1971

82 Nach: H. Blankertz, Theorien a.a.O. S. 174 ff.

83 So die Interpretation von G. Thoma, Zur Entwicklung und Funktion eines „didaktischen Strukturgitters" für den politischen Unterricht, in: H. Blankertz, Curriculumforschung - Strategien, Strukturierung, Konstruktion, Essen 1971, S. 71

Erst aus der Analyse dieser Bedingungsfaktoren, wie sie sich in der Arbeitslehre - dem Beispiel, das Blankertz untersucht - zeigen, ergibt sich die konkrete Aufgabenstellung des Faches, welches zur eigentlichen Konstruktion des Lehrplanes überleitet. Die Resultate einer solchen Bedingungsanalyse und erste darauf von den Wissenschaften (84) als Antwort formulierte Inhalte dürfen jedoch nicht einfach generell übernommen werden, wenn Affirmation vermieden werden soll; vielmehr ist ein der kritischen Intention des Bildungsbegriffes folgendes Kriterium der pädagogischen Verantwortung nötig, welches zwar nicht positiv Ziele und Inhalte für den Unterricht ableitet, aber negativ den Einfluß der Erziehungswissenschaft geltend macht, indem bestimmte Inhalte abgewiesen werden können. Dieses Kriterium wird von der Schule um Blankertz im sogenannten „didaktischen Strukturgitter" konkretisiert und in den Curriculumprozeß wie folgt eingebracht: „Die erste, apologetische Antwort der Wissenschaften (Ansprüche als zu behandelnde Inhalte) wird in dem absoluten Durchsetzungswillen gebrochen mittels einer Relativierung durch das didaktische Strukturgitter. Die vorgegebenen Inhalte werden über die Medien der Vergesellschaftung auf den Definitionsebenen problematisiert, in ihrer Intention und in den für sie konstitutiven Selektionsmechanismen erhellt, und über die kritischen Kategorien wird eine Rückfrage an die einschlägigen Wissenschaften nach Modifikationen und Alternativen zu dem Vorgegebenen formuliert"(85).

Wichtig ist in diesem Zusammenhang, daß die Pädagogik selbst nicht bei der Auswahl der Inhalte, sondern erst durch die Instanz des Strukturgitters zum Zuge kommt.

---

84 Zum folgenden muß jedoch festgehalten werden, daß die im Rahmen der Darstellung des Erfahrungsansatzes kritisierte Wissenschaftsorientierung vor allem in der Interpretation von G. Thoma wieder neu aufscheint. So sollen nach Thoma die Wissenschaften das Selbstverständnis der Republik bzw. der Interessenverbände objektivieren, wobei die dadurch ermittelten Anforderungen noch um die Ansprüche der einschlägigen Fachwissenschaften erweitert werden. Wenn hier mit „Wissenschaft" auch kritische Theorie gemeint sein dürfte, scheint die Orientierung an den Wissenschaften dennoch zu stark betont (Vergl. G. Thoma a.a.O. S. 74)

85 G. Thoma, Zur Entwicklung und Funktion eines „didaktischen Strukturgitters" für den politischen Unterricht, in: H. Blankertz, Curriculumforschung - Strategien, Strukturierung, Konstruktion, Essen 1971, S. 82

Erst dort, wo im Sinne der „methodischen Leitfrage" die Ansprüche der Interessengruppen mit den Interessen der Schüler vermittelt werden, um so den Bildungsbegriff zu konkretisieren (86). Die Pädagogik soll auf diese Weise instandgesetzt werden, als Anwalt des Kindes die anthropologisch fundierten Ansprüche der zu bildenden Individuen wahrzunehmen.

Im Rahmen emanzipatorischer Unterrichtstheorien nimmt H. Blankertz damit eine Mittelstellung ein: Zum einen überwindet er den bei Robinsohn noch deutlich vorhandenen technologischen Ansatz, Lebenssituationen rein objektivistisch festzumachen, während er andererseits vom Status quo des bestehenden Fächerkanon ausgeht, wie es dann vor allem in den Arbeiten von F. Achtenhagen deutlich wird (87). Zudem restringiert der Ansatz von Blankertz - noch in Anlehnung an Robinsohn - Erfahrungswelten auf die zukünftigen Lebenssituationen der Schüler, während die konkreten gegenwärtigen Lebenssituationen nur formal als sozialkulturelle und anthropologische Bedingungen in den Curriculumprozeß eingehen. Auch das didaktische Strukturgitter, welches das Eigenrecht des Kindes geltend machen soll, bezieht sich m.E. kaum auf die Erfahrungswelt des Schülers, sondern beschränkt sich auf die Einbringung der kritischen Theorie in die Curriculumkonstruktion. Die Gleichsetzung von kritischer Theorie mit der Funktion, Situationen in den Horizont der Betroffenen zu stellen, wie sie bei G. Thoma zum Ausdruck kommt, scheint jedoch nicht recht einsichtig (88).

Eine Curriculumtheorie, die emanzipatorisch wirksam werden will, hätte demgegenüber von der Struktur der Lebensprobleme, der Erfahrungswelt des Kindes auszugehen (89). Von da her wäre jenes Wissen curricular zu ver-

---

86 Nach: P. Menck, Lehrerausbildung und Curriculumentwicklung, in: Bildung und Erziehung 1972, S. 22

87 Vergl. F. Achtenhagen, P. Menck, Langfristige Curriculumentwicklung und mittelfristige Curriculumforschung, in: F. Achtenhagen, H.L. Meyer (Hrsg.), Curriculumrevision, Möglichkeiten und Grenzen, München 1971, S. 197 ff.; F. Achtenhagen, G. Wienold, Curriculumforschung und fremsprachlicher Unterricht, in: F. Achtenhagen, H.-L. Meyer (Hrsg.), Curriculumrevision, Möglichkeiten und Grenzen, München 1971, S. 216 ff.

88 Vergl. G. Thoma a.a.O.

89 Dieser Vorschlag weist gewisse Parallelen mit Hentigs „entschulter Schule" auf, wo „Schule als Erfahrungsraum" bedeutet: „Die Schule so anlegen und das Lernen so treiben, daß genug spontane Ereignisse in

mitteln, das zur Reflexion und Veränderung dieser Erfahrungswelt notwendig ist. Dabei - und hier ist Blankertz zuzustimmen - hat sich dieses Wissen an einer Bildungs- bzw. Gesellschaftstheorie zu rechtfertigen. Diese Bildungs- bzw. Gesellschaftstheorie hätte die Funktion, die monadische Struktur der Erfahrungswelt des Schülers an deren gesellschaftliche Bedingungen zu binden. D.h. es sollten Bildungsprozesse initiiert werden, die sich an einem Aktions-Reflexions-Vorgang orientieren, wie ihn P. Freire charakterisiert: „Es geht (vielmehr) darum, zu entdecken, wie sich das Bewußtsein und sein sozialer Kontext zueinander verhalten, in welcher intentionalen Beziehung aufeinander sie stehen... Denn nur wenn der strikte Zusammenhang von Bewußtsein und Welt und ihr historisches Verhalten zueinander ernst genommen werden, kommt es zur vollen Beteiligung der Lerngruppen an der Erstellung und Entfaltung des Stoffplans und seiner Verarbeitung im Rahmen eines Aktions-Reflexions-Vorgangs"(90).

Curriculumtheoretisch könnte diese Vermittlung durch ein Strukturgitter vorgenommen werden, wie es eine Arbeitsgruppe an unserem Institut für den Sozialkundeunterricht entworfen hat (91):

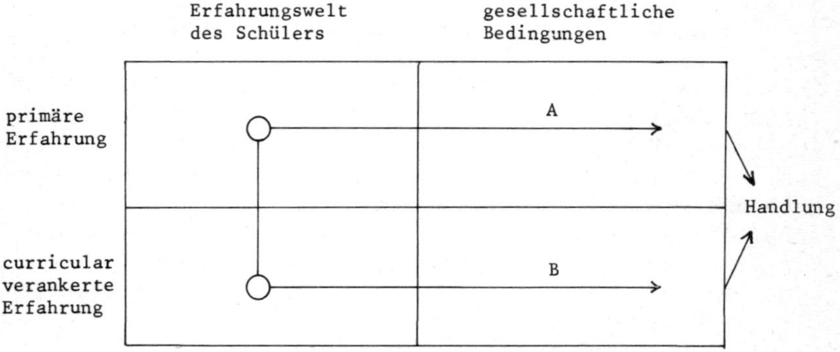

ihnen vorkommen, in denen den Kindern Freuden, Gefahren, Aufgaben, Beziehungen, Fragen, Erklärungen begegnen, von denen her sie wiederum ihre Lehrer, ihre Bücher, ihre Mitschüler brauchen oder sich selbst im Weiterwachsen neu orientieren" (H.v. Hentig, Cuernavaca oder: Alternativen zur Schule? Stuttgart, München 1971, S. 114).

90 W. Simpfendörfer, Befreiende Erziehung - Zur dialogischen Erziehung Paulo Freires, in: H. Lüning (Hrsg.), Schadet die Schule unseren Kindern? Düsseldorf 1972, S. 100

91 Dies geschah durch W. Holdener, P. Meyer und H. Moser im Rahmen eines Vorprojektes zum „Projekt politische Bildung" (Pobi) Zürich.

Ganz ähnlich wie das didaktische Strukturgitter soll auch dieses „heuristische Strukturgitter" als Instanz des Curriculumprozesses die Verantwortlichkeit der Erziehungswissenschaft für pädagogisches Handeln absichern. Allerdings setzt das heuristische Strukturgitter nicht an den von den Wissenschaften vorgegebenen Inhalten an, um sie gewissermaßen zu „filtrieren". Vielmehr soll es eine Hilfestellung für die Curriculumkonstruktion selbst leisten, indem es von den primären Erfahrungen der Schüler und damit von ihrer Erfahrungswelt ausgeht und Wege angibt, wie es möglich wird, diese Erfahrungen in die Unterrichtsplanung zu integrieren. D.h. das heuristische Strukturgitter stellt weder ein komputierbares Modell noch einen Filter dar, sondern eher eine Art Leitfaden (92) zur didaktischen Planung von Unterricht. Dabei übernimmt das Gitter zwei Funktionen: Negativ können durch dessen Anwendung alle jene Inhalte ausgeschieden werden, welche keinen Bezug zur Erfahrungswelt des Schülers herzustellen vermögen, bzw. es nicht ermöglichen, die subjektive Erfahrungswelt des Schülers auf ihre gesellschaftlichen Bedingungen zurückzuführen. Positiv leitet das heuristische Strukturgitter die curriculare Reflexion, indem es zwei mögliche Wege des Unterrichtsprozesses festlegt (A und B).

Konkret heißt das, daß der Unterricht zwar in jedem Fall an den Erfahrungen der Schüler, an ihren Problemen, Interessen, Meinungen, Vorurteilen und Einstellungen ansetzen sollte, wobei der weitere Verlauf des Unterrichts aber zwei Möglichkeiten offen läßt: Einmal kann es durchaus unerläßlich sein, zur sachgerechten Bearbeitung eines Problems weitere Informationen hinzuzuziehen - wissenschaftliche Erkenntnisse und umgangssprachliches Wissen - oder neue Erfahrungen zu vermitteln. Eine Bedingungsanalyse der Lebenssituation - ähnlich wie sie Blankertz für die Unterrichtsfächer vorschlägt - müßte hier curricular zu verankernde Inhalte im weitesten Sinne aufzuzeigen versuchen. D.h. die Einsicht in die gesellschaftlichen Bedingungen der betreffenden Lebenssituationen ist in diesem Falle nur dann zu gewährleisten, wenn die curriculare Vermittlung weiterer Inhalte sichergestellt ist (Verlauf B). Umgekehrt ist es durchaus möglich,

---

92 Im vierten Kapitel wird gezeigt, wie daraus eine konkrete Strategie gewonnen werden kann.

einen Bildungsprozeß ohne explizite Vermittlung neuer Erfahrungen durch das Curriculum in die Wege zu leiten. Dann nämlich, wenn bereits an immanenten Widersprüchen in der Erfahrungswelt des Schülers die Reflexion auf deren gesellschaftliche Ursachen möglich wird (Verlauf A).

Allerdings muß hier festgestellt werden, daß die hier skizzierte Unterrichtstheorie und insbesondere das heuristische Strukturgitter am Beispiel der Sozialkunde entwickelt und weiter konkretisiert wurde. Es ist zwar denkbar, daß eine relativ große Generalisierungsmöglichkeit besteht; ob sich jedoch im Sinne eines umfassenden Gesamtunterrichtes alle Fächer in diesen Prozeß der Transformation von Erfahrungswelten eingliedern lassen, ist nicht sicher. Vor allem dort, wo es um den Erwerb von Fähigkeiten wie Mathematik, Fremdsprachen, Lesen, Schreiben geht, wäre die vorgeschlagene Unterrichtsform vielleicht auf ein fächerartig aufgebautes „skill-training" hin zu durchbrechen. Denn sonst besteht die Gefahr der Pervertierung des ganzen Ansatzes, indem an sozialen Problemen Lese- und Rechenübungen vorgenommen werden, wobei dann das eigentliche Unterrichtsziel aus den Augen verloren wird. Mindestens deutet die bisherige Gesamtunterricht-Bewegung im deutschen Sprachraum auf solche Gefahren hin. Zudem sind noch im radikalen „de-schooling approach" I. Illichs (93) Lernmöglichkeiten vorgesehen, wo solche Fähigkeiten isoliert eintrainiert werden sollen. Andererseits zeigt die konkrete Bildungsarbeit P. Freires (94) auf, daß sogenannte Kulturtechniken nicht vorschnell aus den Lernmöglichkeiten im Rahmen der Verarbeitung von Erfahrungswelten herausgenommen und speziellen Kursen überstellt werden sollten. So geht Freire in seinem *Alphabetisierungsprogramm* von den Lebensproblemen der Betroffenen aus, indem deren Probleme von Kursleitern, Wissenschaftlern und Kursteilnehmern gemeinsam analysiert und durch Schlüsselwörter auf den Begriff gebracht werden. An diesen Schlüsselwörtern setzt dann einerseits der Alphabetisierungsprozeß ein, andererseits signalisieren diese Schlüsselwörter jene Probleme, von denen aus dialogische

93 Vergl. I. Illich, Schulen helfen nicht, Hamburg 1972; I. Illich, Entschulung der Gesellschaft, München 1972

94 P. Freire, l'éducation: pratique de la liberté, Paris 1971; P. Freire, Politische Alphabetisierung, in: Lutherische Monatshefte 1970, S. 578 ff.; P. Freire, Pädagogik der Unterdrückten, Stuttgart 1970

Erziehung durch gemeinsame Aktion und Reflexion die Welt verwandeln und vermenschlichen möchte (95). Der Lernprozeß der Alphabetisierung ist damit von den Problemen der Menschen nicht abgeschnitten, sondern er verbindet sich mit dem Konszientisationsprozeß zu einer Einheit.

Freire zeigt damit, daß auch Inhalte in einen solchen Ansatz einbezogen werden können, die im ersten Augenblick dafür ungeeignet erscheinen. Auf jeden Fall wäre auch im Bereich der Kulturtechniken erst zu untersuchen, welche Gebiete vom Ansatz der Erfahrungswelt zu separieren und eigenen Kursen zuzuweisen wären.

Zusammenfassend scheint diese Diskussion von Strukturansatz und Erfahrungsansatz folgende Schlüsse nahezulegen: Der zweite Ansatz führt manche Postulate der amerikanischen Strukturtheoretiker und insbesondere deren Betonung kreativen Lernens weiter, vermeidet es aber, daß der Mensch im Netz der Wissenschaften gefangen bleibt.

Der Versuch, von der Struktur der Lebenssituation auszugehen, gibt deshalb auch der Wissenschaft einen anderen Stellenwert als im Rahmen der „Struktur der Disziplin", indem die Wissenschaft selbst auf ihre gesellschaftliche Funktion verwiesen ist und sich von dort her erst auszuweisen hat. Die wissenschaftlichen Konzepte sind dann nicht mehr im nominalistischen Sinn Organisationsprinzipien von Erfahrung, mit denen der Mensch über die Realität verfügt und sie beherrscht, während sie gleichzeitig verhindern, daß diese Realität selbst zu Wort kommt. Vielmehr wird umgekehrt von der Beschaffenheit der erfahrungsweltlichen Realität her das zu deren Reflexion notwendige Wissen herangezogen.

Nun hat dieses Kapitel jedoch den für diese Arbeit zentralen Begriff der „Erfahrungswelt" eingeführt, ohne ihn auf seine weiteren Implikationen zu befragen. Vor allem liegt das Mißverständnis nahe, daß Erfahrungswelten als vorsprachliche Beziehung des Menschen zur Welt interpretiert werden, die etwa als irrationales, lediglich Gefühlen verpflichtetes Dasein charakterisiert werden könnte. Aus diesem Grunde soll der Begriff der Erfahrungswelt im nächsten Kapitel näher untersucht und auf dem Hintergrund der Wittgensteinschen Sprachphilosophie weiter differenziert werden.

---

95 P. Freire, Pädagogik der Unterdrückten a.a.O. S. 95

3. Erfahrung, Kommunikation und Handeln

3.1 Exkurs zu Wittgenstein

Aus den bisherigen Erörterungen geht hervor, daß Unterrichtsprozesse in der Transformation von Erfahrungswelten, die wie menschliche Tätigkeit überhaupt als Ensemble von Sprechen und Handeln zu charakterisieren sind, bestehen. Diese Erfahrungswelten sind im ersten Zusehen subjektivistisch als Ausschnitt aus dem Universum, den ich „meine Welt" nenne, zu verstehen (1). Die tendentielle „Entschulung" von Unterricht wird dadurch mit einem Rückzug pädagogischer Reflexion auf die Perspektive des Subjekts erkauft, dessen subjektivistischer Bezug zur Welt genau das ist, was als „Erfahrungswelt" bezeichnet wird. Demgegenüber wendet K. Mollenhauer zu recht ein: „Vielmehr ist das, was sich für ein bestimmtes Subjekt als Lebenswelt konstituiert, über seine Biographie sowohl mit Traditionen wie mit anderen Biographien verknüpft, und zwar dadurch, daß sich ‚meine Welt' überhaupt nur in Verschränkung mit anderen ‚Welten', nur auf dem Wege über Interaktionen, nur als soziale Wirklichkeit konstituiert" (2). Erfahrungswelten sind also in ihrer Genese im soziokulturellen Raum entstanden und strukturieren sich nach sprachlich vermittelten Handlungskriterien. Denn sonst müßten die Erfahrungswelten selbst monadologisch verstanden werden. Im Leibnizschen Sinne wäre die Erfahrungswelt ein Spiegel des Universums ohne Fenster, durch die irgendetwas in sie hinein- oder aus ihnen hinaustreten könnte (3). Dann wäre aber auch ein universelles Zusammenspiel von Monaden, also die Anpassung aller erschaffe-

---

1 A. Schütz, Das Problem der Relevanz, Frankfurt 1971, S. 179
2 K. Mollenhauer, Theorien zum Erziehungsprozeß, München 1972, S. 35
3 G.W. Leibniz, Werke, Bd. I, Darmstadt 1965, S. 439 ff.

nen Dinge an jedes einzelne von ihnen und jedes einzelnen an alle anderen nur noch metaphysisch einzuholen: „Weil Gott, indem er das Ganze regelte, auf jeden Teil und besonders auf jede Monade achtete, und es deren Natur ist, die Welt darzustellen, könnte nichts sie darauf beschränken, nur einen Teil der Dinge darzustellen"(4).

Wenn aber jene metaphysischen Bedingungen der Konstitution von Erfahrungswelten empirisch eingeholt werden sollen, so stellt sich die Frage, wie Erfahrungswelten geordnet - d.h. strukturiert sind und wie Intersubjektivität möglich ist.

Eine Antwort gibt L. Wittgenstein (5), wenn er die Konstitution von Erfahrungswelten sprachphilosophisch zu erklären versucht. Denn das Faktum menschlichen Sprachgebrauchs ist von vorneherein auf die Intersubjektivität von Regeln gegründet: Zwar sind beispielsweise Empfindungen privat (niemand kann meine Schmerzen haben), aber wenn ich meine Empfindungen mit Worten bezeichne, wechsle ich auf die intersubjektive Ebene über (6). Und eine solche Bezeichnung setzt bereits eine sprachliche Strukturierung voraus: „Wenn man sagt ‚Er hat der Empfindung einen Namen gegeben', so vergißt man, daß schon viel in der Sprache vorbereitet sein muß, damit das bloße Benennen einen Sinn hat. Und wenn wir davon reden, daß Einer dem Schmerz einen Namen gibt, so ist die Grammatik des Wortes ‚Schmerz' hier das Vorbereitete; sie zeigt den Posten an, an den das neue Wort gestellt wird"(7). Sprache ist also von vorneherein öffentlich und damit in konstitutiver Weise auf ihre Beziehungsdimension angelegt. Das Fehlen eines Identitätskriteriums schließt deshalb die Ausbildung von Privatsprachen aus: „Unter der Voraussetzung einer Privatsprache kann mich niemand lehren, was der richtige Gebrauch von ‚dasselbe' ist. Ich bin der einzige Schiedsrichter, ob dies das*selbe* wie das ist"(8). D.h. das Identitätskriterium selbst fundiert letztlich in der Sprache und greift auf diese als trans-

4 G.W. Leibniz a.a.O. S. 465
5 L. Wittgenstein, Philosophische Untersuchungen, Frankfurt 1971
6 Vergl. dazu und zum folgenden: N. Garver, Wittgenstein über die Privatsprache, in: Über Ludwig Wittgenstein, Frankfurt 1968, S. 106 ff.
7 L. Wittgenstein a.a.O. S. 118
8 N. Malcolm, Wittgensteins „Philosophische Untersuchungen", in: Über Ludwig Wittgenstein, Frankfurt 1968, S. 17

zendentale Bedingung zurück. Wittgenstein selbst verdeutlicht dies, wenn er schreibt: „Man könnte sagen: Wer sich eine private Worterklärung gegeben hat, der muß sich nun im Innern *vornehmen*, das Wort so und so zu gebrauchen. Und wie nimmt er sich das vor? Soll ich annehmen, daß er die Technik dieser Anwendung erfindet; oder daß er sie schon fertig vorgefunden hat"(9)? Wenn wir im ersten Zusehen Privatsprachen für möglich halten, dann nur deswegen, weil wir die Technik bereits vorgefunden haben, und für bestimmte Wörter eigene Zeichen einsetzen. Was wir dann „Privatsprache" nennen, ist lediglich ein Analogieversuch zur öffentlichen Sprache; das eigentliche Problem des Erfindens einer privaten Sprache wird damit aber noch nicht einmal bezeichnet. Es ist letztlich auch unvorstellbar, weil wir immer wieder auf den Hintergrund unserer öffentlichen Sprache zurückverwiesen werden.

Erfahrungswelten durchbrechen also dadurch, daß sie eng mit Sprache zusammenhängen, von vorneherein jene monadologische Beschränkung. Der Zusammenhang von Erfahrungswelt und Sprache selbst läßt sich am zentralen Begriff der Wittgensteinschen Spätphilosophie, dem „Sprachspiel", weiter verdeutlichen: „Ich werde auch das Ganze: der Sprache und der Tätigkeiten, mit denen sie verwoben ist, das ‚Sprachspiel' nennen"(10). Sprache wird damit von Wittgenstein nicht mehr als ein generalisiertes System - etwa im Sinne semantischer Universalien bei J. Katz (11) - gefaßt, sondern als Ensemble von Sprechen und Handeln, das an ganz bestimmte Situationen gebunden bleibt. Bedeutungen selbst konstituieren sich nicht mehr im Bezug auf die Sprache als System, sondern auf einzelne Sprachspiele, einen Sprachgebrauch hin. Wenn man also von der „Bedeutung eines Wortes" sprechen will, so kann man das nur tun, indem man ein bestimmtes Sprachspiel untersucht, allgemeiner läßt sich höchstens noch von „Familienähnlichkeiten" sprechen, indem verwandte Sprachspiele eine „Familie" bilden. Zusammenfassend charakterisiert Wittgenstein diese Auffassung folgendermaßen: „Statt etwas anzugeben, was allem, was wir Sprache nennen, gemeinsam ist, sage ich, es ist diesen Erscheinungen garnicht Eines gemeinsam, weswegen wir für alle das gleiche Wort verwen-

9 L. Wittgenstein a.a.O. S. 119
10 L. Wittgenstein a.a.O. S. 17
11 Vergl. J.J. Katz, Philosophie der Sprache, Frankfurt 1969

den, - sondern sie sind miteinander in vielen verschiedenen Weisen *verwandt*. Und dieser Verwandtschaft, oder dieser Verwandtschaften wegen nennen wir sie alle ,Sprachen'" (12). Wittgenstein exemplifiziert seinen Sprachspielbegriff u.a. an folgenden Beispielen:

„Befehlen, und nach Befehlen handeln -
Beschreiben eines Gegenstands nach dem Ansehen, oder nach Messungen -
Herstellen eines Gegenstands nach einer Beschreibung (Zeichnung) -
Berichten eines Hergangs -
Über den Hergang Vermutungen anstellen -
Eine Hypothese aufstellen und prüfen -
Darstellen der Ergebnisse eines Experiments durch Tabellen und Diagramme -
Eine Geschichte erfinden und lesen -
Theater spielen -
Reigen singen -
Rätsel raten -
Einen Witz machen; erzählen -
Ein angewandtes Rechenexempel lösen -
Aus einer Sprache in die andere übersetzen -
Bitten, Danken, Fluchen, Grüßen, Beten"(13).

Die Verflechtung des Sprechens mit menschlicher Tätigkeit, die solche Sprachspiele charakterisiert, nennt Wittgenstein „Lebensform". Das Verstehen von Begriffen ist verbunden mit menschlichem Verhalten, den Tätigkeiten und natürlichen Äußerungen, die die Wörter umgeben (14). Sprechen ist damit kein rein intellektueller Vorgang, sondern steht in enger Verbindung zur Gesamttätigkeit in der jeweiligen Situation (15): Es ist selbst nur denkbar im Sinne eingelebter Kommunikation und damit im sozialen Kontext. Die Bedeutung des sozialen Kontextes zur Beschreibung von Sprachspielen betont vor allem P. Winch, wenn er schreibt, „daß unsere Sprache und unsere sozialen Beziehungen nur zwei Seiten derselben Medaille sind. Die Bedeutung eines Wortes darlegen heißt beschreiben, wie es gebraucht wird, und das wiederum heißt die sozialen Wechselbeziehungen beschreiben, in die es eingeht"(16).

---

12 L. Wittgenstein a.a.O. S. 48
13 L. Wittgenstein a.a.O. S. 24 f.
14 N. Malcolm a.a.O. S. 38
15 K. Wuchterl, Struktur und Sprachspiel bei Wittgenstein, Frankfurt 1969, S. 111
16 P. Winch, Die Idee der Sozialwissenschaft und ihr Verhältnis zur Philosophie, Frankfurt 1966, S. 157

Wenn wir jedoch der Wittgensteinschen Analyse streng folgen, so ist es nötig, die Bedeutung des sozialen Kontextes zu spezifizieren. Denn gemeint ist damit nicht eine gesellschaftliche Makroanalyse, sondern eine Mikroanalyse des sozialen Kontextes, die im engen Raum eines an die Lebensform gebundenen Sprachspiels operiert. Sprachspiele sollen nicht erklärt, d.h. auf Sprachspiele transzendierende Regeln zurückgeführt werden: „Nicht um die Erklärung eines Sprachspiels durch unsere Erlebnisse handelt sich's, sondern um die Feststellung eines Sprachsspiels"(17).

Dieser Status der Sprachspiele hängt zuammen mit der philosophischen Grundlegung Wittgensteins, wie sie in Abhebung von der philosophischen Tradition und in der Auseinandersetzung mit Wittgensteins eigenen Frühschriften zu verstehen ist. Denn Wittgenstein wendet sich in seinem Ansatz gegen Systemphilosophien, die sich durch ihren reflexiven Rückbezug in metaphysische Theorien verstricken und so den Zugang zur menschlichen Praxis verfehlen. Philosophische Probleme entstehen, „wenn die Sprache feiert", also wenn die Philosophie versucht, das Sprachspiel zu transzendieren und ins begrifflich Allgemeine überzugehen. Wittgensteins Philosophie holt in gewisser Weise die Kantische Philosophie sprachphilosophisch ein und findet die transzendentalen Kategorien zur Bestimmung der Möglichkeit von Erkenntnis in der Grammatik von Sprachspielen wieder. Jeder Versuch, die Grenze der Sprachspiele zu überschreiten, führt dazu, daß die Sprache leer läuft und sich selbst metaphysische Probleme schafft. Die Aufgabe der Philosophie ist es gerade, die Wörter von ihrer metaphysischen wieder auf ihre alltägliche Verwendung zurückzuführen (18). Diese Rückführung der Philosophie auf die mit ihr verbundene Lebensform erweist sich gleichzeitig als Antwort auf die traditionelle Philosophie und deren Kulmination im Versuch Hegels, das Primat der Form über den Stoff in der Philosophie des absoluten Wissens dadurch zu verwirklichen, daß sich die Reflexion mit dem Gehalt von Natur und Geschichte zur Deckung bringt (19).

---

17 L. Wittgenstein a.a.O. S. 202

18 L. Wittgenstein a.a.O. S. 67

19 K. Prange, Können - Üben - Wissen, Zur Problematik in der Sprachphilosophie Ludwig Wittgensteins, in: Pädagogische Rundschau 1972, S. 716

Das Formapriori Kants und Hegels phänomenologisch eingeholte Konstitutionsproblematik des sich bewußt werdenden Bewußtseins wird damit von Wittgenstein insofern auf die Lebensform des Menschen zurückbezogen, als „zwar mit Formen etwas gesagt werden kann (und nur in Formen), aber nicht zugleich auch, was die Form mit dem gemeinsam hat, was durch sie gesehen wird"(20). Wenn es aber die Form nicht mehr ermöglicht, den Zugriff des Subjekts auf die Welt allgemeingültig in Reflexionskategorien auszudrücken - „um die logische Form darstellen zu können, müßten wir uns mit dem Satze außerhalb der Logik aufstellen können, das heißt außerhalb der Welt"(21) -, so wird damit implizit auch der Positivismus in Frage gestellt. Gerade dieses Problem stellt sich für Wittgensteins Tractatus, der sowohl Elemente der späteren Sprachkritik wie eine positivistische Abbildtheorie der Relation von Sprache und Welt enthält. Denn Wittgenstein versucht im Tractatus in der Weise des Positivismus die Sprache unter dem Aspekt der logischen Form zu betrachten, also wie Dinge und deren Abbildung sich zueinander verhalten und wie daraus eine Zeichensprache entsteht, welche der logischen Grammatik - der logischen Syntax - gehorcht. Das Problem besteht nun darin, daß ein Satz zwar nach Wittgensteins Tractatus (22) die gesamte Wirklichkeit darstellen kann, daß er aber nicht darstellen kann, was er mit der Wirklichkeit gemein haben muß, um sie darstellen zu können, nämlich die logische Form: „Was sich in der Sprache spiegelt (die logische Form, d.Verf.), kann sie nicht darstellen. Was *sich* in der Sprache ausdrückt, können *wir* nicht durch sie ausdrücken. Der Satz *zeigt* die logische Form der Wirklichkeit"(23). Die Philosophie verstrickt sich damit in die Aporie, daß der Zweck der Philosophie die logische Klärung der Gedanken ist (24), daß andererseits die logische Form nur aufgewiesen werden kann: „Was gezeigt werden *kann*, *kann* nicht gesagt werden"(25).

Wenn Wittgenstein dann im Verlauf des Tractatus dennoch supponiert, daß wir in einem gewissen Sinne von for-

---

20 K. Prange a.a.O. S. 717
21 L. Wittgenstein, Tractatus logico - philosophicus, Frankfurt 1961, S. 42
22 L. Wittgenstein, Tractatus a.a.O. S. 42
23 L. Wittgenstein, Tractatus a.a.O. S. 43
24 L. Wittgenstein, Tractatus a.a.O. S. 41
25 L. Wittgenstein, Tractatus a.a.O. S. 43

malen Eigenschaften der Gegenstände und Sachverhalte *sprechen* können, so scheint diese Konsequenz durch die eben geschilderten Voraussetzungen nicht mehr gedeckt. Denn die logische Klärung der Gedanken ist letzlich an umgangssprachlichen Bedeutungen festgemacht; die Beziehungen zwischen Sprachlogik und Umgangssprache bleibt jedoch im Dunkeln. So schreibt Wittgenstein: „Es ist menschenunmöglich, die Sprachlogik aus ihr unmittelbar zu entnehmen. Die Sprache verkleidet den Gedanken. Und zwar so, daß man nach der äußeren Form des Kleides, nicht auf die Form des bekleideten Gedankens schließen kann"(26). Damit aber wird die Sprachlogik sinnlos, da sie umgangssprachliche Ausdrücke voraussetzt, ohne diese in irgendeiner Weise auf sich beziehen zu können. Ja, der gesamte Tractatus muß letzlich unverständlich bleiben, da er umgangssprachlich argumentiert und in dieser Argumentation die Sprachlogik einführen will. Im Sinne dieser Aporie hebt sich der Tractatus selbst auf, indem das Unaussprechliche das sich zeigt, darin ausgesprochen wird: „Meine Sätze erläutern dadurch, daß sie der, welcher mich versteht, am Ende als unsinnig erkennt, wenn er durch sie - auf ihnen - über sie hinausgestiegen ist. (Er muß sozusagen die Leiter wegwerfen, nachdem er auf ihr hinaufgestiegen ist.)"(27). Die Lösung des „Über-sich-Hinaussteigens" muß jedoch unbefriedigend bleiben, da ungeklärt bleibt, wie denn - aufgrund der Wittgensteinschen Annahmen - überhaupt ein Verständnis des Tractatus zustandekommt.

Aus diesem Grunde thematisiert Wittgenstein diese Problematik in seinen „Philosophischen Untersuchungen" erneut, indem er mit der Preisgabe der logischen Form ernst macht und die Logik selbst an menschliche Praxis bindet, sie selbst also nicht mehr als „universales Beschreibungsmittel" anerkennt, sondern sie nur noch als ein Sprachspiel unter anderen auffaßt: „Was aber wird nun aus der Logik? Ihre Strenge scheint hier aus dem Leim zu gehen. - Verschwindet sie damit aber nicht ganz? - Denn wie kann die Logik ihre Strenge verlieren? Natürlich nicht dadurch, daß man ihr etwas von ihrer Strenge abhandelt. - Das *Vorurteil* der Kristallreinheit kann nur so beseitigt werden, daß wir unsere ganze Betrachtung

---

26 L. Wittgenstein, Tractatus a.a.O. S. 32
27 L. Wittgenstein, Tractatus a.a.O. S. 115

drehen. (Man könnte sagen: Die Betrachtung muß gedreht werden, aber um unser eigentliches Bedürfnis als Angelpunkt.)"(28).

Die Problematik der transzendentalen Bestimmung von Erkenntnis erscheint jedoch im Rahmen der Philosophischen Untersuchungen - sprachphilosophisch gewendet - neu. Denn theoretisch-allgemeine Sätze im Sinne der Sprache als grammatisch strukturiertem System, müssen hier zugunsten der Praxis, ein Sprachspiel zu spielen, zurücktreten: „Und wir dürfen keinerlei Theorie aufstellen. Es darf nichts Hypothetisches in unsern Betrachtungen sein. Alle *Erklärung* muß fort, und nur Beschreibung an ihre Stelle treten. Und diese Beschreibung empfängt ihr Licht, d.i. ihren Zweck, von den philosophischen Problemen. Diese sind freilich keine empirischen, sondern sie werden durch eine Einsicht in das Arbeiten unserer Sprache gelöst..." (29). Damit aber wird der Lebenszusammenhang, in dem einzelne Sprachspiele erscheinen, atomisiert, und es ist kaum mehr möglich zu erklären, wie man von einem Sprachspiel zum anderen übergehen kann. Der Mensch selbst ist derart in den Zusammenhang von Sprachspiel und Lebensform hineingenommen, daß es nicht mehr ersichtlich wird, wie jenes Sprachspiel zu transzendieren ist. Das Sprachspiel selbst gewinnt eine monadologische Struktur, indem sich darin ein bestimmter Ausschnitt von Welt spiegelt und es kein Fenster mehr gibt. Damit aber wird Sprachkritik affirmativ; denn der alltägliche Sprachgebrauch kann nicht hintergangen werden und die Macht des Faktischen bekommt absolute Geltung. Diesen Aspekt der Affirmation betont vor allem H. Marcuse in seiner Wittgenstein-Kritik: „Mit all seinen Begriffen dem gegebenen Zustand verpflichtet, mißtraut das selbststilisierte Elend der Philosophie den Möglichkeiten einer neuen Erfahrung. Die Unterwerfung unter die Herrschaft der etablierten Tatsachen ist total - zwar sind es nur sprachliche Tatsachen, aber die Gesellschaft redet in ihrer Sprache, und die gebietet uns zu gehorchen"(30). Die Wittgensteinsche Spätphilosophie erweist sich als Philosophie, die sich nicht mehr selbst zu Bewußtsein kommt. In den Termini der Hegelschen „Phänome-

---

28 L. Wittgenstein, Philosophische a.a.O. S. 65 f.
29 L. Wittgenstein, Philosophische a.a.O. S. 66
30 H. Marcuse, Der eindimensionale Mensch, Zürich 1967, S. 192

nologie"(31) bedeutet das, daß sich das Bewußtsein in die Aporien der sinnlichen Gewißheit und der Wahrnehmung verstrickt, ohne über den Verstand zum Selbstbewußtsein emporsteigen zu können. Die Struktur der „Philosophischen Untersuchungen" ist deshalb nicht als Dialog eines Selbstbewußtseins mit sich selbst zu verstehen, sondern als Selbstdarstellung eines Bewußtseins, das den geltenden Sprachgebrauch blind reproduziert und dabei den in diesem Verhältnis liegenden Schwierigkeiten dadurch zu entgehen versucht, daß das Moment der Reflexion ins Sprachspiel zurückgenommen wird. Das erhellt zum Beispiel folgende Bemerkung zum Begriff „Glauben": „Und dann könnte Einer auch sagen ‚Es regnet und ich glaube es nicht', oder ‚Mir scheint, mein Ego glaubt das, aber es ist nicht so'. Man müßte sich dazu ein Benehmen ausmalen, das darauf deutet, zwei Wesen sprächen aus meinem Munde. Die Linie liegt schon in der *Annahme* anders, als du denkst. In den Worten ‚Angenommen, ich glaube...' setzt du schon die ganze Grammatik des Wortes ‚glauben' voraus, den gewöhnlichen Gebrauch den du beherrschst"(32). Die Schwierigkeit mit dem Wort „glauben" wird also von Wittgenstein nicht als Schwierigkeit des *reflektierenden* Bewußtseins thematisiert, für welche das An sich plötzlich zum Für es wird, sondern als Problem der Grammatik des Wortes glauben und damit des Sprachspiels, in welchem das Wort glauben erscheint.

Menschliches Handeln endet in totaler Affirmation, weil die Reflexion aus dem Sprachspiel ausgetrieben wird und das letzte Kriterium, an dem sich ein Sprachspiel messen kann, diesem immanent ist. Allerdings läßt sich zeigen, daß jenes Allgemeine, welches Wittgenstein zugunsten des eingelebten Sprachgebrauchs verleugnet, von ihm bereits vorausgesetzt wird. Denn wie bereits charakterisiert, zerfällt Sprache bei Wittgenstein atomistisch in Sprachspiele, deren disparate Bedeutungen im Rahmen einzelner Sprachspiele lediglich durch Familienähnlichkeiten eine gewisse Generalisierung erfahren. Damit aber stellt sich für die Abfassung der Philosophischen Untersuchungen jenes am Schluß des Tractatus bezeichnete Problem des „Über-sich-Hinaussteigens" neu. Denn auch die Philosophischen

31 G.W.F. Hegel, Phänomenologie des Geistes, Frankfurt 1970
32 L. Wittgenstein, Philosophische a.a.O. S. 226

Untersuchungen können dann nur als ein Sprachspiel neben anderen gelten; die theoretischen Aussagen zum Sprachspielbegriff müßten gänzlich entfallen. Es bliebe allein die Selbstbeschränkung des Aufzeigens von Sprachspielen, das nichts Erklärendes beinhalten dürfte. Zwar entspricht der Aufbau der Philosophischen Untersuchungen in vielen Teilen diesem Sprachspielcharakter, wenn auch die Wittgenstein-Rezeption dies meist übersieht und einzelne Beispiele im übergeordneten Sprachsystem interpretiert, sie also über den Einzelfall im Sprachspiel zum Allgemeinen erhebt (33). Die Abhebung der Wittgensteinschen Intention von dieser Interpretation läßt sich mit Wittgenstein selbst folgendermaßen beschreiben: „Und gerade so erklärt man etwa, was ein Spiel ist. Man gibt Beispiele und will, daß sie in einem gewissen Sinn verstanden werden. - Aber mit diesem Ausdruck meine ich nicht: er solle nun in diesen Beispielen das Gemeinsame sehen, welches ich - aus irgend einem Grunde - nicht aussprechen konnte. Sondern: er solle diese Beispiele nun in bestimmter Weise *verwenden*"(34).

Dementsprechend sind auch die „Untersuchungen" nicht als generalisierende Erklärungen einzelner Sprachspiele aufzufassen; vielmehr wären auch Begriffe wie „Bedeutung" und „Gebrauch" in verschiedenen Sprachspielen derselben Atomisierung wie alle anderen Begriffe ausgesetzt; es könnte sich auch hier höchstens um Familienähnlichkeit handeln (35). Dabei zeigt sich jedoch rasch, daß Wittgenstein sein eigenes Programm nicht duchzuhalten vermag. Denn seine Untersuchungen sind nicht nur ein Sprachspiel neben anderen, sondern entgegen der eigenen Intention dennoch eine Art „Meta-Sprachspiel". Um seine Intention überhaupt verständlich zu machen, kann Wittgenstein es nicht mit der immanenten Beschreibung von Sprachspielen bewenden lassen, sondern er muß diese auf allgemeine Fragestellungen hin transzendieren. Dies drückt sich explizit in jenen Passagen der „Untersuchungen" aus, wo Wittgenstein nicht darauf verzichten kann, auf theoretische Erklärungsversuche zu rekurrieren. Begriffe wie „Sprachspiel", „Regel", aber auch die bereits erwähnten „Bedeutung" und

33 Vergl. z.B. die Beiträge in: Über Ludwig Wittgenstein a.a.O.
34 L. Wittgenstein, Philosophische a.a.O. S. 51
35 Ch. S. Hardwick, Language Learning in Wittgenstein's Later Philosophy, The Hague 1971, S. 34

„Gebrauch" übernehmen nicht Rollen in einem bestimmten Sprachspiel, sondern haben die Funktion, Sprachspiele generell zu charakterisieren, indem sie konkrete Sprachspiele theoretisch auf den Begriff bringen und damit auf einen gemeinsamen Bezugsrahmen zurückführen. Die hier am Beispiel der „Untersuchungen" angesprochenen Schwierigkeiten lassen sich jedoch auf die Wittgensteinsche Theoriebildung ganz allgemein beziehen, und daran kann auch aufgezeigt werden, worin dieses zugrundeliegende Gemeinsame besteht.

3.1.1 Nach Wittgenstein fallen Sprachanalyse und pragmatische Dimension der Sprache zusammen. Die Bedeutung eines Wortes ist sein Gebrauch in einer bestimmten Situation; davon abgelöst gibt es keine Semantik. Insofern diese Kritik sich gegen den Mentalismus wendet, der semantische Elemente - wie etwa neuerdings im Semantikmodell von J.J. Katz und Fodor (36) - als verdinglichte Entitäten auffaßt, scheint Wittgensteins Lösung durchaus verständlich. Andererseits ergibt sich aus der Wittgensteinschen Lösung des Bedeutungsproblems eine unvermeidliche Aporie (37). Denn einerseits ist die Bedeutung eines Wortes bei ihm im Sinne des Pragmatismus mit unserer Aktivität - what we can do with the word - gleichzusetzen. Diese Aktivität setzt jedoch auf der anderen Seite bereits ein Identitätskriterium voraus: Im Rahmen der Kommunikationsstruktur müssen Sprecher und Hörer einen gemeinsamen Bezugsrahmen voraussetzen können; sie müssen die Signifikanz der Aktivität in derselben Weise verstehen, damit überhaupt Kommunikationen initiiert werden können. D.h. letztlich nichts anderes als daß die Identität von Bedeutung und Gebrauch aufzuheben ist, da jene Bedeutung, die sich erst im Gebrauch ergeben soll, bereits vorausgesetzt wird. Es sind also gemeinsame Bedeutungen in der Sprache nötig, eine Art „signifikantes Symbol" im Meadschen Sinne (38), damit wir fähig sind, die Sprache anzuwenden und zu verstehen, was ein Wort bedeutet.

Damit aber ist implizit Gesellschaftlichkeit angesprochen. Denn der Erwerb von Bedeutungen im Sinne von sig-

---

36 Vergl. J.J. Katz, J.A. Fodor, The Structure of a Semantic Theory, in: Language 1963, S. 170 ff.

37 Vergl. zum folgenden: Ch.S. Hardwick a.a.O. S. 33 ff.

38 G.H. Mead, Geist, Identität, Gesellschaft, Frankfurt 1968

nifikanten Symbolen ist gesellschaftlich determiniert: „Um die Sprache eines Volkes zu verstehen, müssen wir ihre Beziehungen zu ihren gemeinsamen Aktivitäten, ihre Bräuche und ihre sozialen Institutionen verstehen"(39). Sprachspiele selbst sind also nicht aus sich selbst, sondern in ihrem Zusammenhang mit Lebenswelten, an die sie gebunden sind, zu verstehen; sie sind selbst Aspekte gesellschaftlichen Verhaltens. Sprachspiele sind deshalb nicht atomistisch zu verstehen, sondern als Situationsdeutungen im Rahmen von Lebenswelten. Die Rückbeziehung der Sprachspiele auf ihren sozialen Kontext ermöglicht es damit, die Forderung von J. Habermas (40) einzulösen und die monadische Struktur von Sprachspielen zu durchbrechen, also jenen Zusammenhang zu reflektieren, in dem der Pluralismus von Sprachspielen sich erst konstituiert.

3.1.2 Die Ablehnung von Philosophie, wie sie Wittgenstein formuliert, ist im Grunde die Negation der Reflexion, der Versuch, „den Sündenfall des vergegenständlichenden Wissens rückgängig zu machen und ein gleichsam ‚entstandliches' Können freizugeben"(41). Die Allergie gegen die Hypostasierungen des Mentalismus rechtfertigt es jedoch nicht, zugleich auch das Bewußtsein auszutilgen. So votiert K. Prange für ein reflektierendes Heraustreten aus eingelebter Umgangserfahrung: „Der Übergang vom Einüben und Können zum Wissen, in welchem das Können auf den Begriff gebracht wird, entfremdet sich zwar von der ursprünglichen Umgangserfahrung; aber er erweist sich sowohl als notwendig als auch konstruktiv; notwendig, als im Können schon die Differenz von Vollzug und Erfüllung angelegt ist, konstruktiv, weil die Objektivierung des Könnens im gegenständlichen Wissen erst die Aneignung des Gewußten in beliebigen Situationen und die Übertragung auf neue Situationen erlaubt. Das Theoretischwerden der Praxis ist fundiert in dem reflexiven Vollzugscharakter der Praxis und bleibt, um wieder praktisch werden zu können, an jenem Vollzug orientiert"(42). Die Bedeutsamkeit der Umgangssprache als letzter Metasprache, welche Witt-

39 Ch.S. Hardwick a.a.O. S. 55
40 J. Habermas, Zur Logik der Sozialwissenschaften, Philosophische Rundschau, Beiheft 5, Tübingen 1967, S. 143
41 K. Prange a.a.O. S. 728
42 K. Prange a.a.O. S. 732

genstein zum Thema seiner Philosophie macht, wird auch bei Prange gewahrt, indem die Umgangssprache in jene Rolle eintritt, welche in der Kantischen transzendentalen Erkenntnislehre der Schematismus der reinen Verstandesbegriffe zu erfüllen hat, nämlich die Vermittlung von reiner apriorischer Form und empirischem Material, zwischen Subjekt und Objekt zu leisten. Wenn also Wittgenstein ein Sprachspiel als einzelnes beschreibt, setzt er jeweils das reflektierende Bewußtsein und damit jene theoretische Ebene, die er negiert, bereits voraus. Allerdings wäre in Abhebung von Prange festzustellen, daß das vermittelte Objekt nicht einfach empirisches Material darstellt, sondern die Bedeutung der Gegenstände bereits durch ihre Zugehörigkeit zu bestimmten Lebenswelten geprägt ist. D.h. die Vermittlung durch die Umgangssprache ist nicht abstrakt zu denken, sondern ist konkreten gesellschaftlichen Prozessen unterworfen.

3.2 Kommunikative Didaktik

Die Wittgensteinsche Spätphilosophie kann generell als Versuch verstanden werden, Sozialisationsprozesse, die Entstehung von Erfahrungswelten sozialphilosophisch zu charakterisieren. Die Entstehung von Erfahrungswelten basiert auf Lernprozessen, wie sie Wittgenstein immer wieder beschreibt, d.h. die Philosophischen Untersuchungen erhalten eine eigentliche pädagogisch-didaktische Relevanz in dem Sinne, daß an Sprachspielen oft paradigmatisch der Verlauf von Lernvorgängen aufgezeigt wird. Dabei betont Ch.S. Hardwick (43) folgende zwei wichtigen Komponenten, welche den Wittgensteinschen Begriff des Lernens charakterisieren:

- Sprachenlernen ist ein Prozeß kognitiver Sozialisation, wobei das Kind lernt, daß eine Handlung mit einem Wort verbunden wird. Lernvorgänge sind also Verknüpfungen von Sprechen und Handeln.
- Die Bedeutsamkeit eines Wortes liegt nicht in seiner Beziehung auf eine isolierte Handlung, sondern in seiner Wichtigkeit für die eigene Gruppe, deren Standards das Kind übernimmt.

---

43 Ch.S. Hardwick a.a.O. S. 109

Dabei hat der Exkurs gezeigt, daß dieses Lernen nicht auf eine Einübung in atomisierte Sprachspiele reduziert werden kann, da sonst jene Bedeutungen, die eingeübt werden sollen, für den Lernprozeß bereits vorausgesetzt werden müßten. Zudem könnte Lernen lediglich noch als Abrichten auf konkrete Sprachspiele hin, als reaktives Reagieren auf Stimuli, gedacht werden. Wittgenstein entgeht denn auch dieser Konsequenz nicht, sodaß daraus ein Lernbegriff resultiert, der einem rigiden Behaviorismus streckenweise sehr nahe kommt, indem Lernen in Anpassung und Disziplinierung für den vorherrschenden Sprachgebrauch aufgeht: „Das Lehren der Sprache ist hier kein Erklären, sondern ein Abrichten"(44). Das totale Reflexionsverbot führt dazu, daß alles im Gebrauch und blinden Üben aufgeht, und jener Positivismus, gegen den sich Wittgenstein wendet, nochmals reproduziert wird. Sowohl im Behaviorismus wie bei Wittgenstein wird eine Handlung unmittelbar durch eine Stimuluskonfiguration determiniert und damit durch die Situation kontrolliert. Sprache ist dann nur instrumentelles Werkzeug; sie wird nicht mehr durch ihren symbolischen Charakter bestimmt. Erst die interaktionistische Deutung des Ensembles von Sprechen und Handeln ermöglicht dem Subjekt wieder eine Reflexion dieses Funktionszusammenhanges und damit die Aufhebung von instrumentalisierten Beziehungen (45).

Daß die Wittgensteinsche Intention in den „Untersuchungen" trotz ihrer Problematik reibungslos aufgeht, hängt damit zusammen, daß seine Analyse folgende drei Ebenen umfaßt (46): Das Sprachspiel als

1. Modell einer „primitiven" Sprache
2. sprachliche Funktionseinheit
3. Gesamtheit der sprachlichen Tätigkeiten

Diese Ebenen fundieren insgesamt auf der ersten, nämlich der Ebene der „primitiven" Sprache, wozu unter anderem auch die Kindersprache gezählt wird: „Wir können uns auch denken, daß der ganze Vorgang des Gebrauchs der Worte... eines jener Spiele ist, mittels welcher Kinder ihre Muttersprache erlernen. Ich will diese Spiele *„Sprachspiele"*

44 L. Wittgenstein, Philosophische a.a.O. S. 15
45 K. Mollenhauer a.a.O. S. 190
46 K. Wuchterl a.a.O. S. 122

nennen, und von einer primitiven Sprache manchmal als einem Sprachspiel reden"(47). Nun kann jedoch angenommen werden, daß „primitive" Sprachen gerade durch ihre besondere Stellung zur symbolischen Vermittlung von Handlungen vom allgemeinen Sprachgebrauch abgehoben sind. So schreibt Malinowski: „Wenn ein Wilder die Bedeutung eines Wortes zu verstehen lernt, so beruht dieser Prozeß nicht auf Erklärungen oder Apperzeptionsakten, sondern auf dem Erlernen von Handlungen, die damit möglich sind. Ein Wort bedeutet für einen Eingeborenen den spezifischen Gebrauch des Dinges, für welches es steht..."(48). Indem sich Wittgenstein also auf den Sonderfall der Beschreibung „primitiver" Sprachspiele weitgehend beschränkt, kann er sich mit der Beschreibung eingelebter Sprachspiele begnügen und Lernen auf die assoziative Verknüpfung von Sprache und Handeln reduzieren. Er wird auf diese Weise der Schwierigkeit enthoben, symbolisch vermittelte Kommunikationen zu untersuchen, wo das zwanglose Zusammenspiel von Handlung und Sprache gebrochen ist und Sprache nicht mehr in ihrem unmittelbaren Gebrauch aufgeht. Denn das unterscheidende Charakteristikum menschlicher Sprache wäre es gerade, daß sie eine Distanzierung vom unmittelbaren Kontext erlaubt und damit die Reflexion der Sprechsituation selbst ermöglicht: „Die gesamte Bemühung, Sprache auf den aktuellen Sprachgebrauch oder auf konkrete Anwendungsfälle zu reduzieren, kann nur ein begrenztes Verständnis der Sprache vermitteln. Es gibt ein klares Bild von einfachen Fällen, aber dieses ist keinesfalls adäquat zum Verständnis der Komplexität von Sprache"(49). Zudem wäre vom psycholinguistischen Standpunkt her - vor allem im Zusammenhang mit den Entwicklungsmodellen, die von der generativen Grammatik her formuliert wurden - die behavioristische Art und Weise des Erlernens von Sprachspielen kritisch zu hinterfragen (50). Denn solche Modelle scheinen es plausibel zu machen, daß Kindersprachen nicht „primitive" Sprachspiele darstellen, sondern schon früh Handeln symbolisch vermitteln und eigentlich schon

47 L. Wittgenstein, Philosophische a.a.O. S. 17

48 B. Malinowski, The Problem of Meaning in Primitive Language, in: C.K. Ogden, I.A. Richards (Hrsg.), The Meaning of Meaning, New York, o.J., S. 321

49 Ch.S. Hardwick a.a.O. S. 145

50 Vergl. N. Chomsky, Cartesianische Linguistik, Tübingen 1971, S. 79 ff.

vom Zweiwortsatz an als vollständige linguistische Systeme behandelt werden müssen.

Erst wenn Sprachspiele im Sinne symbolisch vermittelter Handlungen thematisiert werden, kann deren Erlernen mehr bedeuten als ein bloßes Abrichten, als ein Training in den vorherrschenden Sprachgebrauch. D.h. die Kommunikationspartner sollten dazu geführt werden, die Sprechsituation selbst als Problem aufzufassen und damit die Bedingungen des Glückens von Kommunikation mitzureflektieren. Die Konstitutionsbedingungen von Handlungen - deren Ausrichtung an bestimmten Normen und Werten, die Verständigung über den bestimmten pragmatischen Sinn der Kommunikation - müßten also mit in den Lernprozeß einfließen. Und in analoger Weise müßte die Einübung in Unterrichtsspiele das bloße Abrichten reflexiv durchbrechen, also die Konstitutionsproblematik von Unterrichtsprozessen mitthematisieren. Ein solcher Versuch scheint sich in der Ausarbeitung einer sogenannten „kommunikativen Didaktik" anzubahnen, wie sie in Übertragung sprach- bzw. sozialwissenschaftlicher Ansätze (51) auf die Pädagogik vor allem von K.-H. Schäfer, K. Schaller (52) und K. Mollenhauer (53) skizziert wurde. Durch die *Ebene des Diskurses*, wo die Geltung von Sinnzusammenhängen nicht naiv vorausgesetzt wird und damit die Begründung problematisierter Geltungsansprüche von Meinungen und Normen zum Thema gemacht wird, wird das eingelebte Sprachspiel reflexiv durchbrochen (54). Pädagogisch gewendet versucht K. Mollenhauer den Begriff des Diskurses in die Erziehungswissenschaft einzubringen, indem er den „Erwerb von Fähigkeiten einer kritischen Beteiligung am ‚praktischen Fortschritt', des Kampfes gegen Diskurs-einschränkende Bedingungen"(55) als wesentliches Ziel von Erziehung de-

---

51 Dazu etwa J. Habermas, Vorbereitende Bemerkungen zu einer Theorie der kommunikativen Kompetenz, in: J. Habermas, N. Luhmann, Theorie der Gesellschaft oder Sozialtechnologie, Frankfurt 1971, S. 101 ff.; K.-O. Apel, Szientistik, Hermeneutik, Ideologiekritik, in: K.-O. Apel u.a., Hermeneutik und Ideologiekritik, Frankfurt 1971, S. 7 ff.; D. Wunderlich, Die Rolle der Pragmatik in der Linguistik, in: Der Deutschunterricht 4, 1970, S. 5 ff.

52 K.-H. Schäfer, K. Schaller, Kritische Erziehungswissenschaft und kommunikative Didaktik, Heidelberg 1971

53 K. Mollenhauer a.a.O.

54 Vergl. J. Habermas, Vorbereitende Bemerkungen a.a.O. S. 116 f.

55 K. Mollenhauer a.a.O. S. 68

klariert und keinen pädagogischen Akt unabhängig von diesem Legitimationskontext als wahrhaft gerechtfertigt betrachtet. Sprach- bzw. Unterrichtsspiele erweisen sich dann nicht mehr als naturwüchsig gegeben, sondern haben sich selbst im Rahmen des Diskurses zu legitimieren: „Von der inhaltlichen Seite her erweisen sich kommunikative Handlungen als *Informationsprozesse*, welche Sachgehalte und einzelne Sachzusammenhänge der Unterrichtsfächer in den kommunikativen Ver-*Handlungsprozeß* der Klassengruppe einbringen"(56). Die „kommunikative Erziehungstheorie" versucht also, jene Instanz, an der sich Sprachspiele im Sinne kommunikativen Handelns legitimieren müssen, sprachlich - auf der metasprachlichen Ebene des Diskurses festzumachen. Die Emanzipation des Menschen hängt davon ab, inwieweit Diskurse gegenüber systematisch verzerrter Kommunikation möglich sind, inwieweit also eine symmetrische Chance, Sprechakte zu initiieren und auszuüben, gegeben ist. Abgesehen vom reinen Fall „herrschaftsfreier Kommunikation", der als nur gedachter nirgendwo realisiert ist, erweist sich kommunikatives Handeln - wie auch pädagogisches Handeln - prinzipiell als verzerrt; d.h. die faktischen Sprachspiele, deren sich das Erziehungshandeln bedient, sind immer schon als deformierte bestimmt. Diskurse thematisieren diese Sprachspiele und versuchen, in der Differenz zum antizipierten Ideal unverzerrter Kommunikation Reflexionsprozesse in Gang zu setzen. Der „kommunikatorische Unterrichtsprozeß" hebt damit den Mitgliedern der Klassengruppe die Qualitäten von kommunikativen Handlungen ins Bewußtsein und richtet den Bildungsprozeß auf interdependente kommunikative Handlungen aus (57).

Ob die Ebene des Diskurses im Sinne symbolisch vermittelter Metakommunikation jenes Kriterium liefert, an welchem sich Sprachspiele zu messen hätten, und ob eine „Theorie des Unterrichtsspiels" sich selbst als „kommunikative Didaktik" zu verstehen hätte, erscheint dennoch als fraglich. Denn die Habermassche Theorie der kommunikativen Kompetenz und damit ihre pädagogische Rezeption scheint einige recht schwerwiegende Mängel aufzuweisen, die im folgenden diskutiert werden sollen.

---

56 K.-H. Schäfer, K. Schaller a.a.O. S. 129
57 K.-H. Schäfer, K. Schaller a.a.O. S. 131

Einmal scheint die Annahme einer eigenen Metaebene des Diskurses zur Problematisierung der Gültigkeit von Normen durch das kaum einsehbare Konstrukt der „idealen Sprechsituation" verdunkelt. Denn die Habermassche Theorie besteht hier darauf, daß sich jede Kommunikation gleichzeitig kontrafaktisch auf eine nicht hintergehbare Ebene der „idealen Sprechsituation" beziehe, wo systematisch verzerrte Kommunikation aufgehoben sei: „Wir nehmen also eine Idealisierung vor, und zwar eine, die uns selber auch betrifft, denn wir sehen das andere Subjekt mit den Augen, mit denen wir uns selbst betrachten; wir supponieren, daß der andere, falls wir ihn fragen, für sein Handeln in der gleichen Weise Gründe nennen kann, wie wir überzeugt sind, selber über unser Handeln Rechenschaft geben zu können, wenn ein anderes Subjekt uns fragt"(58). Diese kontrafaktische Bezugnahme verbürgt gleichzeitig die Möglichkeit, einen wahren vom falschen Konsensus unterscheiden zu können, indem der Diskurs vom Teilnehmer die Fähigkeit verlangt, zwischen Sein und Schein, Wesen und Erscheinung, Sein und Sollen zuverlässig unterscheiden zu können. D.h. im Rahmen von Diskursen gelingt es, einen wirklichen Konsensus von einem trügerischen zu unterscheiden: *„Der Vorgriff auf die ideale Sprechsituation* ist Gewähr dafür, daß wir mit einem faktisch erzielten Konsensus den Anspruch des wahren Konsensus verbinden dürfen; zugleich ist dieser Vorgriff ein kritischer Maßstab, an dem jeder faktisch erzielte Konsensus auch in Frage gestellt und daraufhin überprüft werden kann, ob er ein zureichender Indikator für wirkliche Verständigung ist"(59).

Für die weiteren Überlegungen zur „idealen Sprechsituation" scheint es mir wesentlich, daß sie als eine Situation zu denken ist, die frei von Handlungszwängen ist, wo also die Chancen zur Initiierung und Ausführung von kommunikativen Handlungen symmetrisch verteilt sind. Indem der Vollzug jedes Sprechaktes die ideale Sprechsituation unterstellt, läßt sich herrschaftsfreie Kommunikation sprachphilosophisch unter empirischen Bedingungen im Sinne eines transzendentalen Scheins bereits heute utopisch festmachen: Die strukturelle Untersuchung der Sprechsituation verbürgt in der Sprache jene Erinnerung an ein bes-

58 J. Habermas, Vorbereitende Bemerkungen a.a.O. S. 118
59 J. Habermas, Vorbereitende Bemerkungen a.a.O. S. 136

seres Leben, dessen Einlösung von der Frankfurter Schule - vor ihrer Wendung zur Sprachphilosophie durch Habermas - immer resignativer beurteilt worden war. Die Ebene des Diskurses faßt damit jene in „Erkenntnis und Interesse" bezeichnete Instanz sprachphilosophisch, wo in der Selbstreflexion eine Erkenntnis um der Erkenntnis willen mit dem Interesse an Mündigkeit zur Deckung gelangt (60). In dem Begriff der idealen Sprechsituation scheint deshalb der Angelpunkt zu sein, wo sich die Wendung von Habermas zur Linguistik mit seinen früheren Arbeiten trifft. Allerdings macht die kontrafaktische Annahme bereits linguistisch einige Schwierigkeiten. So scheint es Sprechakte zu geben, in die von vorneherein strukturelle Ungleichheit quasi eingebaut ist, wie beispielsweise „befehlen", „anordnen". Daß ein solcher Sprechakt gleichzeitig herrschaftsfreie Kommunikation antizipiert, ist nur schwer einsehbar. Die empirisch vorfindbaren Formen mißlungener Kommunikation dürften es zudem ganz generell eher als fraglich erscheinen lassen, ob jene kontrafaktische Unterstellung durch die Kommunizierenden in Form von Intentionalitätserwartung (Erwartung, daß handelnde Subjekte allen Normen, denen sie folgen, intentional folgen) und Legitimitätserwartung (Annahme, daß nur jene Normen gerechtfertigt seien, die einer uneingeschränkten und ungezwungenen Diskussion standhalten) wirklich stattfindet. Die Plausibilität der Habermasschen These liegt darin, daß es zwar Bedingungen von Sprechakten gibt, die etwa als „Verpflichtungen" umschrieben werden könnten (61). Und von solchen Verpflichtungen kann das Glücken eines Sprechaktes abhängen. Searle nennt sogar einen Typ von Regeln der Sprechakte „Regeln der Aufrichtigkeit"(62); die metaphysische sprachphilosophische Überhöhung im Sinne antizipierter „herrschaftsfreier Kommunikation" fehlt jedoch bei Searle vollständig.

Die pragmatische Beschreibung von Sprache ermöglicht es zwar, das Glücken von kommunikativen Handlungen analytisch zu beschreiben, diese Beschreibung aber sagt per se noch nichts über darin eingebaute gesellschaftliche Herrschaftsverhältnisse aus. Denn in die pragmatische Analyse

---

60 Vergl. J. Habermas, Erkenntnis und Interesse, Frankfurt 1968, S. 244
61 Vergl. D. Wunderlich, Sprechakte, in: U. Maas, D. Wunderlich, Pragmatik und sprachliches Handeln, Frankfurt 1972, S. 135 ff.
62 J.R. Searle, Sprechakttheorie, Frankfurt 1971, S. 88 ff.

gehen primär die subjektiven Intentionen der Kommunikationspartner ein - z.B. S kennt die Antwort nicht, S wünscht diese Information (63); die soziologische Problematik vorausgesetzter Normensysteme, welche diskursiv einzuholen wären, wird nicht direkt angesprochen. D.h. die bloße Transparenz pragmatischer Bedingungen - ohne die Handlung inhaltlich in ihrer gesellschaftlich-ökonomischen Relevanz zu diskutieren - leistet das gerade nicht, was Habermas durch Diskurse abzusichern glaubt, nämlich einen kritischen Maßstab für die Wahrheitsfähigkeit eines Konsensus. Dem entspricht das Eingeständnis von Habermas, daß seine Theorie eigentlich des „Metadiskurses" bedürfte: „In keiner der drei Dimensionen können wir jedoch ein Kriterium namhaft machen, das eine unabhängige Beurteilung der Kompetenz möglicher Beurteiler erlauben würde (d.h. unabhängig von einem Konsensus, der in einem Diskurs erzielt wird). Vielmehr müßte sich die Beurteilung der Beurteilungskompetenz ihrerseits ausweisen an einem Konsensus der Art, für dessen Bewertung Kriterien gerade gefunden werden sollten"(64). Die Aporie läßt sich nur durch einen Abbruch der Reflexion vermeiden, nämlich, daß Diskurse grundsätzlich nicht hinterfragbar seien, was jedoch letztlich eine unbefriedigende Lösung des anstehenden Problems bedeutet.

Wenn sich Habermas an dieser Stelle in Aporien verstrickt, so scheint mir das nur ein Symptom für einige grundsätzliche Probleme darzustellen, welche sich aus seiner gesellschaftskritischen Auslegung pragmatischer Sprachtheorie ergeben. Einmal scheint nämlich ein Begriff wie „herrschaftsfreie Kommunikation" Gesellschaftskritik völlig abstrakt zu fassen und damit ins Unverbindliche abzudrängen. Die Utopie der herrschaftsfreien Kommunikation ist selbst nicht mehr geschichtlich als zukünftiger gesellschaftlicher Zustand einholbar, sondern verdinglicht zu einer anthropologischen Grundkategorie, welche sich völlig ahistorisch in verschiedenen Stufen der Gesellschaftsentwicklung äußert. Dialektik wird dadurch strukturalistisch destruiert, indem nicht mehr die Gesellschaftsbewegung selbst interessiert, sondern lediglich noch die variierenden Ausdrucksweisen der kommunikativen

63 S=Sprecher. Als Beispiel dient hier der Sprechakt des Fragens, wie er von Searle dargestellt wird (vergl. J.R. Searle a.a.O. S. 102).
64 J. Habermas, Vorbereitende Bemerkungen a.a.O. S. 135

Grundstruktur und ihr Bezug zur immer schon darin eingelassenen kontrafaktischen Antizipation. Damit aber wird die Utopie als Maßstab selbst ungeschichtlich. Der Sprachphilosoph muß aus der Geschichte treten, um faktische, verzerrte Kommunikationen am anthropologischen Grundschema der Kommunikation zu messen. Diese Konsequenz ziehen - auf die Erziehungswissenschaft hin gewendet - Schäfer und Schaller: „Für die kritische Erziehungswissenschaft steht der Heranwachsende *in* gegebener Wirklichkeit zugleich *außerhalb* der Wirklichkeit in ihrer Widersprüchlichkeit: wie sollte er sonst jener Prozeß fortgesetzter Verwirklichung von Wirklichkeit, Prozeß rationaler Ver-Handlung von Wirklichkeit, Prozeß ihrer Veränderung und Besserung sein"(65)! Wie aber auf diese Weise Utopie und Faktizität noch zusammenzubringen sind, ist fraglich, da vom Maßstab der herrschaftsfreien Kommunikation her gesehen faktische Kommunikation wohl immer bis zu einem bestimmten Grade verzerrt sein dürfte.

So diskutiert Mollenhauer das Problem der pädagogischen Autorität unter dem kommunikationstheoretischen Aspekt, daß die Chancen für die Wahl bestimmter Kommunikationsmodi im Erziehungshandeln immer ungleich verteilt seien. Schon unter dem Aspekt des Wissensvorsprungs des Erziehers ist in gewissen Situationen das Kriterium der Gleichverteilung nicht zu leisten. Damit ergibt sich jedoch das Problem, daß dasselbe Sprachspiel gleichzeitig sowohl nach spezifischer wie unspezifischer Verzerrung untersucht werden müßte: „Faktisch nämlich bietet sich dem Beobachter das Sprachspiel zwischen den pädagogisch miteinander Kommunizierenden als nur *eines* dar: das ist die symbolische Darstellung der Tatsache, daß gesellschaftliche Herrschaft und pädagogische Autorität untrennbar ineinander verschränkt sind"(66). Ganz allgemein stellt sich damit das Problem, ob das quantitative Kriterium der symmetrischen Verteilung der Chancen für die Wahrnehmung von Dialogrollen genügt. Denn es gibt Bedingungen von Sprechakten, die auch im Rahmen des Abbaus gesellschaftlich verursachter Herrschaftszwänge die symmetrische Verteilung nicht zuließen. Dazu gehören vor allem Voraussetzungen wie Wissen und Fähigkeiten, also ein Kri-

65 K.-H. Schäfer, K. Schaller a.a.O. S. 164
66 K. Mollenhauer a.a.O. S. 72

terium des Sachverstandes: Die Gleichverteilung der Chancen, Deutungen, Behauptungen, Erklärungen und Rechtfertigungen als Postulat aufzustellen und deren Geltungsansprüche zu begründen und zu belegen, ist nur unter dem Kriterium vergleichbaren Sachverstandes sinnvoll. Andererseits zeigt sich auch hier die von Mollenhauer für die Erziehung angeführte Doppelstruktur in ihrer Problematik: Die Verweigerung der Chancengleichheit unter Berufung auf fehlenden Sachverstand kann nichts anderes als pure Ideologie bedeuten, indem damit bestimmten Gruppen Mitbestimmungsrechte verweigert werden. Aus der einzelnen Situation allein geht deshalb im Rahmen der quantitativen Analyse noch nicht hervor, ob eine asymmetrische Verteilung zu rechtfertigen ist. Solches ist erst dort möglich, wo Sprachanalyse in Gesellschaftsanalyse übergeht und die Dialektik der Gesellschaftsbewegung als Grundlage der Reflexion auf das Verhältnis von Sprechen und Handeln genommen wird. Die Habermassche Konzeption dagegen scheint dadurch, daß Gesellschaftsanalyse in Sprachanalyse aufgeht, ein privatisierendes Moment freizulegen. Wie D. Wunderlich moniert, skizziert Habermas eine Welt des redenden Individuums mit freier Konvertierbarkeit der Rollen, verbaler Explikationsmöglichkeit aller Motivationen usw. verstanden werden muß. Eine Welt, in der es ein Handeln der Individuen, das nicht auf vorgängiger verbaler Erörterung beruht, nicht gibt, und ebenfalls nicht eine Kommunikation in außerverbalen oder überhaupt nur analog kodierenden Medien (67). Die bürgerliche Täuschung, die daraus hervorgeht und der dann vor allem die Rezeption von Schäfer und Schaller verfällt, ist die zwanglose Dialektik von Sprechen und Handeln in der Interaktion. Danach genügt es, das Handeln der am Unterricht Beteiligten zum Gegenstand der Reflexion zu erheben, um in den kommunikativen Inter-*Aktionen* die Kluft zwischen Wissen und Handeln zu überwinden (68). Da solches Ver-*handeln* im Rahmen der Immanenz von Sprachspielen gleich auch noch Gesellschaftsrelevanz bedeutet (69), wird vorgegeben,

---

67 D. Wunderlich, Die Rolle a.a.O. S. 30 f.

68 K.-H. Schäfer, K. Schaller a.a.O. S. 124

69 Vergl. dazu folgende Aussage: „Informationen dürfen also schon von ihrem wissenschaftlichen Ursprung her nicht zu bloß geistigen Gehalten sublimiert werden, um der ‚inneren' zweckfreien Bildung des Individuums (E. Weniger) dienlich sein zu können. Informationsprozesse

daß das gesamte Theorie-Praxis-Problem auf sprachtheoretischer Ebene lösbar sei. Und überdies beansprucht diese Version einer kommunikativen Didaktik, auch das Emanzipationsproblem auf derselben Ebene behandeln zu können: „Die vorgängige Dichotomie von Theorie und Praxis, welche die Bildungstheorie in ihrer Geschichte allzu lange belastet hat, wird vom Ansatz dieser didaktischen Theorie aus überwunden. Für die kommunikative und emanzipatorische Didaktik ist die Dimension des Kommunikatorischen von besonderem Interesse, weil sie den emanzipatorischen Bildungsprozeß vorantreibt"(70). Damit wird aber noch der Emanzipationsbegriff individualistisch ausgelegt; er bezeichnet nicht mehr eine Gesellschaftsbewegung, sondern ist sprachtherapeutisch einholbar. Letztlich nähert sich eine solche bildungstheoretische Fassung des Emanzipationsbegriffes recht stark jenem Selbstverständnis der Erziehungswissenschaft, wie es bei den späten Vertretern des Idealismus und besonders bei Derbolav (71) ausgedrückt ist: Die Erziehungswissenschaft gründet sich bei beiden auf eine dialogische Situation, wo das Individuum sich seine Welt im Vollzug der Selbstverwirklichung, in fortschreitenden Stufen der Auseinandersetzung aufschließt. Und das Ziel wäre wohl ebenfalls recht ähnlich, nämlich Handeln als in sich reflektierter Daseinsvollzug. D.h. nicht, daß auch die konkrete Durchführung der Konzeptionen identisch wäre, nur scheint die kommunikative Didaktik ihre gesellschaftskritische Intention in keiner Weise durchhalten zu können, wobei Schäfer und Schaller das verbal durch eine übermäßige Beanspruchung des gesellschaftskritischen Jargons (kommunikativ, emanzipatorisch etc.) zu kompensieren versuchen.

Demgegenüber scheint die kommunikative Handlungstheorie Mollenhauers stringenter angelegt und zudem auch bemüht, Kommunikation und gesellschaftliche Emanzipation nicht in reiner Sprachtheorie aufgehen zu lassen. Allerdings scheint sich ein Bruch zu ergeben zwischen dem Teil

---

als Handlungsprozesse transzendieren immer schon die geistige ‚Innerlichkeit' des Menschen und ver-*handeln* etwas *und sind insofern in einem erheblichen Umfang gesellschaftsrelevant*" (Hervorhebung durch Verf.): K.-H. Schäfer, K. Schaller a.a.O. S. 130

70 K.-H. Schäfer, K. Schaller a.a.O., S. 159

71 Vergl. J. Derbolav, Das Selbstverständnis der Erziehungswissenschaft, in: S. Oppolzer (Hrsg.), Denkformen und Forschungsmethoden der Erziehungswissenschaft, Band I, München 1966, S. 128 ff.

des Buches, der sich auf die Habermassche Konzeption der „kommunikativen Kompetenz" stützt und dem letzten Kapitel, wo im Rahmen eines Vermittlungsversuches zwischen Interaktionismus und materialistischer Erziehungswissenschaft Kategorien wie „Tauschabstraktion" und „Charaktermaske" eingeführt werden. Damit wird im letzten Kapitel Erziehung in den Bezugsrahmen einer Theorie gestellt, die vom Phänomen der Arbeit ausgeht und die Auswirkungen der Produktionsverhältnisse des Kapitalismus auf Sprache und Kommunikation skizziert: „Da jedes Mitglied der bürgerlichen Gesellschaft Warenbesitzer ist - und sei es auch nur als Besitzer der Ware ‚Arbeitskraft' -, werden tendentiell die Beziehungen der Individuen untereinander diejenige Form annehmen, die im Hinblick auf das Kapitalverhältnis funktional ist, und die, in der Tauschsituation, sich als praktischer Solipsismus darstellt"(72). Dieses Verhältnis des praktischen Solipsismus ist aber letztlich noch dasjenige, welches vorauszusetzen ist, wenn die Interaktionspartner in Diskurse eintreten, wie sie Habermas beschreibt. Die interaktionistische Täuschung, welcher die Theorie des kommunikativen Handelns bei Mollenhauer verfällt, läßt sich damit dahingehend beschreiben, daß der Maßstab der herrschaftsfreien Kommunikation im Sinne des redenden Individuums selbst noch jener bürgerlichen Sphäre des praktischen Solipsismus entstammt, welche Mollenhauer selbst kritisiert.

Dieser Bruch in der theoretischen Konzeption läßt sich weiter ausdifferenzieren, wenn man sich vergegenwärtigt, daß hinter der Habermasschen Geschichtskonstruktion letztlich die Annahme einer vernünftigen Praxis steht, welche erst die besondere Dignität des diskursiven Konsensus zu verbürgen scheint. „Die Vernunft der menschlichen Praxis liegt bereits in ihrer natürlichen Konstitution, so bedarf sie - nach Habermas - keiner Anleitung und Orientierung durch Theorie, um menschliche und vernünftige Praxis zu werden"(73). Demgegenüber gerät Mollenhauer mit seinem Rückgriff auf Marxsche Kategorien in Schwierigkeiten; dort wird nämlich die Kommunikation innerhalb der bürgerlichen Gesellschaft selbst als historisch und damit als dem Tauschprinzip äquivalent betrachtet: Sofern die „Spra-

72 K. Mollenhauer a.a.O. S. 185

73 W. Schmied-Kowarzik, Marginalien zu einer dialektischen Grundlegung der Pädagogik, in: Pädagogische Rundschau 1972, S. 883

che als Medium der Kommunikation, der Sinnverständigung von Personen ‚verzerrt' wird, fungiert sie wie das Geld: sie sorgt dafür, daß der Educandus aus dem historisch gesetzten Funktionskreis von Produktion, Zirkulation und Konsumation nicht ausbricht; sie besorgt seine ‚Anpassung'"(74). Wenn jedoch der Tauschcharakter tendentiell alle Interaktionen durchdringt, so ist die Vorstellung nur schwer verständlich, daß die Sprache der bürgerlich-kapitalistischen Gesellschaft gleichzeitig mehr ist als diese bestimmte Sprachform, nämlich kontrafaktische Bezugnahme auf „herrschaftsfreie" Kommunikation. Die Sprache dieser Gesellschaft ist dann nicht „verzerrte" Sprache, sondern notwendige Ausdrucksform bestimmter gesellschaftlicher Verhältnisse.

Daß K. Mollenhauer jedoch trotzdem auf den Habermasschen Ansatz Bezug nimmt, scheint darin zu liegen, daß dieser ihm eine Möglichkeit in die Hand gibt, eine materialistische Erziehungswissenschaft zu kritisieren, die alle „pädagogischen Ereignisse" aus der Produktion erklärt. Ganz allgemein befürchtet er, daß ohne den Zusammenhang von Interaktionismus und materialistischer Erziehungswissenschaft nicht mehr von der Gesamtheit konkreter Kommunikationen im pädagogischen Handlungszusammenhang die Rede wäre, sondern nur noch von deren materiellen Voraussetzungen bzw. integrationistischen Folgen (75). Es entfiele der Aspekt, daß ein pädagogisches Handlungsmuster eine bestimmte Art der Interaktion mit den „Adressaten" etabliert, die nicht vollständig aus dem Prozeß der Produktion erklärt werden kann. Dem Gedanken, daß das Verhältnis Educandus-Erzieher nicht gleichzusetzen ist mit dem Herrn-Knecht-Verhältnis und damit die Aufhebung des Herrn-Knecht-Verhältnis nicht automatisch die Nivellierung des Verhältnisses zwischen Educandus und Erzieher bedeutet, scheint durchaus zuzustimmen. Denn das heißt selbstverständlich nicht, daß damit die heutige Praxis gerechtfertigt wäre; vielmehr verschränken sich in den pädagogischen Handlungen gesellschaftliche und pädagogische Momente untrennbar.

Diese Sachlage wird jedoch durch die Bezugnahme auf die Habermassche Theorie kaum verdeutlicht. Kommunika-

---

74 K. Mollenhauer a.a.O. S. 190
75 K. Mollenhauer a.a.O. S. 172 ff.

tion und gesellschaftlicher Tausch werden dort nämlich einander nur als Modelle entgegengestellt, nicht aber konkret vermittelt. In Abhebung von den Versuchen der kommunikativen Didaktik soll deshalb hier versucht werden, nicht von einer Sprachtheorie auszugehen, sondern handlungstheoretisch die Rahmenbedingungen für eine Erörterung bildungstheoretischer Gedankengänge zu schaffen. Dabei können die Ergebnisse des vorhergehenden Kapitels, nämlich Sozialisation als Transformation von Erfahrungswelten, vorausgesetzt werden. Anknüpfungspunkt soll aber wiederum die Rückwendung zum zentralen Inhalt der Wittgensteinschen Theoriebildung sein, nämlich daß Sprachspiele aus dem Ensemble von Sprechen und Handeln bestehen.

3.3 Handeln und Bildung

Die eben diskutierten sprachphilosophischen Ansätze verstehen sich als Diskussionsbeiträge zum Verhältnis von Sprechen und Handeln, ohne jedoch Sprechen und Handeln konkret gesellschaftlich zu vermitteln: Das „redende Individuum" der kommunikativen Didaktik vermeint Emanzipation bereits durch die Betonung symmetrischer Kommunikationsprozesse zu sichern, während die Wittgensteinsche Philosophie die Reflexion suspendiert und dadurch den Status quo eingelebter Sprachspiele absolut setzt. Demgegenüber hat es U. Maas (76) zu vermeiden versucht, Handeln abstrakt am Paradigma der Kommunikation („kommunikatives Handeln") oder im Rahmen atomisierter Sprachspiele, wo Sprechen und Handeln zum Reiz-Reaktions-Schema erstarren, zu untersuchen. Vielmehr bindet er das Handeln an dessen Genese aus der gesellschaftlichen Arbeit zurück. Handeln ist dann jene Tätigkeit, die über ihre eigenen Bedingungen, dadurch, daß sie diese geschaffen hat, verfügt. Diese Bestimmung menschlichen Handelns grenzt es von tierischem Verhalten ab, das kausaldeterminiert abläuft: Jede Verhaltensweise eines Tieres steht unter der

76 U. Maas, Grammatik und Handlungstheorie, in: U. Maas, D. Wunderlich, Pragmatik und sprachliches Handeln, Frankfurt 1972, S. 189 ff.; ders., Sprechen und Handeln - Zum Stand der gegenwärtigen Sprachtheorie, in: Sprache im technischen Zeitalter 41, 1972, S. 1 ff.

Kontrolle des anderen Tieres bzw. der Situation (77). Viele der primitiven Sprachspiele, die Wittgenstein darstellt, scheinen dieser Stufe zu entstammen. So schreibt Wittgenstein: „Man sagt manchmal: die Tiere sprechen nicht, weil ihnen die geistigen Fähigkeiten fehlen. Und das heißt: ‚sie denken nicht, darum sprechen sie nicht'. Aber: sie sprechen eben nicht. Oder besser: sie verwenden die Sprache nicht - wenn wir *von den primitivsten Sprachformen* absehen. - Befehlen, fragen, erzählen, plauschen gehören zu unserer Naturgeschichte so wie gehen, essen, trinken, spielen' (78). Weil aber jene „primitivsten Sprachformen" der Tiere relativ nahe zu den von Wittgenstein bevorzugten primitiven Sprachspielen stehen, ist es nicht verwunderlich, daß in den Philosophischen Untersuchungen die Situation über das Handeln zu herrschen scheint.

Charakteristisch für spezifisch menschliches Handeln ist demgegenüber, daß das Individuum in gewisser Weise über den Handlungszusammenhang verfügt, der sich gegenüber der Ereignissituation verselbständigt, also symbolisch gebunden wird. Die symbolische Bindung von Handlungszusammenhängen ist nun nach Maas die Leistung der Sprache. Vermittels der Sprache wird es dem Menschen möglich, die Sprechsituation selbst - als von ihm geschaffene Situation - zu reflektieren. Das Reflexionskriterium leitet sich dabei nicht von einer idealen Sprechsituation wie bei Habermas (79) her, sondern vom Glücken der Handlung, indem von hier aus sowohl Mißverständnisse wie gelingende Handlungen auf ihre Bedingungen untersucht werden können.

Es ist aber keineswegs vorauszusetzen, daß die glückende Handlung an sich positiv zu bewerten ist; kann sich doch gerade das Glücken einem blinden Abrichten verdanken. D.h. nichts anderes, als daß sprachliches Handeln als gesellschaftliche Verkehrsform zu verstehen ist, so daß Kommunikationen nicht sprachimmanent analysiert werden können: „Symbolische Verselbständigung von Handlungszusammenhängen (also jene spezifische Leistung, die menschliche Sprache erst konstituiert, d. Verf.) bedeutet die Möglichkeit verantwortlichen Handelns, ist aber auch die Be-

---

77 Vergl. U. Maas, Grammatik a.a.O. S. 192 ff.
78 L. Wittgenstein a.a.O. S. 25 f.(Auszeichnung durch Verf.)
79 J. Habermas, Vorbereitende Bemerkungen a.a.O.

dingung für jede ideologische Verschleierung. Sprache ist eine Qualität des gesellschaftlichen Verkehrs, und als solche gilt für sie dasselbe wie für die anderen Qualitäten, z.B. für den Arbeitswert. So wie der Arbeitswert, gleichgültig in welchem Äquivalent ausgedrückt, geronnene menschliche Arbeit ist, so sind die sprachlichen Kategorien geronnenes menschliches Handeln"(80). Wenn also Sprache auf Handeln verweist, so wird sie damit an die Sphäre der Produktion gebunden, wo sich menschliches Handeln gegenüber der Natur erstmals bewähren mußte. Es erweist sich als notwendig, jene Kategorien von Arbeit und Entfremdung in die Analyse aufzunehmen, die zwar der Sphäre von Produktion und Tausch entstammen, aber sich im Zuge der gesellschaftlichen Entwicklung auf menschliches Handeln ganz allgemein auswirken.

Bereits Marx hat in den „Ökonomisch-philosophischen Manuskripten" gezeigt, wie im Arbeitsprozeß Entfremdung auch den Akt der Produktion, das Handeln nicht unangetastet läßt: „Dieses Verhältnis (das Verhältnis der Arbeit zum Akt der Produktion, d. Verf.) ist das Verhältnis des Arbeiters zu seiner eigenen Tätigkeit als einer fremden, ihm nicht angehörigen, die Tätigkeit als Leiden, die Kraft als Ohnmacht, die Zeugung als Entmannung, die *eigene* physische und geistige Energie des Arbeiters, sein persönliches Leben - denn was ist Leben anderes als Tätigkeit - als eine wider ihn selbst gewendete, von ihm unabhängige, ihm nicht gehörige Tätigkeit. Die *Selbstentfremdung*, wie oben die Entfremdung der *Sache*"(81).

Allerdings ist damit das Problem erst angedeutet, wie sich Handeln und Sprechen, Theorie und Praxis auf dem Hintergrund der gesellschaftlichen Entwicklung zueinander verhalten. Das Marxsche Interesse erweist sich vornehmlich auf die Kritik der politischen Ökonomie beschränkt, während die erkenntnistheoretischen Implikationen seiner Warenanalyse lediglich Andeutungen bleiben. Angesichts dieser Sachlage hat Sohn-Rethel (82) versucht, diese Problematik zu thematisieren und die Beziehungen zwischen Warenform und Denkform - also von Tausch und Be-

---

80 U. Maas, Sprechen a.a.O. S. 19

81 K. Marx, Ökonomisch-philosophische Manuskripte, in: Texte zu Methode und Praxis II, Hamburg 1968, S. 55

82 A. Sohn-Rethel, Geistige und körperliche Arbeit, Frankfurt 1972

griff - in ihrer insgeheimen Verwandtschaft herauszuarbeiten.

Obwohl ungeklärt ist, ob dieser Ansatz nicht den Tausch selbst ontologisiert, indem die gesamte Zirkulationssphäre überzeitlichen, transzendentalen Charakter gewinnt (83), und obwohl die Utopie eines Bewußtseins von gesamtgesellschaftlicher Form als materialistische Version des Hegelschen absoluten Geistes erscheint (84), dürfte es lohnend sein, den Ansatz Sohn-Rethels hypothetisch in den hier zu entwickelnden handlungstheoretischen Ansatz aufzunehmen. Denn die Arbeit Sohn-Rethels ermöglicht es, die handlungstheoretische Fundierung an den Gesellschaftsprozeß selbst zu knüpfen und die geheime Identität von Warenform und Denkform nicht nur isoliert, sondern im Rahmen des geschichtlichen Prozesses und damit im Zusammenhang mit den Formen der gesellschaftlichen Synthesis der jeweiligen Epoche zu sehen.

Sohn-Rethel geht vom ökonomischen Phänomen des Tausches aus, das bereits eine Abstraktion darstellt, weil der Tauschwert selbst im Gegensatz zum Gebrauchswert der Waren einen abstrakten Wert darstellt. Die Abstraktion des ökonomischen Wertbegriffes erscheint dabei als vollkommene Qualitätslosigkeit und reine quantitative Differenzierbarkeit, als Anwendbarkeit auf jedwede Art von Waren und Dienstleistungen des Marktes: „Mit diesen Eigenschaften hat die ökonomische Wertabstraktion in der Tat frappante äußere Ähnlichkeit mit tragenden Kategorien der quantifizierenden Naturerkenntnis, ohne daß freilich die mindeste innere Beziehung zwischen diesen gänzlich heterologen Ebenen ersichtlich wäre. Während die Begriffe der Naturerkenntnis Denkabstraktionen sind, ist der ökonomische Wertbegriff eine Realabstraktion"(85). Kann auch keine unmittelbare Beziehung von der Art hergestellt werden, daß die Warenabstraktion ihren Ursprung im Denken des Menschen hätte, so läßt sich umgekehrt ein Zusammenhang aufweisen. Denn der Realcharakter der Tauschabstraktion vermittelt sich über die Warensprache ins Bewußtsein der tauschenden Menschen und führt auf dem Hintergrund

83 H. Brinkmann, Das Elend des kritischen Rationalismus, in: Wissenschaftstheorie + Gesellschaftliche Praxis, theorie + kritik 3, 1972, S. 23

84 Vergl. A. Sohn-Rethel a.a.O. S. 223

85 A. Sohn-Rethel a.a.O. S. 42

des Privateigentums zum „praktischen Solipsismus": „Der Solipsismus, demzufolge unter allen jeder für sich der Einzige (solus ipse) ist, der existiert, und wonach ferner alle Daten, soweit sie Tatsächlichkeit besitzen, privat die seinigen sind, - der Solipsismus ist die genaue Beschreibung des Standpunktes, auf dem im Warenaustausch die Interessenten zueinander stehen. Richtiger gesagt, ihr tatsächliches Verhalten zueinander im Warenaustausch ist praktischer Solipsismus, gleichgültig was sie selbst über sich und ihr Verhalten denken" (86). Aus diesem Robinsohn-Verhältnis des praktischen Solipsismus und der im Tausch sich manifestierenden Warensprache ergeben sich bestimmte Abstraktionsformen der Warenexistenz, die in die Abstraktion des Begriffes eingehen: Substanz und Akzidenz, Atomizität, Abstrakte Bewegung, strikte Kausalität. Der Zusammenhang mit der Denkentwicklung im Sinne einer gesellschaftlichen Genese der Begriffe und Grundsätze des Kantischen „reinen Verstandes" ergibt sich daraus, daß sich die Logik des Warenaustausches im Bewußtsein der Geldbesitzer als reine Begriffe reflektiert (87).

D.h. der Begriff ist für die Denkform das, was das Geld für die Warenform. Die Natur erscheint darin als bloße Objektwelt, wie sie für die theoretische Naturerkenntnis wichtig wird. So scheint denn die Denkform nichts mehr mit dem konkreten Handeln des Menschen zu tun zu haben, sondern sie schafft ein von der ganzen gesellschaftlichen Welt des Handelns abgewandtes Denken, das ausschließlich der Natur als physischer Objektwelt zugewandt und mit zeitloser Logik ausgestattet ist. Das Bewußtsein hingegen ist mit dem Rücken der Gesellschaft zugewandt und weiß nichts über die Herkunft seines Denkens. Es weiß also weder um seine Abstammung aus dem Tauschgeschehen noch darum, daß im Bewußtsein selbst eine Natur in abstracto zur Denkform ausgebildet wurde. Dieses Auseinanderfallen von Denkform und Warenform bildet sich auf die Sphäre der Arbeit wiederum ab und führt zur strengen Trennung von körperlicher und geistiger Arbeit, wie sie in

---

86 A. Sohn-Rethel a.a.O. S. 66

87 Dies ist jedoch nicht so zu verstehen, daß eine Theorie der Sprache lediglich ökonomische Termini auf das Gebiet der Sprache zu übertragen hätte, wie es etwa bei Rossi-Landi geschieht (vergl. F. Rossi-Landi, Kapital und Privateigentum in der Sprache, in: Ästhetik und Kommunikation 7, 1972, S. 36 ff.).

der gesellschaftlichen Synthesis unserer Epoche erscheint (88). Damit ist aber auch das Auseinanderfallen von Sprechen und Handeln angesprochen, insofern körperliche Arbeit meist auf Sprache ganz verzichtet oder sie auf Reiz-Reaktions-Reflexe reduziert, ohne daß daraus konkrete gesellschaftliche Praxis entstehen könnte. Genau diese Situation entspricht indessen dem Zustand der Entfremdung, indem einerseits der geistigen Arbeit ihr Objekt äußerlich und unverfügbar bleibt und die körperliche Arbeit andererseits ihre eigene Tätigkeit als fremd erfährt.

Allerdings wird im Rahmen eines derartigen Interpretationsversuches, wo Marxsche Kategorien unvermittelt mit der Analyse Sohn-Rethels in eins gesetzt werden, ein wichtiger Unterschied verwischt. Denn Sohn-Rethel erklärt die geschichtsmaterialistische Genese des Denkens aus dem Tausch, während die Marxsche Entfremdungstheorie auf einer Analyse des Begriffes der Arbeit basiert. Vor allem J. Israel (89) hat die Entfremdungskonzeption der Marxschen Frühschriften sehr strikt der Verdinglichungskonzeption im „Kapital" entgegengesetzt. Wenn sich diese Scheidung als unumgänglich erwiese, wäre es auch unerläßlich, den Versuch Sohn-Rethels von der Entfremdungstheorie abzuheben. Nicht zuletzt deshalb, weil Sohn-Rethel selbst betont, daß er sich nicht auf die Arbeit selbst beziehe, sondern auf ihre Abstraktifikation in bestimmten gesellschaftlichen Verkehrsformen des Austauschverhältnisses (90).

Israel tendiert sogar dazu, die Kategorie der Entfremdung als unfruchtbar aufzugeben, da dahinter eine Idealisierung der Arbeit stehe: „Aus unserer heutigen Sicht erscheinen die Vorstellungen der Selbstverwirklichung durch die in der vorindustriellen und vorkapitalistischen Gesellschaft existierenden Bedingungen beeinflußt. Sie stellen einen Teil der romantischen Kritik an der industrialisierten Gesellschaft dar. Unter anderem enthielt diese Kritik schwärmerische, wahrscheinlich wenig realistische Anschauungen hinsichtlich der Arbeitssituation des Handwerkers, die auf die Idealvorstellungen von Marx einen starken Einfluß ausübten"(91). Obwohl der Vorwurf einer

---

88 A. Sohn-Rethel a.a.O. S. 98 ff.
89 J. Israel, Der Begriff der Entfremdung, Hamburg 1972
90 A. Sohn-Rethel a.a.O. S. 45 ff.
91 J. Isreal a.a.O. S. 318

gewissen Idealisierung sich vielleicht an gewissen Stellen der „Manuskripte" begründen ließe, scheint dies in jenem zentralen Abschnitt über „die entfremdete Arbeit" kaum der Fall zu sein. Marx drückt hier sogar explizit sein Selbstverständnis aus, indem er zu seiner Methode ausführt, daß er sich gerade nicht in einen erdichteten Urzustand versetzen wolle, sondern von einem nationalökonomischen, gegenwärtigen Faktum - der Arbeit - ausgehe (92). Die Struktur dieses Abschnittes über entfremdete Arbeit weist dabei enge Parallelen mit dem Aufbau der Hegelschen Phänomenologie auf, indem das Phänomen der Arbeit zuallererst relativ isoliert - wie es als abstraktes erscheint - und erst in den letzten Passagen im Rahmen der entfalteten Bedingungen des Privateigentums behandelt wird, was durchaus zum Mißverständnis verleiten kann, daß die monierten Stellen über Arbeit und Entfremdung in ahistorischem Sinne anthropologisch zu verstehen seien (93). Wenn sich jedoch die starre Entgegensetzung in anthropologisch-humanistische und ökonomische Konzeption nicht aufrechterhalten läßt, würde das bedeuten, daß mit den beiden Positionen lediglich verschiedene Aspekte desselben Phänomens angesprochen werden. Auf der Seite des Individuums und seines Verhältnisses zur Arbeit erweist sich die Entäußerung als Entfremdung, während die Entäußerung auf der Seite der gesellschaftlichen Verkehrsform und deren Zusammenhang zur Denkform als Verdinglichung gekennzeichnet ist.

Historisch gesehen läßt sich dieser Zusammenhang dahingehend präzisieren, daß in der Entfremdung des Menschen von seiner Arbeit bereits der praktische Solipsismus, wie ihn Sohn-Rethel charakterisiert, angelegt ist. Denn wenn der Gegenstand, den die Arbeit produziert, ihr als eine von dem Produzenten unabhängige Macht gegenübertritt, so nimmt dieses Produkt bereits die Form der Ware und der mit ihr verbundenen Abstraktion an: Die Arbeit wird als etwas Objektives, als ein Ding, und nicht mehr als gesellschaftliche Beziehung erscheinen. Im Laufe der Gesellschaftsentwicklung wird dann diese Beziehung des Entäußerns im doppelten Sinn immer totalitärer und nimmt auch das Denken immer ausschließlicher in Besitz. Während

92 K. Marx a.a.O. S. 52
93 Auf diese Position ließe sich die Kritik Israels zusammenfassend bringen (vergl. J. Israel a.a.O. S. 309 ff.)

Entfremdung dabei auf die Sphäre der Arbeit beschränkt bleibt, bedeutet die zunehmende Verdinglichung, die mit Entfremdung parallel läuft, den Einbezug aller weiteren Sphären des menschlichen Lebens unter die Herrschaft des Tausches. Auf diesem Hintergrund läßt sich auch M. Kangrga (94) zustimmen, der Verdinglichung als die höchste Form von Entfremdung faßt, was hier dahingehend interpretiert werden kann, daß die Entäußerung im Arbeitsprozeß über die Verdinglichung zum Grundprinzip des heutigen Lebens geworden ist, indem man ein Leben lebt, das schon von vorneherein als einzige Möglichkeit gegeben ist und wo man nur innerhalb einer fertigen Welt (wissenschaftlich-technisch, wirtschaftlich-nutzbringend, geschickt, behende, listig) operiert, statt praktisch-kritisch zu wirken (95).

Mit diesem Exkurs zur Genese der menschlichen Denkform und den zwei Versionen der Entfremdungstheorie wird es nun möglich, zum Problem von Sprechen und Handeln zurückzukehren und deren Verhältnis im Sinne verdinglichter Beziehungen zu thematisieren. So kann Sprache als kommunikativer Austausch sprachlicher Elemente verstanden werden, was sich bis in die gegenwärtigen wissenschaftlichen Beschreibungsversuche der Linguistik durchschlägt. Sowohl der linguistische Ansatz des Strukturalismus wie die Transformationsgrammatik beschränken sich weitgehend auf formale Probleme der Sprachbeschreibung und hintergehen das Problem, daß Sprachtheorie nicht eine Theorie von Sätzen, sondern eine Theorie des sozialen Verkehrs sein müßte (96). Auf diese Weise aber leistet die Sprachtheorie nichts mehr als die plane Abbildung der Denkform in einem Regelsystem; sie mißversteht sich als Naturwissenschaft, indem sie sich die eigene Sprache als fremdes Untersuchungsobjekt gegenüberstellt. In ähnlicher Weise schreibt J. Frese zum Stand der Handlungstheorie: „Handlung als Formierung einer dinglich vorgestellten Situation und Handlung als Austausch von Situationselementen nach Regeln leisten ausgezeichnete Dienste innerhalb der Beschreibung derjenigen Sphären des Handelns, in denen auf den ersten Blick nichts weiter vorkommt als eben Pro-

94 M. Kangrga, Was ist Verdinglichung, in: Praxis 1, 1968
95 M. Kangrga, Das Problem der Entfremdung in Marx'Werk, in: Praxis 1, 1967
96 Vergl. U. Maas, Sprechen a.a.O. S. 3 ff.

duktion, Konsumtion und Distribution, letztere in den Formen Tausch, Zirkulation, Verkehr. D.h. die herrschenden Handlungsbegriffe sind adäquat der Sphäre, der sie entstammen, der ökonomischen"(97).

Auf analoge Weise können die Wittgensteinschen Sprachphilosophie und die kommunikative Handlungstheorie interpretiert werden. Vom Standpunkt der Entfremdungstheorie her gesehen fungiert die Sprache wie das Geld, wenn Wittgenstein das Benennen als etwas Ähnliches auffaßt wie einem Ding ein Namentäfelchen anheften (98). Die dinglich formierte Situation läßt es dann nicht mehr zu, daß der Mensch in einen Bildungsprozeß eintritt, sondern sie selbst gewinnt Macht über ein Lernen, welches das Bewußtsein nur noch als Abrichten und bloßes Einüben einbegreift. Das Handeln bleibt blind, weil ihm die Reflexion entzogen wird. Umgekehrt läuft das Sprechen der kommunikativen Didaktik leer, weil es nicht mehr auf den Konstitutionsprozeß konkreter Praxis bezogen werden kann. Und der Versuch, Sprechen und Handeln zu vermitteln, bleibt die Selbsttäuschung des redenden Individuums, das glaubt, sein kommunikatives Handeln gebe ihm die Souveränität über die fremdbestimmte Praxis und die darin einfließenden normativen Orientierungen zurück. Dabei übersieht dieser Ansatz, daß hier lediglich eine dinglich verselbständigte Situation nachträglich auf das Handeln bezogen wird. Die Identität mit dem Konstitutionsprozeß selbst muß dem Bewußtsein verwehrt bleiben.

Genau diesem Mißverständnis aber erliegt Schaller, wenn er schreibt: „Die Aufhebung der Verdinglichung besteht darin, daß sich das Denken in kommunikativen Prozessen ‚einen Begriff vom Ganzen der Gesellschaft und der Geschichte macht, daß es eine Totalität denkt, in der Subjekt und Objekt', Theorie und Praxis ‚vermittelt sind'" (99). Der springende Punkt ist hier, daß die Vermittlung ins Denken selbst fällt. Die Entfremdung ist damit nicht aufgehoben, sondern es ist lediglich das Bewußtsein der Entfremdung, das daraus resultiert. Das Sprechen läuft damit immer noch leer, da es an die Grenzen einer Praxis stößt, die von anderswoher bestimmt ist. Blindes Handeln

97 J. Frese, Sprechen als Metapher für Handeln, in: H.-G. Gadamer (Hrsg.), Das Problem der Sprache, München 1967, S. 48

98 L. Wittgenstein, Philosophische a.a.O. S. 19

99 K.-H. Schäfer, K. Schaller a.a.O. S. 102

kann zwar als solches begriffen und auf seine Bedingungen zurückverfolgt werden. Änderungen sind jedoch nur solange möglich, als alle diese Bedingungen in der privaten Sphäre liegen und damit dem Machtbereich des Individuums vollkommen verfügbar sind.

3.4 Exkurs zum Bildungsbegriff

Mit der Beschreibung der Entfremdungsproblematik und den pädagogischen Versuchen, Entfremdung aufzulösen, ist eine Dimension der Pädagogik angesprochen, die weit in deren Geschichte zurückzuverfolgen ist: das Bildungsproblem. Denn das Bildungsproblem läßt sich letztlich auf die pädagogische Version des Problems von Subjekt und Objekt, von Natur und Mensch, von Arbeit und Bewußtsein zurückführen. So kann bereits der mystische Bildungsbegriff des Mittelalters als Versuch einer Lösung der Entfremdungsproblematik verstanden werden. Hatte er doch seine Entsprechung in einer vortechnischen Gesellschaftsordnung, wo die Menschen der Natur auf Gedeih und Verderb ausgeliefert waren. Das Bewußtsein hatte sich noch nicht so weit emanzipiert, daß es kraft seines Verstandes diese Natur zu beherrschen vermocht hätte. Der Vernunft, die noch nicht zu sich sebst gekommen war, blieb deshalb nichts anderes übrig, als in theologischer Verkleidung dem Menschen die Angst vor den ihn überwältigenden Verhältnissen zu nehmen. Über die geistige Vereinigung mit Gott, dem „wîder îngebildet werden in die hôhi"(100), versuchte der Mensch, den irdischen Leiden zu entgehen. Die Vermittlung mit der Natur mußte jedoch Selbsttäuschung bleiben, da sie das konkrete Verhältnis zur Natur nicht betraf und lediglich der Versuch des Menschen war, sich zu „einem schîn geistlîcher formen oder formlôser bilde" (101) aufzuschwingen, um zu reiner mystisch-spiritueller Erkenntnis Gottes und der Wahrheit Gottes zu kommen. Die Welt selbst - und damit die Verursacherin der Leiden des Menschen - war im Selbstverständnis dieses Bildungsbegrif-

100 Zit. nach: E. Lichtenstein, Zur Entwicklung des Bildungsbegriffs, Heidelberg 1966, S. 5
101 Zit. nach: G. Dohmen, Bildung und Schule 1, Weinheim 1964

fes belanglos, denn es sei „al uẑer werk in der zît alze kleine, daz si sich niht ganze eröugen noch volle bewîsen noch darîn bilden enmag"(102). Damit wurde positiv ausgesprochen, was in Wirklichkeit nichts anderes als die Ohnmacht des Menschen war, der noch kein Mittel besaß, die Herrschaft über die Natur zu übernehmen. Bildung als Prozeß der Wiedereinbildung in Gott aus der Veräußerung, als unio mystica, erweist sich damit als einer der ersten Lösungsversuche des Menschen, die Entfremdung von seiner Welt in den Griff zu bekommen.

Mit der Heraufkunft des Bürgertums legt die Vernunft ihre theologische Verkleidung zunehmend ab und wird souverän. Zu Beginn jedoch immer noch recht unsicher, was sich schon daran zeigt, daß sie der Natur magische Kräfte beilegt und sich selbst noch immer als bedroht empfindet. So etwa im Rahmen der Konzeption von Paracelsus: „Sie (die Paracelsische Philosophie, d. Verf.) sieht das Leben voller Bedrohung, Gegensätze, Kampf und Not, in seiner kosmischen Verflochtenheit und Kontingenz, voller unvorhersehbarer Überraschungen, zwischen Himmel und Erde. Sie sieht das schicksalhafte zeitliche Werden, Wachsen und Vergehen der Dinge als ihr innerstes Gesetz, nach dem ihnen ihr Terminus zur Reife oder zum Tode bestimmt ist" (103). Hier wird die Problematik des Frühbürgertums ausgesprochen: Es ist die verhüllte Formel des Kampfes der Bürger in den Städten, die sich den Marktgesetzen, welche sich unberechenbar wie das Schicksal auf die Menschen auszuwirken scheinen, hilflos ausgesetzt fühlen. Allerdings versuchte der Mensch hier bereits selbst, die Bedrohung abzuwenden und die unberechenbaren Kräfte zu zähmen. Und dabei bekommt Bildung eine hervorragende Funktion, da die Zähmung über sie erfolgen soll: Sie soll einen „harmonisch-stimmigen Ausdruck der unsichtbaren Kräfte in äußerer, sichtbarer, leibhafter Gestalt"(104) ermöglichen. Diese mögliche - wenn auch gefährdete - Harmonie wird durch Gott selbst verbürgt, auf dessen Inanspruchnahme die Vernunft auch hier noch nicht verzichten kann. Paracelsus bringt das auf folgende Formel: Die Form des Men-

---

102 Zit. nach: G. Dohmen a.a.O. S. 44
103 E. Lichtenstein a.a.O. S. 8
104 E. Lichtenstein a.a.O. S. 8

schen „ist geschnitzelt (105) in Mutterleib durch Gott selbst. Dise Schnitzelung bleibt in der Form des bildts" (106).

Aus diesen Anfängen heraus entwickelte sich dann bei Hegel eine Bildungsauffassung der sich mächtig gewordenen Vernunft, wo das Bewußtsein absoluter Maßstab wird und wo selbst die Entfremdung Schein ist und ins Bewußtsein fällt. Dabei ist der Bildungsbegriff bei Hegel unter zwei Gesichtspunkten zu verstehen. Einerseits wird die bildende Bewegung des Bewußtseins in der „Phänomenologie" selbst als Bildungsprozeß aufgefaßt; die „Phänomenologie" als Werden der Wissenschaft überhaupt oder des Wissens zeichnet einen Bildungsprozeß nach, der von der sinnlichen Gewißheit bis zum absoluten Geist führt. Andererseits wird schon in der „Vorrede" ein pädagogisches Anliegen spürbar, nämlich die Aufgabe, das Individuum von seinem ungebildeten Standpunkte aus zum Wissen zu führen. Damit ergibt sich eine Doppelung des Bildungsbegriffes, deren Vermittlung Hegel wie folgt beschreibt: „Der Einzelne muß auch dem Inhalte nach die Bildungsstufen des allgemeinen Geistes durchlaufen, aber als vom Geiste schon abgelegte Gestalten, als Stufen eines Wegs, der ausgearbeitet und geebnet ist"(107). Die Aufgabe pädagogischer Bildung wäre es also nicht, die Bewegung des Bewußtseins selbst voranzutreiben, sondern in dem pädagogischen Fortschreiten die wie im Schattenrisse nachgezeichnete Geschichte der Bildung der Welt zu erkennen. D.h. Bildung hat im Rahmen des Hegelschen Systems die Aufgabe, Erfahrungen zu ermöglichen: „Und die Erfahrung wird eben diese Bewegung genannt, worin das Unmittelbare, das Unerfahrne, d.h. das Abstrakte, es sei des sinnlichen Seins oder des nur gedachten Einfachen, sich entfremdet, und dann aus dieser Entfremdung zu sich zurückgeht, und hiermit jetzt erst in seiner Wirklichkeit und Wahrheit dargestellt; wie auch Eigentum des Bewußtseins ist"(108). In den Gymnasialreden zieht Hegel aus diesem Programm der vergegenständlichenden Entfremdung und Wiederaneignung des Entfremde-

---

105 Schon die Sprache gehört hier zum Vokabular des entstehenden Bürgertums in den Städten, nämlich zum Handwerkertum, dessen Relation zur Arbeit auf das Verhältnis von Gott und Menschen projiziert wird.
106 Zit. nach: E. Lichtenstein a.a.O. S. 7
107 G.W.F. Hegel, Phänomenologie des Geistes, Frankfurt 1970, S. 27
108 G.W.F. Hegel a.a.O. S. 31

ten konkrete Konsequenzen für den Gymnasialunterricht, indem er festhält, daß Bildung einen früheren Stoff und Gegenstand hat, über den sie arbeitet, den sie verändert und neu formiert (109). Dabei betont Hegel vor allem die Antike als Bildungsideal, die er emphatisch als geistiges Bad und profane Taufe für Geschmack und Wissenschaft preist.

Die Aufnahme der Antike als Bildungsideal zeigt, daß der pädagogische Bildungsbegriff Hegels der phänomenologischen Stufe des Geistes entstammt, wo der Begriff der Entfremdung und ihrer Zurücknahme konstitutiv ist. Durch die Arbeit der Bildung gewinnt der subjektive Wille in sich die Objektivität, kommt zu sich selbst am Gegenstand, was dann am Ausgang der Epoche einer idealistischen Pädagogik von Derbolav als „Handlungsdialog" bezeichnet wird: Das Handeln erhält dort den Status des „immer schon in sich reflektierten Daseinsvollzugs", des „Im-Andern-zu-sich-selber-Kommens" wo Sachwissen und Sinngebung zum Entschluß vermittelt werden (110).

Die Bildungsbewegung ist dabei auf die Vermittlung von Subjekt und Objekt angelegt, indem sich der Geist mit der Welt in ihrer Geistigkeit - in der „konkreten Allgemeinheit" von Sitte, Lebensordnung, Kultur, Religion, Sprache etc. vermittelt. D.h. der vorgegebene empirische und normative Horizont der Erziehungswirklichkeit soll im Bildungsprozeß auf die Selbstverwirklichung des Menschen zurückgedacht werden. Das bei Derbolav damit angedeutete reflexive Verhältnis des Selbst zum Anderen bricht jedoch die dialektische Vermittlung gegenüber Hegel vorzeitig ab: Diejenige Stufe der Phänomenologie, welche Hegel „entfremdeten Geist" nennt, ist bei Derbolav nicht Durchgangsstufe, sondern Abschluß der Bildungsbewegung und in der nur äußerlichen Vermittlung auszuhalten. Diese Konsequenz ist zwar unumgänglich, wenn nicht alles im absoluten Geist aufgehen soll, worauf auch Derbolav deutlich verweist: „Hegel hat nun umgekehrt dieses Andere in allen seinen Formen (als erscheinender, objektiver und absoluter Geist) aufgenommen, aber zugleich mit dem subjektiven Geist so

109 G.W.F. Hegel, Gymnasialreden, in: Hegel Studienausgabe I, Gymnasialreden, Aufsätze, Rezensionen, Frankfurt 1968, S. 35

110 J. Derbolav, Das Selbstverständnis der Erziehungswissenschaft, in: S. Oppolzer (Hrsg.), Denkformen und Forschungsmethoden der Erziehungswissenschaft, Band I, München 1966, S. 129

radikal vermittelt, daß dessen individuelles Moment, das Selbst, im Allgemeinen schließlich unterging"(111). Andererseits droht bei Derbolav die Welt als etwas dem Bildungsbegriff Vorgegebenes hypostasiert zu werden: „Das Selbst wendet sich im Bildungsgeschehen gleichsam auf das ‚Andere' zurück: auf die Welt der sich ihm erschließenden Aufgaben und Ansprüche, die es in bestimmter Weise auf- und nachzuarbeiten hat, um darin seine eigenen Möglichkeiten des Entsprechenkönnens zu verwirklichen"(112). Damit aber wird der Bildungsbegriff affirmativ, indem das Faktische für das Selbst zum Aufgegebenen verklärt wird, das ihm fordernd und weisend entgegenstehe. Die Verwandtschaft mit der Welt in ihrer Geistigkeit wird als Positivum vorausgesetzt; dadurch kann sie nicht mehr als das begriffen werden, was sie in Wirklichkeit ist: ein Verhältnis, das in der gesellschaftlichen Vermittlung von Arbeit und Tausch fundiert.

Letztlich aber ergibt sich das Problem, ob nicht die Entfremdungsproblematik in sich selbst das Dilemma enthält, entweder die Dialektik abzubrechen oder sie idealistisch bis zu jenem Punkt zu treiben, wo sich die Entfremdung dadurch aufzuheben vermag, indem sie sich selbst entfremdet und das Ganze durch sie in seinen Begriff zurücknimmt (113). Mindestens ist das die Schwierigkeit jeder dialektischen Bildungstheorie, die im Rahmen des Idealismus gefangen bleibt.

Marx hat demgegenüber versucht, die Arbeit des Geistes wörtlich zu nehmen und Entfremdung materialistisch zu interpretieren: „Die Phänomenologie ist daher die verborgene, sich selbst noch unklare und mystizierende Kritik; aber insofern sie die *Entfremdung* des Menschen - wenn auch der Mensch nur in der Gestalt des Geistes erscheint - festhält, liegen ihr *alle* Elemente der Kritik verborgen und oft schon in einer weit den Hegelschen Standpunkt überragenden Weise *vorbereitet* und *ausgearbeitet*"(114). Marx übernimmt aus der Phänomenologie - materialistisch gewendet - die Dialektik der Selbsterzeugung des Menschen als Prozeß der „Vergegenständlichung als Entgegenständli-

111 J. Derbolav a.a.O. S. 137
112 J. Derbolav a.a.O. S. 129
113 G.W.F. Hegel a.a.O. S. 279
114 K. Marx a.a.O. S. 113

chung, als Entäußerung und Aufhebung dieser Entäußerung" (115).

Allerdings ist es schwierig, diesen Entfremdungsbegriff pädagogisch fruchtbar zu machen. Denn die Doppelung des Bildungsbegriffes bei Hegel - Bildung als Bewegung des Wissens und Bildung als pädagogischer Nachvollzug dieser Bewegung - kann in der Marxschen Version nicht mehr ohne weiteres zusammengebracht werden: Bildung wird zur geschichtsmaterialistischen Kategorie, die pädagogisch nicht mehr einzuholen ist. Denn die Macht des Faktischen, also die konkreten Herrschaftsverhältnisse der gesellschaftlichen Synthesis, erweist sich dem Bildungswillen des Menschen gegenüber als übermächtig. Die Bildungstheorie muß selbst zur gesellschaftssprengenden Theorie werden, wenn die Vernunft gegen Entfremdung und Verdinglichung ankommen will: „Die Aufhebung des Privateigentums ist daher die vollständige *Emanzipation* aller menschlichen Sinne und Eigenschaften"(116). Aus diesem Grunde ist es auch verständlich, daß bei Marx keine pädagogische Bildungskonzeption zum Tragen gekommen ist und daß die Bildungstheorie selbst mit Hegel in der Aufgipfelung des absoluten Geistes einen gewissen Abschluß fand.

Eine Aufnahme der pädagogischen Bildungsproblematik, welche über die von Marx und Hegel formulierte Position hinausgeht, ist in jüngster Zeit durch den brasilianischen Pädagogen P. Freire versucht worden, der den Bildungsgedanken im Sinne konkreter gesellschaftlicher Veränderungen thematisierte. Bildung wird hier als Prozeß der Konszientisation gekennzeichnet, wo Aktion und Reflexion die Welt handelnd und denkend transformieren sollen: „Hier ist ‚Erziehung zu Befreiung' als echte Praxis zugleich Erkenntnisvorgang und Methode für weltveränderndes Handeln, das Menschen der Wirklichkeit gegenüber auszuüben haben, die sie zu erkennen suchen"(117).

Die Arbeit der Vermittlung fällt jedoch bei Freire nicht mehr ins Bewußtsein, sondern sie resultiert aus der beschriebenen Dialektik von Theorie und Praxis, der kulturellen Aktion. Die Humanisierung des Menschen durch Konszientisation ist dabei ein wechselseitiger Prozeß,

---

115 K. Marx a.a.O. S. 113
116 K. Marx a.a.O. S. 80
117 P. Freire, Politische Alphabetisierung, in: Lutherische Monatshefte 1970, S. 582

der kein fixiertes Lehrer-Schüler-Verhältnis kennt, was durch eine für Freire charakteristische Umdeutung des Begriffes „Dialog" geschieht: „Durch Dialog hört der Lehrer der Schüler und hören die Schüler des Lehrers auf zu existieren, und es taucht ein neuer Begriff auf: der Lehrer-Schüler und die Schüler-Lehrer. Der Lehrer ist nicht länger bloß der, der lehrt, sondern einer, der selbst im Dialog mit den Schülern belehrt wird, die ihrerseits, während sie belehrt werden, auch lehren. So werden sie miteinander für einen Prozeß verantwortlich, in dem alle wachsen"(118). Was nun das Hegelsche Problem der Doppelung des Bildungsbegriffes betrifft, so sind bei Freire beide Momente miteinander verschmolzen: Im Begriff der kulturellen Aktion fallen die konkrete pädagogische Bildungsarbeit und der historische Prozeß einer Auflösung der „Kultur des Schweigens" zusammen. Damit wird vorausgesetzt, was erst begründet werden müßte, nämlich daß es möglich ist, Entfremdung pädagogisch aufzuheben. Für Freire steht vielmehr von vorneherein fest, daß die „Domestizierung" des Menschen durch dialogische Erziehung in einen Konszientisationsprozeß eingebracht werden kann, wo die gattungsgeschichtliche Befreiung des Menschen mit einer „Pädagogik der Unterdrückten" identisch wird. Allerdings belegen noch seine eigenen Erfahrungen in Südamerika eher das Gegenteil, nämlich daß jene Verhältnisse, welche durch kulturelle Aktion verändert werden sollen, übermächtig sind und die sie bedrohende Bildungsarbeit gar nicht zulassen. Denn jene Verhältnisse, welche Entfremdung verursachen, sind selbst gesellschaftliche Machtverhältnisse, welche den Status quo stützen; pädagogisches Handeln allein kommt dagegen nicht an. Sowohl der pädagogische Bildungsbegriff des Idealismus wie seine materialistische Version bei Freire überschätzen die Macht der Bildung innerhalb des Status quo einer bestimmten gesellschaftlichen Lage. Diese Überschätzung des Bildungsbegriffes für gesellschaftliche Praxis kann nur dann aufgegeben werden, wenn man seine beiden Momente (gesellschaftliches und pädagogisches) gesondert untersucht und insbesonders den pädagogischen Bildungsbegriff einer näheren Analyse unterzieht, um dessen Beitrag zur gesamtgesellschaftlichen Bewegung zu bestimmen.

---

118 P. Freire, Pädagogik der Unterdrückten, Stuttgart 1971, S. 84

Ausgangspunkt der dialektischen Bildungsbewegung ist dabei die Vergegenständlichung des Objektes, d.h. der Mensch macht sich die Objekte der Welt zu Gegenständen seines Denkens (119). Während bei Hegel diese Beziehung letztlich Selbstbegegnung des Bewußtseins bleibt, faßt etwa Derbolav diese Bewegung des Bewußtseins als Zurückwendung des Selbst auf ein vorgegebenes „Anderes" auf. D.h. der Mensch, der ursprünglich eins mit der Welt ist, vergegenständlicht sich diese Welt, indem der Einstieg ins Bildungsgespräch einen Naivitätsbruch zur Folge hat, „bei dem auch das Wissen um die vorgängige Daseinsvertrautheit verlorengeht"(120). Dabei tritt dem Bewußtsein die Welt als naturwüchsig vorgegeben und nicht als veränderbar entgegen. Das Paradigma vergegenständlichter Naturerkenntnis wird generalisiert, indem der Mensch „seine Welt" nicht mehr als eigenes Produkt seiner Gattungsgeschichte erkennt, dessen naturwüchsige Vorgegebenheit lediglich Schein ist.

Würde jedoch der reflexive Akt diesen Status der unabdingbaren Gegebenheiten durchbrechen, könnte das Bewußtsein in der Reflexion seine konstitutive Identität mit der Welt, also die Identität von Erfahrungs- und Lebenswelt erkennen. Andererseits vermöchte es auch zu erkennen, daß es gleichzeitig mit dieser Lebenswelt nicht-identisch ist, weil die Welt von fremden Interessen beherrscht wird, denen gegenüber das reflektierende Subjekt ohnmächtig ist. Dem reflektierenden Bewußtsein erschließt sich gleichzeitig die Wahrheit des naturwüchsigen Gegenstandes, nämlich daß er blind der ökonomischen Sphäre unterworfen ist. D.h. erst in der Vergegenständlichung des Bildungsprozesses wird für den Menschen unter den Bedingungen der gegenwärtigen gesellschaftlichen Synthesis Entfremdung faßbar und als solche bewußt. Das Verhältnis des Menschen zur Welt bleibt jedoch zweideutig: es ergibt sich für ihn das Verhältnis der gleichzeitigen Identität und Nicht-Identität mit der Welt, der er sich machtlos ausgesetzt fühlt, obwohl er sie doch als seine Welt erkannt hat. Das Bewußtsein selbst erweist sich in diesem Zustande als „unglückliches Bewußtsein", das zwischen den Extremen sollizitiert - sich einmal als Herr seiner Welt, dann wieder als

119 G.W.F. Hegel, Gymnasialreden a.a.O.
120 J. Derbolav a.a.O. S. 130

ihr ohnmächtig unterworfen fühlt - und keinen Ausweg weiß.

Damit zeigt sich die Schwierigkeit einer Bildungstheorie in der gegenwärtigen gesellschaftlichen Situation: Bildung wird als Verheißung postuliert, in Wirklichkeit resultiert jedoch daraus ein unglückliches Bewußtsein, dem sein eigenes Sollizitieren unbegreiflich bleibt. Anstatt daß Bildung Entfremdung aufzuheben vermöchte, indem es glückende Aktions-Reflexions-Prozesse in Gang setzt, bleibt die Praxis auf kommunikatives Handeln und damit auf die Aneignung der zum Gegenstand der Reflexion gemachten Welt reduziert. Das entfremdete Dasein wird lediglich bewußt gemacht, was letztlich nichts anderes als die Verstärkung der Entfremdung selbst bedeutet.

Wenn nun die Ergebnisse der Diskussion der Bildungs- und Entfremdungsproblematik wieder in den ursprünglichen Kontext dieser Arbeit zurückgenommen werden, so läßt sich der bildungstheoretische Status von Sprach- bzw. Unterrichtsspielen näher erläutern. Denn in der Praxis eingelebter Sprachspiele, wo sich kein transzendierendes Bewußtsein manifestiert, hat jener Bildungsprozeß der vergegenständlichenden Aneignung eines Gegenstandes noch nicht begonnen. Dort, wo jedoch die Reflexion ansetzt und der Mensch seine Identität mit den Gegenständen, seinen Handlungen und sich selbst konstatiert, erfährt sich das reflektierende Subjekt gleichzeitig in allen drei Momenten als entfremdet. Dabei kann es jedoch nicht der Sinn einer Veranstaltung von Unterrichtsspielen sein, die Entfremdung aufzuheben, da die Bedingungen von Entfremdung dem Unterrichtsspiel nicht immanent sind, sondern auf den lebensweltlichen Kontext verweisen.

Pädagogik kann also durch Bildungsprozesse nicht selbst die Veränderung der Lebenswelt betreiben, noch sich selbst als gesellschaftliche Praxis konstituieren, wenn sie sich nicht selbst täuschen will. Ihr Stellenwert wäre es vielmehr, in kommunikativem Handeln Erfahrungswelten zu reflektieren, um damit dem Menschen seine Illusionen zu nehmen und ihn zur Erkenntnis der Wahrheit seiner eigenen Situation im Rahmen des gegenwärtigen gesellschaftlichen Entwicklungsstandes zu führen. Eine derartige einschränkende Definition der Bildungsarbeit ist im ersten Zusehen kaum ermutigend, da sie nicht eine Verheißung erfüllt, sondern zusätzliches Leiden schafft. Sie ist aber dann notwendig, wenn Bildung nicht selbst zu einer entpolitisierten Kategorie werden will, welche eine ideologische Funktion zur Rechtfertigung der bestehenden Zustände erfüllt. Und eine solche Definition schließt ebenfalls den Versuch aus, durch die Veranstaltung von Unterrichtsspielen eine „kulturelle Revolution" zu initiieren.

In der vorgeschlagenen Beschränkung liegt jedoch gleichzeitig die Chance des Bildungsprozesses. Denn durch das Bewußtsein der Entfremdung wird die Entfremdung auf die Spitze getrieben und treibt sich über sich hinaus. Da die Menschen auf dieser Stufe in einer Welt zuhause sind, die bereits nicht mehr ihr Zuhause ist, erhalten sie die Ausdauer, sich hartnäckig und langfristig für die Verwirklichung gesellschaftsverändernder Prozesse einzusetzen (121). Sie werden fähig, ihre Handlungen realistisch auf ihre Wirkungen zu beurteilen und ersparen sich dadurch jene Frustrationen, welche dem unbegründeten Optimismus entstammen und oft Resignation zur Folge haben.

Wenn hier im nächsten Kapitel eine Konkretisierung der bisher entwickelten Gedanken gegeben werden soll, so wäre dieser Hintergrund immer mitzubedenken: Bildung soll hier nicht dazu dienen, ein vordergründiges Glück des Menschen einzurichten, indem ein harmonischer Ausgleich zwischen widersprüchlichen Anforderungen wie Allgemein- und Spezialwissen, affektivem und kognitivem Lernen etc. gesucht wird. Vielmehr sucht der in dieser Arbeit vorausgesetzte Bildungsbegriff dem Menschen jene Instrumente in die Hand zu geben, welche es ihm möglich machen, die Realität zu durchschauen und gesellschaftliche Praxis langfristig zu initiieren.

---

121 H. Moser, Leistungsprinzip: Ökonomische Kategorie und soziale Norm, in: Die Deutsche Schule 1972, S. 211

4. Die Theorie des Unterrichtsspiels

In Anlehnung an das vorhergehende Kapitel soll nun versucht werden, die dort gewonnenen Einsichten in Sprach- und Handlungstheorie didaktisch auszuwerten und in Anlehnung, aber auch in kritischer Distanzierung von Wittgensteins Sprachspielen und den Ansätzen einer „kommunikativen Didaktik" eine handlungsorientierte „Theorie des Unterrichtsspiels" auszuarbeiten. Die Anknüpfung an Wittgenstein nimmt vor allem jenen Aspekt des Sprachspielbegriffes auf, der das Ganze der Sprache eng mit den damit verwobenen Tätigkeiten in Beziehung setzt; d.h. Unterricht wird in der Folge ebenfalls als Ensemble von Sprechen und Handeln, als „Unterrichtsspiel", betrachtet. Kommunikationstheoretisch sind in diesem Ensemble sowohl der Beziehungsaspekt - also die Beziehung zwischen den Gruppenmitgliedern - wie der Inhaltsaspekt der Kommunikation aufgehoben (1). Jedoch wird in diesem theoretischen Versuch „das Kommunikative" nicht zum Selbstzweck, sondern bleibt auf das Ganze des Unterrichtsspiels bezogen.

Mit der Charakterisierung des Unterrichts als Ensemble von Sprechen und Handeln ist gleichzeitig auch eine Abgrenzung gegen jenen Typus einer „Konstruktiven Didaktik" zu vollziehen, wie sie von G.G. Hiller (2) vorgeschlagen wird. Denn Didaktik ist dort vorwiegend sprachlich festgemacht und wird zur eigentlichen „didaktischen Rhetorik" (3), wo im Unterricht das Verhältnis verschiedener Sprachdimensionen der Gegenwartssprache im Sinne deutlich kontrastierender Sprachfelder herausgearbeitet wird: „Dies geschieht, um zu zeigen, wie dasselbe Stück Wirklichkeit

1 Vergl. K.-H. Schäfer, K. Schaller, Kritische Erziehungswissenschaft und kommunikative Didaktik, Heidelberg 1971, S. 135
2 G.G. Hiller, Konstruktive Didaktik, Düsseldorf 1973
3 G.G. Hiller a.a.O. S. 72 ff.

in den verschiedenen Sprachdimensionen erscheinen kann, welche Möglichkeiten des Handelns im Bezug auf diese Realität in diesem oder jenem Sprachfeld eröffnet werden, welche Möglichkeiten nicht im Bilde sind und was es bedeutet, Akzente *so* zu setzen, Gewichte *so* beizumessen" (4). Bei Hiller wird jedoch das Verhältnis zwischen Sprache und Lebenswelt verkürzt, indem sich der Unterricht mit einer Analyse der Leistung bestimmter Spezialsprachen begnügt und bei der Feststellung einer Pluralität von Sprachmodi stehen bleibt. Demgegenüber bleibt jenes gesellschaftliche Handlungsinteresse im Dunkeln, welches erst die Entscheidung für einen bestimmten Sprachgebrauch nahelegt. Genau dieser Zusammenhang zwischen Lebenswelt und darauf bezogener Sprache - die Realität verschleiern aber auch transparent machen kann - wird bei Hiller zugunsten sprachimmanenter Rhetorik verdrängt und bringt seinen Ansatz in fatale Nähe zu überkommenen Pluralismuskonzepten.

Allerdings könnten sich im spieltheoretischen Ansatz ähnliche Konsequenzen ergeben, sofern nicht die im letzten Kapitel vorgebrachte Kritik aufgenommen wird. So muß betont werden, daß Unterrichtsspiele nicht in Erfahrungswelten aufgehen dürfen, wenn nicht jegliche Transzendierung verunmöglicht werden soll. Vielmehr sind Unterrichtsspiele selbst Teil einer übergreifenden Lebenswelt, der sie angehören. Die Reflexion muß deshalb ein Unterrichtsspiel in seinem Zusammenhang mit dessen gesellschaftlichen Bedingungen analysieren, etwa Affirmation oder Emanzipation des Unterrichts untersuchen. Wenn jedoch die Analogie zu Wittgenstein im Begriff des „Unterrichtsspiels" beibehalten wird, obwohl die hermetische Abgeschlossenheit der Sprach- bzw. Unterrichtsspiele aufgegeben wird, so ist das damit zu begründen, daß hier Sprechen und Handeln gegenüber bisherigen curricularen Ansätzen in einem engen Zusammenhang erscheinen. Demgegenüber dispensieren die verhaltensorientierten Approaches meist den expliziten Zusammenhang von Sprechen und Handeln und hintergehen damit das Problem, wie reflexives Handeln möglich sei, zugunsten eines blinden Verhaltens, das eintrainiert wird (5).

---

4 G.G. Hiller a.a.O. S. 101 f.

5 Hier muß nochmals deutlich auf den Unterschied des hier entwickelten handlungstheoretischen Versuches zur Wittgensteinschen Philosophie

Im Rahmen von Unterrichtsspielen sollte es dagegen den „Spielern" ermöglicht werden, das Zusammenwirken von Sprechen und Handeln bewußt zu erleben, also Handlungszusammenhänge daraufhin zu prüfen, inwieweit sie durch symbolisch vermittelte Bindung beeinflußbar sind. Das bedeutet einerseits, daß den Spielern klar wird, daß sie durch bewußtes Handeln - durch das Ineinandergreifen von Sprechen und Handeln - Interessen durchsetzen und Handlungen gezielt steuern können. Andererseits werden dadurch auch die engen Grenzen von eigener Macht und eigenem Einfluß deutlich, indem bewußtes Handeln - abgesehen vom rein privaten Bereich - noch nicht ausreicht, um erfolgreiche gesellschaftliche Praxis zu initiieren. Bildungstheoretisch wäre dies genau im Sinne jenes Bewußtseins auszulegen, das sich seiner Entfremdung bewußt wird, ohne sie gleichzeitig schon aufheben zu können.

Allerdings könnte sich hier mit dem Begriff des „Spiels" ein Mißverständnis ergeben, das die Problematik von Sprechen und Handeln generell in ein falsches Licht stellte. Denn der Begriff „Spiel" könnte so aufgefaßt werden, daß er in Gegensatz zum Ernstfall geriete und damit im Sinne einer Schonraumpädagogik interpretiert würde. Mindestens ist die Kritik des Aufbaus einer Scheinwelt im Bereich der Rollentheorie ein Einwand, der gegenüber dem Rollen*spiel* erhoben wird: „Es wird also mit der Theatermetapher der Schein auf eine Weise als Ersatz für die Wirklichkeit genommen, daß die eigentliche Produktion des menschlichen Lebens uninteressant und irrelevant wird. Die wirklichen Verhältnisse der Menschen lösen sich scheinbar von ihnen ab, geraten aus dem Blickfeld"(6). Die Theoriebildung erhält damit den Charakter, das Leben der Menschen, ihre Bedürfnisse, Interessen und Leiden als Theatrum mundi auszulegen. Davon unterscheidet sich der Wittgensteinsche Spielbegriff radikal, indem hier die Struktur des Spiels als Paradigma regelgeleiteten Handelns überhaupt genommen wird. Das Spiel ist hier nicht etwas „Uneigentliches", sondern die Art und Weise, wie das Ensemble von

---

hingewiesen werden. Denn die Kritik des Eintrainierens von blindem Verhalten müßte wohl noch auf Wittgenstein selbst angewendet werden. Die Aufnahme des Spielbegriffes allein würde jenes reflektierte Sprechen noch nicht zu thematisieren vermögen.

6 F. Haug, Kritik der Rollentheorie und ihre Anwendung in der bürgerlichen deutschen Soziologie, Frankfurt 1972, S. 24

Sprechen und Handeln zusammenwirkt. Wenn etwa das Erlernen der Muttersprache von Wittgenstein als „Spiel" charakterisiert wird (7), so hat das nichts Zweitrangiges, Abgeleitetes an sich, sondern ist nichts anderes als die Art und Weise, wie man in eine Lebensform eingeübt wird. Und sogar wenn Spiele wie das Schachspiel oder das Fußballspiel von Wittgenstein als Beispiel genommen werden, dann nicht in jenem kritisierten Sinne. Sondern diese Spiele gelten dann selbst als Teil einer Lebensform, und nicht als dem „eigentlichen" Leben entgegengesetzt. Wenn im Spielbegriff eine Entgegensetzung impliziert ist, dann nicht die zwischen Ernst und Spiel, sondern die zwischen Natur und Sprache. In diesem Sinne schreibt K. Wuchterl: „Ein Naturereignis, in dem der Mensch anonymen Gewalten ausgeliefert ist, stellt einen gewissen Gegensatz zum Spielbegriff dar. In jedem Spiel handelt der *Mensch,* und dies nicht völlig willkürlich, sondern nach mehr oder weniger verbindlichen Regeln und Normen, die er sich als Gemeinschaftswesen selbst gesetzt hat"(8). Genau dieser Aspekt dürfte jedoch auch für die Untersuchung von Unterricht nicht unerheblich sein: Unterrichtsprozesse sind nicht allein sachlogisch oder lernpsychologisch begründbar; vielmehr spielen hier Regeln und Normen mit, welche nur im Rahmen von Sozialisationsprozessen zu erklären sind. D.h. eine Theorie des Unterrichtsspieles ist nur im Sinne einer sozialisationsorientierten Unterrichts- bzw. Curriculumforschung denkbar (9).

4.1 Die Struktur von Unterrichtsspielen

Zur Charakterisierung von Unterricht werden gegenwärtig verschiedenste Ansatzpunkte gewählt. So versucht Ryans (10) von der Charakteristik des Lehrers auszugehen, Smith und Meux (11) heben die logische Struktur des Un-

---

7 L. Wittgenstein a.a.O. S. 14 f.
8 K. Wuchterl, Struktur und Sprachspiel bei Wittgenstein, Frankfurt 1969, S. 123
9 Vergl. dazu das nächste Kapitel
10 D.G. Ryans, Characteristics of Teachers, Washington 1960
11 B.O. Smith, M.O. Meux, A Study of the Logic of Teaching, Urbana 1970

terrichts heraus und Flanders (12) betrachtet den Interaktionsprozeß zwischen Lehrer und Schüler etc.. Wenn in dieser Arbeit der Begriff des Unterrichtsspiels aufgenommen wird, so ist das ebenfalls keineswegs neu, da bereits Bellack (13) an die Wittgensteinsche Spätphilosophie angeknüpft hat und den Unterricht als Sprachspiel auffaßt.

Allerdings geht hier die zu entwickelnde Theorie über das bloße analytische Interesse, verbales Handeln in der Schule zu beschreiben, hinaus, indem Unterrichtsspiele in ihrer Verknüpfung mit der vorausgesetzten Lebenswelt betrachtet werden. Gleichzeitig ist auch der Ausgangspunkt ein anderer, indem es nicht um eine Fragestellung im herkömmlichen unterrichtstheoretischen Bezugsrahmen geht, wo vor allem Klassifikationsmodelle für Unterrichtsprozesse gesucht werden. Vielmehr bezieht sich die Theorie des Unterrichtsspiels eher auf die Curriculumproblematik und insbesonders die Lernzieldiskussion. Denn die Behandlung der Lernzielproblematik in dieser Arbeit dürfte gezeigt haben, wie sehr behavioristische Lernziele durch ihren engen Verhaltensbegriff Handeln im voraus normieren und damit einen sehr rigiden Rahmen für Unterrichtsprozesse abgeben (14). Demgegenüber möchte ich hier nicht von behavioristischen (geschlossenen) Lernzielen ausgehen, sondern von offenen „Lernzielen"(15). Diese sind eher als Unterrichtsintentionen denn als Ziele im eigentlichen Sinne zu charakterisieren und geben für Unterrichtsprozesse Inhalt-Handlungs-Einheiten an. D.h. Unterrichtsintentionen bestehen darin, daß bestimmten Unterrichtsgegenständen eine Aktionsform zugeordnet wird. Beispiele dafür sind:

---

12 N.A. Flanders, Teacher Influence, Pupil Attitudes and Achievement, Ann Arbor 1962

13 A.A. Bellack e.a., The Language of the Classroom, New York 1966

14 In einem ähnlichen Sinne meint D.F. Walker zum Begriff des „Verhaltens": „These structured patterns of behavior are more often than not creations or inventions adapted to human purposes and to environmental circumstances. They are, in Herbert Simon's phrase, ‚artificial', not natural. Some terms commonly used to mark out such artificial behavioral structures are ‚performances', ‚practices', ‚policies', ‚courses of action', and misleadingly, ‚behaviors'". (D.F. Walker, What Curriculum Research?, in: Journal of Curriculum Studies 1973, S. 65; Walker verweist auf H. Simon, The Sciences of the Artificial, Cambridge 1969).

15 Vergl. H. Moser, Offene Curricula: Vorüberlegungen zu einer Theorie des Unterrichtsspiels, in: Zeitschrift für Pädagogik 1973, S. 417 ff.

Den vorliegenden Text *diskutieren*
Die Hulliger-Schrift *üben*
Über den Trojanischen Krieg *diskutieren*
Ein Fußballspiel *spielen* (16)

Unterrichtsintentionen sind im Gegensatz zu geschlossenen Lernzielen prozeßorientiert; sie sollen Entscheidungen während des Unterrichtsprozesses ermöglichen und einen Spielraum für verschiedene Lösungen eines Problems offenlassen, nehmen also nicht bereits ein angestrebtes Endverhalten vorweg, sondern strukturieren den Unterrichtsverlauf. Dadurch wird es möglich, daß die am Unterricht Beteiligten zur Reflexion auf den Lernprozeß herausgefordert werden und diese Reflexion in den Unterricht einbringen.

4.1.1 Handlungen

Die handlungstheoretische Orientierung dieses Ansatzes zeigt sich besonders deutlich, wenn man die Bellacksche Unterrichtsanalyse damit vergleicht. Denn Bellack betrachtet das verbale Verhalten (classroom discourse)(17) als Sprachspiel und versucht, die verbalen Spielzüge, denen Lehrer und Schüler folgen, zu identifizieren (18). Demgegenüber beschränkt sich die Analyse von Unterrichtsspielen nicht auf verbales Handeln, sondern geht von verbalen *und* nicht-verbalen (realen) Handlungen aus. Es gehören also dazu kommunikative Handlungen wie diskutieren, sprechen über, erklären, antworten, definieren etc., aber auch Realhandlungen wie singen, bauen, betrachten etc. und Handlungen wie üben, wo in der Aktionsform allein noch nicht entschieden ist, ob die Handlung vor allem auf der verbalen Ebene abläuft.

---

16 Die kursiven (unterstrichenen) Passagen bezeichnen die Aktionsform, die nichtunterstrichenen den Lerninhalt.

17 Die Übersetzung mit „verbalem Verhalten" ist vor allem dadurch zu begründen, daß der Begriff „Diskurs" von Habermas mit einem semantischen Gehalt belegt worden ist, der mit einer wörtlichen Übersetzung von „classroom discourse" nicht übereinstimmt. (Vergl. J. Habermas, Vorbereitende Bemerkungen zu einer Theorie der kommunikativen Kompetenz, in: J. Habermas, N. Luhmann, Theorie der Gesellschaft oder Sozialtechnologie, Frankfurt 1971, S. 101 ff.)

18 Vergl. A.A. Bellack e.a., a.a.O. S. 2 ff.

Für die Planung von Unterrichtsspielen bedeutet das jedoch nicht, daß jede einzelne Handlung des Unterrichts auf diese Weise separiert werden kann. Denn eine verbale Handlung wie „diskutieren" kann selbst mit Realhandlungen verknüpft sein, indem beispielsweise ein Schüler erregt auf die Tischplatte klopft oder der Lehrer beim Vortrag unablässig das Schulzimmer auf und ab schreitet. Umgekehrt kann auch eine Realhandlung wie „schnitzen" mit verbalen Handlungen verbunden sein. Ganz generell dürfte es kaum möglich sein, alle möglichen Aktivitäten in die explizite Unterrichtsplanung aufzunehmen (19). Vielmehr muß man sich wohl auf die „zentralen" Handlungen beschränken, d.h. auf jene Handlungen, die unter pädagogischem Gesichtspunkt für ein Gelingen des Unterrichtsprozesses konstitutiv sind. Es sind also jene Handlungen, die intentional auf den Unterricht bezogen sind, während gleichzeitig ablaufende Nebenaktivitäten in der Planung nicht berücksichtigt werden. Zu diesen Nebenaktivitäten gehören sowohl funktionale Handlungen, die also den Unterrichtsprozeß selbst unterstützen wie Handlungen, die eher als Störfaktor interpretiert werden müßten oder irrelevant sind.

Die Aufgabe der Unterrichtsplanung ist es jedoch nicht, eine einzelne Handlung isoliert festzulegen, sondern es muß versucht werden, einen Handlungszusammenhang herzustellen. Ein theoretisches Instrumentarium dazu gibt J. Frese, der die Sprechhandlungen näher untersucht hat: „Fixiert man inmitten des Gesprochenen (im Monolog oder im Gespräch) eine Textstelle, so läßt sich diese beschreiben als Ensemble der Möglichkeiten, das Gesprochene so oder so fortzusetzen im Hinblick auf das Insgesamt des durch die vergangenen Sätze, soweit man sich erinnert, Gesagten. Die Verweisungen, die jedes Stück Text so nach „vorn" und „hinten" hat, heißen insgesamt der Kontext der Stelle"(20).

In Übertragung auf die handlungstheoretische Fundierung des Unterrichts, wären einzelne Unterrichtsintentionen analog zur von Frese genannten Textstelle zu interpretieren. Jede einzelne Unterrichtsintention steht danach in einem Kontext, dem Verweisungszusammenhang nach

19 Was jedoch nicht heißt, daß auch auf deren Reflexion verzichtet werden darf.

20 J. Frese, Sprechen als Metapher für Handeln, in: H.-G. Gadamer (Hrsg.), Das Problem der Sprache, München 1967, S. 49

vorn und hinten. Unterrichtsintentionen schließen also an vorhergehende Handlungen an und sind auf folgende Handlungen hin offen.

Die Struktur dieser Handlungszusammenhänge muß damit im Rahmen bestimmter Handlungsvoraussetzungen betrachtet werden. Erstens ist jede Handlung in nicht-zufälliger Weise auf vorausgehende Handlungen bezogen: Die Handlungsabfolge ist prinzipiell interpretierbar. Zweitens sind die Handlungen an sozialen Situationen und Normen festgemacht, in welchen die Handelnden selbst stehen. Handlungen stehen damit im Zusammenhang mit bestimmten Konventionen, dem „gemeinsamen Wissen", in welchem die Verhaltensregularitäten, die sich als zweckmäßig und in der jeweiligen Praxis effektiv erwiesen haben, notiert sind. Es bildet sich sozusagen ein „individueller Handlungsraum", ein Bereich von Fraglosigkeiten, auf die sich das Individuum in seinen Interaktionen beziehen kann: „Genau solche Fraglosigkeiten herzustellen ist die Funktion der Erwartungsbildung. Das, worüber Erwartungen bestehen, kann stillschweigend in Anspruch genommen werden. Diese Fraglosmachung ist aber in den meisten Fällen gerade nicht bloßer individueller Willkür oder Abmachung überlassen, sondern in den Bereich gesellschaftlicher Übereinstimmungen, die im gemeinsamen Wissen für die gesellschaftlichen Interaktanten (als die Partizipanten an diesem gemeinsamen Wissen) niedergelegt ist, *ausgelagert*" (21). Dieser Bereich gesellschaftlicher Übereinstimmungen beeinflußt die Handlungsmöglichkeiten der Handelnden, indem er Konventionalität schafft und die Wahrscheinlichkeit für bestimmte Handlungszüge erhöht und andere - die nicht notiert sind - ausschließt. Dabei gehören zum sozialen Kontext von Handlungen gerade auch jene Handlungsmuster, die im Rahmen des Sozialisationsprozesses - z.T. in der frühen Kindheit - erworben wurden und gegenüber Veränderungen sehr resistent sind. D.h. der soziale Kontext ist nur noch beschränkt veränderbar - vor allem, wenn Variablen wie die soziale Schichtzugehörigkeit und daraus resultierende Verhaltensmuster betrachtet werden. Dabei können solche Handlungssysteme, welche Handlungen fraglos

---

21 K. Ehlich, J. Rehbein, Erwarten, in: D. Wunderlich (Hrsg.), Linguistische Pragmatik, Schwerpunkte Linguistik und Kommunikationswissenschaft 12, 1972, S. 108 f.

machen, durchaus eine ideologische Funktion bekommen, indem dadurch auch die Durchsetzung partikulärer Interessen fraglos wird (22). Auf diese Weise wird dort gegenseitiges Einverständnis und Interessenidentität vorgespiegelt, wo in Wirklichkeit einseitige Herrschaftsverhältnisse und Abhängigkeiten bestehen und die Möglichkeit, Interessen durchzusetzen, gesellschaftlich ungleich verteilt ist.

Neben dem kontextualen Zusammenhang von Handlungen scheint es notwendig, auf eine weitere Differenzierung hinzuweisen, welche aus dem Charakter von Interaktionszusammenhängen hervorgeht, nämlich sowohl den Handelnden zu betreffen wie diejenigen, welche mit ihm in Interaktion stehen. Es ergibt sich damit der Unterschied zwischen dem Subjektiv-Intendierten, also dem, was der Handelnde subjektiv mit seiner Handlung bezweckt und dem „objektiven" Sinn, den Erwartungen und Ansprüchen, welche die Handlungspartner der Handlung beimessen (23). Das Glücken einer Handlung hängt nicht zuletzt davon ab, wie weit sich Intention und Sinn einer Handlung decken.

Allerdings kann es nicht das Ziel von Unterrichtsspielen sein, glückende Handlungszusammenhänge bedingungslos anzustreben. Denn wir sprechen auch dann von einer „glükkenden" Handlung, wenn das Verhältnis von Intention und Handlung im Sinne von gesellschaftlichen Übereinkünften - dem eben diskutierten Problem des Handlungsraumes - fraglos bleiben. So wird im behavioristischen Modell über deren Zusammenhang nicht verhandelt, sondern die Intention des Lehrers - abstraktifiziert im Lernziel - bindet die Handlungszusammenhänge autoritär aneinander. Der Kontext wird auf ein Reiz-Reaktions-Modell verengt, das oft nicht einmal mehr prinzipiell eine Problematisierung zuläßt. Eine solche Form von Handlungszusammenhängen kann höchstens dort, wo Lernen einem „Abrichten" im Wittgensteinschen Sinne gleicht, sinnvoll sein; sie geht jedoch an der spezifischen Funktion der symbolischen Bindung von Handlungszusammenhängen in der Sprache vorbei: nämlich es zu ermöglichen, den Zusammenhang von Intention und Erwartungen bzw. Ansprüchen der Handelnden zur Diskussion zu stellen. Erst dadurch können jene gesellschaftlichen Konventionen auf ihre ideologischen Gehalte - Verschleierung

---

22 K. Ehlich, J. Rehbein a.a.O. S. 112 f.
23 Vergl. J. Frese a.a.O. S. 49

von struktureller Ungleichheit, harmonisierender Ausgleich widersprüchlicher Interessen, eingebaute Autoritätsverhältnisse, Unterdrückung von Bedürfnissen - hin thematisiert und kritisiert werden. Nur wo die Fraglosigkeit des den dann prinzipiell diskutierbar und müssen dort, wo Widersprüche auftreten, in den Prozeß rationaler Legitimierung einbezogen werden. Nur wo die Fraglosigkeit des Handlungskontextes durchbrochen wird, ist es möglich, blindes Verhalten in Abhängigkeit von der jeweiligen Situation in eigentliches Handeln überzuführen. Gegenüber der behavioristisch orientierten Curriculumforschung muß deshalb daran festgehalten werden, daß die Handlungen von Unterrichtsspielen prinzipiell „offen", d.h. für die Beteiligten interpretierbar sein sollten. Die Handelnden haben dann fortlaufend über die Unterrichtssituationen zu verhandeln, so daß es mit dem Unterrichtsbeginn noch keineswegs sicher ist, ob der vorgeplante Unterrichtsverlauf nicht während des Unterrichts verändert wird. Wenn in der Planung eine Unterrichtsintention x durch eine Intention y fortgesetzt wird, so können die „Spieler" den Handlungszusammenhang ohne weiteres uminterpretieren, indem y durch eine neue Intention b ersetzt wird.

So wäre es beispielsweise denkbar, daß in einer Geographielektion die Lebensverhältnisse in Sizilien aufgearbeitet werden sollten. Von den Interessen der Schüler zeigt es sich jedoch, daß sie sofort versuchen, einen Zusammenhang zum Gastarbeiterproblem im eigenen Land herzustellen. Der Lehrer und die Schüler beschließen darauf, diesen Aspekt in den Unterricht einzubauen und es wird geplant, einige sizilianische Gastarbeiter darüber zu befragen, weshalb sie Italien verlassen haben. In den Termini der dargestellten Handlungstheorie heißt das, daß das Unterrichtsspiel umdefiniert wird und im Spiel selbst neue Unterrichtsintentionen erscheinen.

Dieser Prozeß von Definition und Redefinition von Unterrichtsspielen ist jedoch nicht als konflikfreies Handlungsfeld zu denken, wo sich automatisch ein rationaler Konsens ergibt. Dies wäre nur dort der Fall, wo der Lehrer autoritär den Handlungshorizont bestimmt und die Schüler darauf abrichtet, daß sie ihr reziprokes Handeln auf das pure Erfassen der Lehrerperspektive reduzieren, um zu

---

24 G.G. Hiller a.a.O. S. 54

„reagieren"(24). Wenn dieses Abrichten, wie es gerade im konventionellen Unterricht paradigmatisch praktiziert wird, entfällt, dann ist gleichzeitig auch das Sicherheitsventil zur Vermeidung latenter Konflikte durchbrochen. In diesem Sinne meint Hiller: „Soziale Interaktion, das sei schon jetzt angedeutet, meint allein sinnhaft ineinander gefügtes Handeln, keinesfalls aber Harmonie und Konfliktlosigkeit: Das Mißverständnis, der Konflikt, aber auch die Kon- und Assoziation sind legitime soziale Konsequenzen aus der grundsätzlichen Vieldeutigkeit jeder einzelnen menschlichen Handlung"(25). Eine handlungstheoretische Konzeption der Curriculumforschung kann an dieser Voraussetzung nicht vorbeigehen, sie muß sich jedoch über die möglichen Konsequenzen solcher Konflikte für unterrichtliches Handeln Rechenschaft geben. Im Rahmen dieser Arbeit sollen die damit verbundenen Probleme und Schwierigkeiten im nächsten Kapitel eingehender diskutiert werden.

4.1.2 Inhalte

Die „Offenheit" der Curricula ist nicht allein durch einen dementsprechenden Handlungsbegriff zu thematisieren, sondern auch unter dem anderen Aspekt der Unterrichtsintentionen: den Inahlten. In diesem Zusammenhang scheint es wichtig, eine Unterscheidung aufzunehmen, welche E.W. Eisner (26) getroffen hat. Er unterscheidet nämlich drei Arten von „Lernzielen": behavioristisch formulierte Ziele, expressive Ziele und Ziele „vom dritten Typus". In diesem Zusammenhang interessieren nun vor allem seine sogenannten Ziele vom dritten Typus, die eine Problemsituation relativ eng umgrenzt beschreiben, jedoch von diesem Problem aus eine unbegrenzte Anzahl möglicher Lösungen zulassen: „Bei diesen Zielen vom dritten Typus - ich habe im Augenblick keinen besseren Namen dafür - muß der Designer, der Architekt oder der Ingenieur seine ganze Imagination einbringen, um ein eng umschriebenes Problem anzugehen, das eine große Vielfalt von Lösungen ermöglicht" (27). Solche Ziele können aber auch auf die Schule über-

---

25 G.G. Hiller a.a.O. S. 50

26 E.W. Eisner, Emerging Models for Educational Evaluation, in: School Review 1972, S. 573 ff.

27 E.W. Eisner, Emerging a.a.O. S. 581

tragen werden. So könnte nach Eisner ein Curriculummacher, der den Kindern das Verkehrsproblem nahebringen wollte, ein Ziel vom dritten Typus formulieren, welches sie vor das Problem stellt, den Verkehrsfluß zu verbessern, indem die gegenwärtigen Verkehrsverhältnisse im Umkreis des Schulhauses modifiziert werden sollen. Eisner beschreibt in der Folge die Art des Unterrichts, welche dadurch ermöglicht wird: „Ein Lehrer, welcher ein derartiges Ziel benutzt, würde Schülergruppen einsetzen, um das Problem zu studieren und mögliche Lösungen zu formulieren. Jede Gruppe würde ihre Lösung der gesamten Klasse präsentieren und sie mit der Klasse begutachten"(28).

Der Vorschlag von Eisner scheint mir jedoch in gewisser Weise mißverständlich, indem er eine neue Kategorie von Lernzielen einführt, welche Problembeschreibungen und gar nicht mehr eigentliche Lernziele darstellen. Grundsätzlich fällt sein Vorschlag eher unter die inhaltsbezogenen curricularen als unter die lernzielorientierten Aktivitäten.

Immerhin erscheint sein problemorientierter Ansatz auch für die Theorie des Unterrichtsspiels wichtig, insofern er es erlaubt, von den Lebenssituationen der Schüler - ihrer Erfahrungswelt - auszugehen, daraus Probleme zu formulieren und diese zum Gegenstand unterrichtlichen Handelns zu machen. Dieser Prozeß der Problemformulierung, durch welchen das inhaltliche Substrat des Unterrichts bereitgestellt wird, läßt sich auf den im zweiten Kapitel dargestellten Bezugsrahmen des heuristischen Strukturgitters beziehen, indem man davon ausgeht, daß der Problemfindungsprozeß an den primären Erfahrungen der Erfahrungswelt, an den Lebenssituationen der Schüler ansetzt. D.h. in einer ersten Phase bringen die Schüler ihre Bedürfnisse, Erfahrungen und Interessen ein, indem sie dementsprechende Vorschläge für die Unterrichtsthematik machen. Wenn die Schüler jedoch nicht imstande sind, solche Bedürfnisse, Interessen und Erfahrungen zu verbalisieren, kann auch der Lehrer im Sinne einer Problematisierung seiner Schüler geeignete Vorschläge zur Diskussion stellen bzw. bestimmte Handlungsfelder vorgeben, an denen sich konkrete Interessen erst entwickeln. Nur tritt in diesem letzteren Fall die negative Funktion des Strukturgitters

28 E.W. Eisner, Emerging a.a.O. S. 582

in Kraft, nämlich alle jene Vorschläge zu eliminieren, welche nicht auf die Erfahrungswelt des Schülers - mindestens mittelbar - zu beziehen sind. Und ähnliches gilt für einzelne Schülervorschläge, welche von der Mehrheit der Klasse aus demselben Grunde nicht nachvollziehbar sind. Mit dieser Problemfindungsphase ist jedoch der Prozeß der Problemformulierung nicht abgeschlossen, gilt es doch, die vorgeschlagenen Probleme sozusagen auf den Begriff zu bringen. D.h. die Sammlung möglicher Probleme muß in einem zweiten Schritt auf ausformulierte Probleme reduziert werden, welche konkret zum Gegenstand des Unterrichts gemacht werden. Dabei ergeben sich zwei Aspekte, welche berücksichtigt werden müssen:

- Subjektive Relevanz der Probleme
- Klärung der Problembereiche

Subjektive Relevanz der Probleme. Es geht hier darum, daß die Schüler bzw. der Lehrer ihre Problemvorschläge begründen und damit jene Interessen, Bedürfnisse und Erfahrungen offenlegen, welche sie zu ihren Vorschlägen veranlaßt haben. Und gleichzeitig sollte die gesellschaftliche Relevanz, wie sie subjektiv gesehen wird, zur Diskussion gestellt werden, um so etwas wie eine Zukunftsperspektive in die Diskussion einzubringen. Aus der Diskussion der subjektiven Relevanz der vorgeschlagenen Probleme sollte ein erster Konsens über die Inhalte des Unterrichtsspiels resultieren.

Klärung des Problembereichs. Die einzelnen Problemstellungen, wie sie konsensual im Rahmen der Diskussion über die Relevanz festgelegt wurden, dürften noch ziemlich allgemein gefaßt sein. Es muß deshalb versucht werden, die Struktur des Problembereichs in der Diskussion zu präzisieren und Teilbereiche der Problemstellung zu identifizieren. Da eine solche Problemklärung unsystematisch erfolgt und immer noch durch subjektive Interessen begründet ist, scheint es wichtig, in einem weiteren Schritt die Problemstruktur zu objektivieren, indem die Probleme auf die ihr zugrundeliegenden gesellschaftlich-ökonomischen Strukturen der Lebenswelt bezogen werden (29). Auf dem

---

29 Um diese inhaltliche Analyse zu systematisieren, könnte evtl. auf eine Art von „didaktischem Strukturgitter" zurückgegriffen werden,

Hintergrund dieser Analyse kann dann die Problemklärung vervollständigt werden, indem fehlende Inhalte hinzugefügt oder andere weggelassen werden. Diese zweite Aufgabe dürfte personell weniger von den Schülern selbst geleistet werden - die geforderte Analyse setzt mindestens zum Teil jenen Lernprozeß voraus, der durch das Unterrichtsspiel erst eingeleitet werden soll -, sondern vom Lehrer oder/ und von zugezogenen Experten (Wissenschaftlern, Didaktikern). Gleichzeitig sollte auch eine Beurteilung daraufhin erfolgen, ob die Problemformulierung auf dem Hintergrund entwicklungspsychologischer Erkenntnisse zu anspruchsvoll ist, und die Schüler durch die Aufgabenstellung überfordert werden. In den Termini des heuristischen Strukturgitters wird im Rahmen dieses zweiten Schrittes damit festgestellt, inwiefern es nötig ist, den Problemlösungsprozeß - eventuell schon ein gründliches Verständnis des Problems - durch curricular zu vermittelnde Erfahrungen zu unterstützen.

Das hier dargestellte Verfahren zur Problemformulierung nimmt in groben Zügen jene „Hauptkomponenten der Problemsituation" auf, die Matjuschkin formuliert hat:

„1. eine zunächst unbekannte, in der Problemsituation aufzudeckende und anzueignende Beziehung oder Handlungsverfahren oder -bedingung;
2. eine Handlung, deren Ausführung zur Lösung der gestellten Aufgabe notwendig ist und das Bedürfnis nach einer neuen Kenntnis oder einem neuen Handlungsverfahren hervorruft;
3. die Möglichkeiten des Schülers hinsichtlich der Analyse der Aufgabenbedingungen und hinsichtlich der Aneignung (Erschließung) der neuen Kenntnis. Weder eine zu schwierige, noch eine zu leichte Aufgabe ruft eine Problemsituation hervor"(30).

Alle diese drei Komponenten werden in der vorgeschlagenen Strategie berücksichtigt, wobei jedoch versucht wurde, schon hier eine möglichst breite Partizipation des Schülers zu integrieren. D. h. es soll einerseits versucht werden, mit der Kooperation von Schülern und Lehrern ernst zu machen, indem die Schüler im Rahmen der Problemformulierungsaktivitäten sehr stark beteiligt wer-

---

wie es von der Gruppe um Blankertz vorgeschlagen wird (vergl. H. Blankertz, Curriculumforschung - Strategien, Strukturierung, Konstruktion, Essen 1971)

30 A.M. Matjuschkin, Klassifikation von Problemsituationen, in: Voprosy psychologii 1970, S. 41 (zit. nach: J. Lompscher, Einige Aspekte der Lerntätigkeit von Schülern, in: Pädagogik, 1. Beiheft 1973, S. 13

den und damit ein eigentliches Mitbestimmungsrecht erhalten. Denn die Hauptbedingung dafür, daß überhaupt eine Problemsituation entstehen kann, besteht darin, daß das Subjekt ein Bedürfnis empfindet, die unbekannte Beziehung, die Eigenschaft oder das Handlungsverfahren zu erschließen (31). Andererseits wird jedoch davon ausgegangen, daß das Verhältnis zwischen Schülern und Lehrern prinzipiell nicht nivellierbar ist, weil die Schüler als Lernende nicht bereits wissen, was sie erst lernen müssen. In diesem Sinne bekommt die Problemformulierungsphase zwei mögliche Funktionen. Erstens kann sie dazu dienen, die subjektiven Erfahrungen, welche zum Gegenstand des Unterrichts gemacht werden sollen, aus ihrer Diffusität herauszuheben und mit Hilfe des Lehrers auf den Begriff zu bringen. Und zweitens kann es notwendig werden, die Schüler für ein bestimmtes Problem erst einmal zu problematisieren - durch Fragen, Feststellungen, sprachliche Beschreibung eines Sachverhalts, speziell formulierte Aufgaben etc. Gerade hier scheinen wesentliche Funktionen des Lehrers zu liegen, welche nicht aus falsch verstandenem Antiautoritarismus aufgehoben werden sollten.

Erst wenn die Probleme formuliert sind, wird es möglich, Unterrichtsabläufe zu planen, d.h. Inhalts-Handlungs-Einheiten anzugeben und diese miteinander zu verknüpfen. Damit aber ergibt sich die Frage, wie solche Unterrichtsabläufe zusammenhängen, ob die Abfolge von Inhalts-Handlungs-Einheiten bestimmten Regeln folgt und welches gegebenenfalls deren Status ist. Und vom Gesichtspunkt der Unterrichtsplanung aus muß zusätzlich untersucht werden, welches der Stellenwert der Planung ist, bzw. wie solche Regeln in die Planung einbezogen werden können.

4.2 Die Regeln des Unterrichtsspiels

Die Reflexion über Unterricht ging immer davon aus, daß Unterrichtsprozesse ein regelhaftes Geschehen darstellen. Das zeigt sich sowohl in den sogenannten didaktischen Hinweisen unterrichtspraktischer Handbücher wie in wissen-

---

31 J. Lompscher a.a.O. S. 13

schaftlich fundierten Versuchen zur Unterrichtsplanung und -analyse. So finden sich in unterrichtspraktischen Handbüchern überall Regeln, wie der Unterricht optimal zu gestalten sei. Um das Gemeinte zu verdeutlichen, sind anschließend einige Passagen wiedergegeben, welche derartige Regeln angeben - wobei durchaus keine systematische Auseinandersetzung intendiert ist.

Beginn bzw. Schluß des Unterrichts:
„Ist Schule lediglich ‚Unterrichtsbetrieb', so mag es genügen, wenn der Lehrer nach dem Glockenzeichen den Schulraum betritt, die Klasse stramm sich erhebt, und wenn der Schulschluß durch die stürmisch das Schulhaus verlassenden, gleichsam explodierenden Klassen markiert wird.

Der Schulbeginn soll jeweils so ablaufen, daß der Übergang von Haus, Straße und Spielplatz zu Schule und Arbeit natürlich und im Geiste guter Verbundenheit aller erfolgt. Der Lehrer ist so früh anwesend wie die ersten Kinder, und es entspricht guter Lebensart, wenn der Lehrer und das ankommende Kind einander mit Handschlag begrüßen. Beschäftigung mit Schuldingen, teilweise in Sympathie- und Nachbarschaftsgruppen, leitet zum Unterricht über.

Sinngemäß verläuft auch der Abschluß des Unterrichtstages. Ein persönlicher Gruß entläßt die einzelnen Kinder. Aufräum- und Nacharbeiten lassen die Unterrichtsarbeit ausklingen"(32).

Einzelarbeit:
„Der Lehrer kann die Aufgaben nicht selbst stellen, sondern muß gedruckte oder geschriebene Aufträge verwenden, die - um den Übergang vom unselbständigen zum selbständigen Arbeiten zu sichern - nicht nur die Aufgaben sondern auch mehr oder weniger ausführliche Arbeitsanweisungen enthalten. Je unselbständiger das Kind der Aufgabe gegenüberstehen wird, umso genauer müssen die Anweisungen sein, je selbständiger, umso weniger Hinweise sind notwendig"(33).

Unterrichtsgespräch:
„Anweisungen für unser Unterrichtsgespräch:
1. Unaufgefordert reden (Nicht aufstrecken!)
2. Den Sprecher ansehen, nicht den Lehrer!
3. Einander fragen, wenn man etwas nicht weiß!
4. Den Lehrer nur fragen, wenn es kein Kamerad weiß!
5. Scharf aufeinander hören!
6. Bei jeder Behauptung eines Mitschülers fragen: Warum? Wieso?
7. Jede Antwort prüfen:
a) ist sie *richtig* - Was kommt dann weiter?
b) ist sie *falsch?* - Ich berichtige sie unaufgefordert (auch grobe Sprachfehler).
c) ist sie nur *halb richtig?* - ich gebe die *ganze* richtige Antwort" etc. (34)

---

32 F. Kopp, Didaktik in Leitgedanken, Donauwörth 1965, S. 242 f.
33 K. Odenbach, Studien zur Didaktik der Gegenwart, Braunschweig 1961, S. 94
34 K. Leuthold, Lebendiger Unterricht, Zürich 1967, S. 67

Unterrichtsimpuls:
„a) Provozierender Impuls: Die Nordsee wird bald leer sein, wenn da so viele Flüsse herausfließen!
Oder: Hier kommt der Rhein an das Schiefergebirge, da muß aber er schön bergauf fließen!
b) Gegenüberstellung: Da schwimmt ein Hund, und neben dem Hund schwimmt ein Karpfen.
c) Situationsdarstellung: Die Meise hat Körperfedern, Flügelfedern und Schwanzfedern. Vergleicht und denkt nach!
d) Unmittelbare Zwiesprache mit dem Gegenstand"(35).

Für solche Erfahrungsregeln scheint es charakteristisch, daß sie im allgemeinen zu Methodenfragen expliziert wurden und dort Sozialformen wie Gruppengespräch, Einzelarbeit, Gesamtunterricht etc. erläutern. Es sind Versuche, Züge des sozialen Verhaltens zu systematisieren und im Sinne einer „Lehre" als Anleitung für den Unterricht fruchtbar zu machen. Dabei wird jedoch von den Autoren verkannt, daß solche Regeln nicht ein naturwüchsiges Phänomen „Unterricht" auszeichnen und damit „guten" von „schlechtem" Unterricht unmittelbar unterscheiden. Vielmehr sind diese Regeln des Unterrichts an bestimmten sozialen Normen orientiert, welche unreflektiert zur Richtschnur des Unterrichts werden. Das wird bei den angeführten Beispielen dort besonders deutlich, wo Kopp den Beginn des Unterrichts im Sinne „guter Lebensart" charakterisiert. Und gleichzeitig fällt bei den meisten dieser Handbücher auf, wie sehr sie lehrerzentriert ausgerichtet sind.

Neben solchen Erfahrungsregeln hat sich die Pädagogik frühzeitig bemüht, Unterrichtsregeln zu formulieren, die an Theorien i.w.S. ausgerichtet waren und damit auch eher eine unter der Oberfläche liegende Struktur zu entdecken versuchten. Zu diesen „vorwissenschaftlichen" Ansätzen zählen insbesondere die Artikulationsschemata des Unterrichts, angefangen von den Konzeptionen Herbarts und seiner Nachfolger bis zu dem bereits wissenschaftliche Theorien synthetisierenden Versuch H. Roths (36). Charakteristisch für diese Ansätze ist vor allem ein Inte-

---

35 F. Gärtner, Planung und Gestaltung des Unterrichts, München 1964, S. 218

36 H. Roth, Psychologie des Lernens und Unterrichtens, in: H. Roth, Erziehungswissenschaft, Erziehungsfeld und Lehrerbildung, Hannover 1967, S. 162 ff., H. Roth, Pädagogische Psychologie des Lernens und Lehrens, Hannover 1957

resse am Lernprozeß selbst und der Gedanke, daß sich erfolgreiches Lernen an seinen natürlichen Verlauf anzulehnen habe. Dabei betont allerdings Roth, daß sein Stufenmodell des Lernprozesses nicht mechanisch verstanden werden dürfe: „Wir glauben oft, die Lösung zu haben, aber dann beginnen erst wieder die Schwierigkeiten, und der Lernprozeß beginnt von vorn. Die obige Abfolge der Lernschritte (sein Stufenmodell, d. Verf.) ist wie eine ideale Kurve aufzufassen, um die sich die wirklichen Lernakte in nach allen Seiten unruhigen Abweichungen legen" (37).

Dennoch wird hier Lernen letzlich zum Ablauf eines naturwüchsig vorgegebenen Prozesses, der nur dann optimale „Bildungswirkungen" verspricht, wenn der didaktische Prozeß sich ihm angleicht. So soll es das Rothsche Stufenmodell ermöglichen, den Lernprozeß voll auszuschöpfen und damit die Garantie zu gewinnen, „daß aus Einsicht auch wirklich Voraussicht wird, daß die Veränderung, um die es ging, dauerhaft und plastisch zugleich ist"(38). Allerdings kann die Anwendung des Stufenmodells die Gefahr mit sich bringen, daß ein lernpsychologisch motiviertes „Ausschöpfen" des Lernprozesses mit einer sachlichen Ausschöpfung des Lerngegenstandes verwechselt wird. Einsicht im psychologischen Sinne (39) ist aber noch nicht identisch mit der Einsicht in das Wesen des Gegenstandes selbst.

Lernpsychologische Unterrichtsgestaltung kann damit selbst ideologisch werden, indem noch dort von Einsicht gesprochen wird, wo in Wirklichkeit höchst uneinsichtig an den gesellschaftlichen Konstitutionsbedingungen von Lerngegenständen vorbeigegangen wird.

Gegenüber den Erfahrungsregeln sind solche „vorwissenschaftlichen" Regelsysteme besser reflektiert und meist systematisch durchgeführt. Allerdings sind solche Versuche noch nicht als eigentliche Theoriebildungen im erfahrungswissenschaftlichen Sinne zu verstehen; „Theorie" bedeutet hier vorrangig die Ausrichtung an einem einheitlichen Bezugsrahmen, ohne daß schon eine erfahrungswis-

---

37 H. Roth, Pädagogische Psychologie ... a.a.O., S. 248

38 H. Roth, Pädagogische Psychologie ... a.a.O., S. 248

39 „*Stufe der Einsicht*. Dem Lernenden muß eine Einsicht aufgehen. Er muß etwas erfahren, bemerken, entdecken, erfinden. Er muß ein ‚Ich hab's' ausrufen können" (H. Roth, Psychologie ... a.a.O., S. 177)

senschaftliche Falsifikation möglich bzw. intendiert ist. Und wenn - wie bei Roth - z.T. auf empirische Ergebnisse der Lernpsychologie Bezug genommen wird, dann eher in einer synthetisierenden Weise als im Aufbau einer eigentlichen Theorie. Dem entspricht die Intention, bisheriges lernpsychologisches Wissen für Unterrichtsprozesse fruchtbar zu machen, während es weniger beabsichtigt ist, der Erkenntnis über den Lernprozeß selbst neues überprüfbares Wissen hinzuzufügen.

Mit dem Einbau empirisch gewonnener Ergebnisse der Lernpsychologie wird die Grenze zwischen „vorwissenschaftlichen" und „wissenschaftlichen" Versuchen fließend. Dies zeigt sich sehr deutlich an der Konzeption Gagnés (40), der nicht nur eine lose Synthese verschiedener Lerntheorien anstrebt, sondern eine ineinander verschränkte Konzeption verschiedener Lernarten im Sinne eines hierarchisierten Modells entwickelt. Die stringente Durcharbeitung des Ansatzes zeigt sich schon daran, daß das behavioristische Paradigma des Stimulus-Response-Modells konsequent durchgehalten wird - also z. B. auf alle Spielarten des „sozialen Lernens" (41) verzichtet wird. So kann Schulz-Hageleit schreiben: „In Gagnés Didaktik haben unberechenbare Spontaneität, geistreiche Einfälle, eigenwillige Kreativität und ein unmittelbarer Bezug des Schülers zur Sache letzlich keinen Platz. Der Lehrer ist bei ihm ... ein Abrichter und Dresseur und der Schüler sein zwangsweise reagierendes Objekt"(42).

In ähnlicher Weise - wenn auch etwas weniger differenziert - versucht auch B. F. Skinner (43) die Züge des Unterrichtsspieles behavioristisch zu beschreiben, nämlich im Sinne des operativen Konditionierens. Die Regeln des Unterrichtsspieles ließen sich hier als bestimmte Anordnungen von Verstärkungszusammenhängen fassen, unter deren Einwirkungen die Schüler lernen.

Vor allem im Bereich des programmierten Unterrichts wurde unter dem Einfluß der Kybernetik versucht, sys-

---

40 R.M. Gagné, Die Bedingungen des menschlichen Lernens, Hannover 1969

41 Vergl. z.B. die Ansätze von A. Bandura, R.H. Walters, Social Learning and Personality Development, London 1963; A. Bandura, Principles of Behavior Modification, London 1969

42 P. Schulz-Hageleit, Einwände zur Lerntheorie von R.M. Gagné, in: Pädagogische Rundschau 1971, S. 359

43 B.F. Skinner, Erziehung als Verhaltensformung, München 1971, S. 60 ff.

temtheoretische Beschreibungen von Unterrichtspielen zu leisten. In diesem Sinne gibt Merrill (44) ein Modell des Unterrichtssystems, das von der Beschreibung der Input-Output-Relation und von intervenierenden Feedback-Prozessen ausgeht. Dabei wird meist versucht, das systemtheoretische mit dem behavioristischen Paradigma zu verbinden, was oft recht gut gelingt, da beide Ansätze durch ihr technologisches Interesse an der Steuerung von Lernprozessen miteinander kompatibel sind.

Wenn auch psychologisch fundierte Paradigmata zur Zeit bei der Beschreibung von Regeln des Unterrichts vorherrschen, so gibt es eine Reihe andersgearteter Ansätze, wie sie vor allem für die Unterrichtsforschung entwickelt wurden. So versuchen Smith und Meux (45) eine „Logik des Lehrens" zu entwickeln, die sie den bisherigen psychologischen Ansätzen entgegensetzen. Ja, sie können sogar auf den gegenwärtigen Trend der - vor allem an Piaget anknüpfenden - Psychologie verweisen, wo versucht wird, die Theorie auf logischen Operationen aufzubauen. Als beherrschende Regeln des Unterrichts formulieren die beiden Autoren einen Ablauf von Lehrzyklen, die wie folgt formuliert werden:

Pt - Dt - Rt / - Pp - Dp - Rp

Bemerkt der Lehrer, daß sich der Schüler in der Weise Pt verhält, so stellt er eine Diagnose Dt über den Zustand des Schülers, seine Interessen, Lernbereitschaft, Kenntnisse etc. Der Lehrer handelt aufgrund dieser Diagnose (Rt). Gleichzeitig beobachtet der Schüler (Pp) das Verhalten des Lehrers, stellt eine Diagnose (Dp) und reagiert aufgrund dieser Diagnose (Rp)(46).

Bereits dieses Modell versucht den Unterrichtsprozeß als ein Interaktionsgeschehen zu fassen, was dann im Rahmen der Flanderschen Interaktionsanalyse (47) noch mit größerer Konsequenz durchgeführt wird. Gerade im Zusam-

44 M.D. Merrill, Components of a Cybernetic Instructional Systems, in: M.D. Merrill, (Hrsg.): Instructional Design: Readings, New Jersey 1971, S. 48 ff.
45 B.O. Smith, M.O. Meux, A Study of the Logic of Teaching, Urbana 1970
46 B.O. Smith: A Concept of Teaching, in: Teachers College Record 1960, S. 235
47 N.A. Flanders, Analyzing Teaching Behavior, Reading 1970

menhang mit der „zeitlich-linearen Darstellung (time line displays)"(48) könnte es durchaus möglich werden, strukturierende Regeln des Unterrichts zu formulieren, die auf der Flanderschen Methode der Unterrichtsanalyse beruhten.

Einen etwas anderen Ausgangspunkt wählt E.G. Mishler, der von der Linguistik her kommt und aus einer detaillierten Analyse des verbalen Austausches in Schulklassen zu einem Modell von drei kognitiven Strategien gelangt: „Vermittels der untersuchten Protokolle kann man graphisch zwischen den drei Lehrern in folgender Weise unterscheiden: Der erste geht von einer Anordnung von Alternativen aus, die als ‚Baum' organisiert sind, wo sich frühere Antworten in spätere Möglichkeiten verzweige. Der zweite bietet eine Ordnung von Punkten an, welche um eine topologische ‚Region' streuen; und der dritte setzt eine Matrix fest, innerhalb derer die Antwort zu finden ist" (49).

Den Abschluß dieser summarischen Übersicht soll der Hinweis auf die Arbeit von Bellack (50) machen, der Unterricht als Sprachspiel faßt und damit in der Aufnahme Wittgensteinscher Gedanken der vorliegenden Arbeit relativ nahe steht. Bellack geht von den verbalen Aktivitäten des Unterrichts aus, die er als „pädagogische Züge" bezeichnet und unterscheidet: Structuring, Soliciting, Responding, Reacting. Dabei bemüht sich auch Bellack, einen zyklischen Ablauf pädagogischer Züge herauszuarbeiten: „Ein Lehrzyklus beginnt entweder mit einem ‚structuring' oder mit einem ‚soliciting' Zug; beide initiieren einen Prozeß und dienen dazu, den Zyklus anlaufen zu lassen. Im Gegensatz dazu sind die ‚responding' und ‚reacting' Züge in ihrem Wesen reflexiv; sie werden entweder durch einen vorhergehenden Zug hervorgerufen oder verursacht und können deshalb keinen Zyklus beginnen. Ein Zyklus beginnt öfters zum Beispiel mit einem ‚soliciting' Zug in der Form einer Lehrerfrage, setzt sich fort mit

48 Vergl. N.A. Flanders: Künftige Entwicklungen bei der Analyse der verbalen Kommunikation der Klasse, in: Programmiertes Lernen, Unterrichtstechnologie und Unterrichtsforschung 1971, S. 137 ff.

49 E.G. Mishler: Implications of Teacher Strategies for Language and Cognition: Observations in First-Grade Classrooms, in: C.B. Cazden, V.P. John, D. Hymes (Hrsg.): Functions of Language in the Classroom, New York 1972, S. 282 f.

50 A.A. Bellack e.a.: The Language of the Classroom, New York 1966

einem ‚responding' Zug durch den angesprochenen Schüler und endet mit einer evaluativen Reaktion des Lehrers"(51).

Eine systematische Übersicht über die Paradigmata der Unterrichtsforschung hat J.L. Neujahr (52) versucht und dabei festgestellt, daß die Versuche zur Klassifikation der „classroom activities" recht willkürlich und inkonsistent sind. Ähnliche Untersuchungseinheiten bekommen durch unterschiedliche Bezugsrahmen ein ganz verschiedenes Gewicht und die Festlegung eines solchen Bezugsrahmens hängt oft mehr von der Vertrautheit eines Wissenschaftlers mit bestimmten Theoremen ab als von sachlichen Gesichtspunkten. Neujahr moniert, daß die Unterrichtsforschung noch kaum einer Wissenschaft entspreche, sondern eine vorparadigmatische Wissenschaft im Kuhnschen Sinne darstelle. So kommt es denn auch, daß unterschiedlichste Ansätze von der Unterrichtsforschung versuchsweise in Anspruch genommen werden:

- Die Interaktionsanalyse von Flanders weist enge Berührungspunkte mit der Erziehungsstilkonzeption von Lippitt und White (53) auf, indem deren „demokratischer" und „autoritärer" Führungsstil bei Flanders unter der Bezeichnung „direkt" und „indirekt" wieder auftauchen.
- Der Ansatz von Meux und Smith läßt sich auf das Paradigma der sprachanalytischen Philosophie zurückführen, wo Themen wie „Erklärung", „Beschreibung", „Definition", „Vergleich" etc. diskutiert werden.
- Biddle and Adams (54) versuchen einen Ansatz, der die Aktivitäten des Unterrichts in den Termini ihrer strukturalen und funktionalen Aspekte beschreiben. Sie benützen dabei soziologische Konzepte wie die Rollentheorie, die Kommunikationsstruktur etc.
- A.A. Bellack fundiert seine Konzeption auf der Position der Wittgensteinschen Sprachphilosophie
- H. Taba (55) entwickelt einen Ansatz, der an die Entwicklungspsychologie Piagets anknüpft.
- Gagné und Skinner versuchen, Unterrichtsprozesse lernpsychologisch anzugehen und übernehmen dabei das behavioristische Paradigma.
- L. Tyler (56) nimmt psychoanalytische Konzepte in ihren Ansatz auf.

---

51 A.A. Bellack a.a.O., S. 5

52 J.L. Neujahr, Classroom Observational Research, in: The Educational Forum 1972, S. 221 ff.

53 Vergl. z.B. R. Lippitt, R.K. White: An Experimental Study of Leadership and Group Life, in: E.E. Maccoby, T.M.Newcomb, E.L. Hartley (Hrsg.): Readings in Social Psychology, New York 1958, S. 469 ff.

54 B.J. Biddle, R.S. Adams, An Analysis of Classroom Activities, Columbia 1967

55 H. Taba, F.F. Elzey, Teaching Strategies and Thought Processes, in: Teachers College Record 1964, S. 124 ff.

56 L.L. Tyler, The Utilization of Psychoanalytic Concepts for Assessing Classroom Transactions, in: Journal of Educational Research 1967, S. 260 ff.

Diese Übersicht beansprucht keine Vollständigkeit; sie verdeutlicht aber jene Kritik der Vor-Paradigma-Wissenschaft und erläutert das Unbehagen an der gegenwärtigen Unterrichtsforschung. Die Schwierigkeiten entsprechen dabei weitgehend jenen, die J.J. Schwab für die Curriculumforschung geltend macht, wenn er die Leistung von theoretischen Ansätzen aus verschiedenen Disziplinen für curriculare Fragen anspricht: „Jede dieser Disziplinen befaßt sich nur mit einem Ausschnitt des komplexen Gebietes, in dem pädagogische Probleme angesiedelt sind, und grenzt diese im Verlauf der Forschungsarbeit von den Ausschnitten ab, die von anderen Disziplinen in Angriff genommen werden. Zudem wendet jede Disziplin auf den untersuchten Gegenstand mehrere Forschungsprinzipien an, die jeweils unterschiedliche Perspektiven eröffnen und unterschiedliche Behandlungsweisen erproben. Auf diese Weise entsteht eine Vielzahl theoretischer Ansätze, von denen keiner ausreicht, jeder aber das Problem auf seine eigene Art beleuchtet"(57).

Was Neujahr (58) dem derzeitigen Stand der erziehungswissenschaftlichen Theoriebildung anlastet, erweist sich damit bei Schwab als grundsätzliches Problem einer Wissenschaft, deren Probleme praktischer Natur sind, die also Handlungsanweisungen für konkrete Probleme geben sollte, welche selbst nicht im Rahmen einer einzigen Theorie zureichend ausformuliert werden können. Während Neujahr also prinzipiell eine erziehungswissenschaftliche Theorie für möglich hält, wäre dieses Unterfangen für Schwab hoffnungslos und durch ein eklektizistisches Verfahren (59) zu ersetzen, das verschiedene Theorien für ein praktisches Problem fruchtbar zu machen sucht.

Gleichzeitig fällt an den bisherigen Versuchen zur Unterrichtsforschung generell auf, daß sie ihren Gegenstand als naturgegeben voraussetzen; die Forschung zielt darauf ab, den „idealen" Unterricht ein für alle Mal empirisch festzumachen. Dabei wird übersehen, daß bereits die Festlegung von Klassifikationseinheiten und -kategorien einen Akt selektiver Auswahl durch den Forscher dar-

---

57 J.J. Schwab, Praktische Legitimierung von Curricula, in: S.B. Robinsohn (Hrsg.), Curriculumentwicklung in der Diskussion, Düsseldorf 1972, S. 46

58 J.L. Neujahr a.a.O. S. 224 ff.

59 Vergl. dazu das erste Kapitel des vorliegenden Buches

stellt. Damit aber wird deutlich, daß Unterrichtsforschung keineswegs völlig objektiv ist und das Geschehen so protokolliert, wie es als empirische Tatsache in Wirklichkeit ist; vielmehr wird der Unterricht von vorneherein unter ganz bestimmten Aspekten und Forschungsinteressen betrachtet, die selbst der kritischen Reflexion bedürfen. So läßt sich etwa zeigen, daß ein Klassifikationsinstrument wie dasjenige von Flanders einen eigentlichen Lehrerbias enthält, indem die Interaktionsakte des Lehrers weit differenzierter beschrieben werden als die des Schülers. Der Schüler ist danach weitgehend auf die Position des Reagierenden beschränkt, was sich übrigens auch für die Konzeption Bellacks nachweisen läßt. Dies bedeutet letztlich nichts anderes, als daß bei den genannten Autoren von vorneherein die Folie eines autoritären Unterrichtsstils auf den Unterricht gelegt wird (60).

Allerdings muß zu einer gewissen Rechtfertigung dieses Vorgehens festgehalten werden, daß solche Klassifikationssysteme eben auf jenen Unterricht zugeschnitten sind, der heute an den Schulen praktiziert wird. Wer beispielsweise Unterricht schülerzentriert protokollieren möchte und dazu ein äußerst differenziertes Klassifikationsinstrument entwickelt, könnte wahrscheinlich gegenwärtig mit seinem Instrument im Rahmen konkreter Unterrichtsbeobachtung nicht sehr viel beginnen. Und umgekehrt ist auch nicht zu erwarten, daß das Ergebnis der Unterrichtsforschung besser ist als der ihm zugrundeliegende Unterricht. Es ist deshalb auch nicht möglich, aus konkreten Unterricht, wie er durchschnittlich in den untersuchten Klassen erteilt wird, empirisch *den idealen Unterrichtsverlauf* herauszuholen - wenn die Erziehungswissenschaft nicht als deus ex machina fungieren will oder unredlich hinter dem Rücken normative Prämissen einführt, die methodologisch nicht zu rechtfertigen sind.

Die Unterrichtsforschung müßte vielmehr davon ausgehen, daß Unterrichtsprozesse zum Bereich sozialen Handelns gehören, sich also an Normen und Werten orientieren, die größtenteils aus dem gesellschaftlichen Bereich stammen und nicht allein innerschulisch zu verstehen sind. Soziale Regelungen legitimieren sich damit auch nicht durch

60 Vergl. H. Moser, Probleme der gegenwärtigen Erziehungswissenschaft II, Zürich 1973, S. 104 ff.

ihren offensichtlichen oder vermeintlichen Bezug auf die Aufgabenstruktur der Schule, sondern haben sich auf dem Hintergrund dieses weiteren gesellschaftlichen Bezugsrahmens auszuweisen.

Dieser Zusammenhang von gesellschaftlichen und schulischen Bedingungen des Handelns zeigt sich beispielsweise deutlich am Problem des sogenannten „autoritären Unterrichtsstils", der als Paradigma umgangssprachlichen Handelns nicht auf die Schule beschränkt ist, sondern sich bereits für die primäre Sozialisation nachweisen läßt. Das Syndrom der „autoritären Persönlichkeit" wird von Adorno e.a. (61) in einer breit angelegten Studie sogar generell als typisch für hochindustrialisierte Gesellschaften - im Zusammenhang mit irrationalen bzw. antirationalen Einstellungen - bezeichnet. Ähnliches läßt sich auch für jenes Kriterium aufzeigen, an welchem sich die heutige Unterrichtsforschung meist orientiert: der Schulleistung und Effektivität des Unterrichts. Daß eine solche Ausrichtung der Forschung sehr viel mit der gegenwärtigen Betonung des Leistungsprinzips in der Gesellschaft zu tun hat und damit gesellschaftliche Implikationen beinhaltet, bleibt der Forschung indessen meist verborgen.

Die Orientierung an impliziten sozialen Normen ist je nach Regeltypus unterschiedlich durchsichtig. Besonders deutlich ist sie bei den Erfahrungsregeln, die sehr konkret formuliert und damit einen Grad des „phänomenalen" Gehaltes aufweisen, der sehr drastisch auf ideologische Versatzstücke hinweist. Viel schwieriger ist die Analyse im „vorwissenschaftlichen" und „wissenschaftlichen" Bereich, weil hier im Abstraktionsprozeß die konkrete Sinnenfälligkeit zugunsten einer stärkeren Formalisierung verloren geht. Allerdings bedeutet dieser vordergründige Unterschied nicht, daß sich die wissenschaftlichen Ansätze zur Unterrichtstheorie keiner Ideologiekritik zu unterziehen hätten. Denn zwischen vorwissenschaftlichen und wissenschaftlichen Regeln bestehen keine wesensmäßigen Unterschiede. Vielmehr sind vorwissenschaftliche *und* wissenschaftliche Regelsysteme in ihrer Genese auf umgangssprachliche Paradigmata sozialen Handelns bezogen;

---

61 Vergl. Th.W. Adorno e.a., The Authoritarian Personality, New York 1950

„Wissenschaftlichkeit" ist nicht viel mehr als die Systematisierung und Formalisierung dieser umgangssprachlichen Paradigmata. Das behavioristische Paradigma zum Beispiel läßt sich als die konsequente Durchführung der Erfahrungsregel umgangssprachlichen Handelns interpretieren, daß meine eigene Handlung auf die Reaktion des Handlungspartners bestimmte Auswirkungen hat; das Paradigma ist damit nichts anderes als die technologische Ausformulierung der Tatsache der Interaktion von Menschen. Die Motivation der erfahrungswissenschaftlich begründeten Forderung nach „Verwissenschaftlichung" aller menschlichen Bereiche und nach dem Aufbau einer eigentlichen Sozialtechnologie liegt dabei in den Defiziten umgangssprachlicher Paradigmata begründet. Denn umgangssprachliche Paradigmata sind per definitionen unsystematisch, nicht gänzlich durchrationalisiert und unzuverlässig; sie lassen es also nicht zu, unbestechliche Voraussagen zu formulieren und ein zweckrationales Modell menschlichen Handelns zu statuieren. Erst die in Analogie zum naturwissenschaftlichen und technischen Vorbild aufgebaute Wissenschaft soll durch die Formulierung von allgemeingültigen Gesetzen und Prognosen dieses Defizit beheben. Dabei wird jedoch

- die Zweckrationalität des Handelns normativ eingeführt und verbindlich gemacht
- ein blinder Rest überall dort übriggelassen, wo sich die Wissenschaft letztlich immer noch auf die Sphäre umgangssprachlichen Handelns und Sprechens abstützen muß - etwa in der sogenannten Basissatz-Problematik (62).

Auf dem Hintergrund dieser Darstellung zeigt es sich, daß mit dem Versuch, unterrichtliches Handeln rational zu begründen, nicht ohne weiteres eine Ablehnung von „vorwissenschaftlichen" und „Erfahrungsregeln" verbunden sein muß. Einmal sind wissenschaftliche Theorien nicht ontologisch von umgangssprachlichem Wissen abgehoben und können damit nicht eine besondere Dignität für sich beanspruchen.

---

62 Vergl. P. Gross, Reflexion, Spontaneität und Interaktion. Zur Diskussion soziologischer Handlungstheorien, Stuttgart 1972, S. 13; vergl. auch das erste Kapitel dieses Buches sowie H. Moser, Versuch über das Verhältnis von Erfahrungswissenschaft, kritischer Theorie und Aktionsforschung, Zürich 1974 (int. verv. Ms.)

Sie haben sich vielmehr denselben Kriterien zu unterziehen wie jenes umgangssprachliche Wissen. Wenn dagegen die erfahrungswissenschaftliche Methodologie für sich selbst zusätzliche interne Standards zugrundelegt, so ist das in erster Linie deren eigene Sache; für eine Theorie unterrichtlichen Handelns werden diese internen Standards erst von Belang, wenn sie implizit gegen die Leitprinzipien pädagogischen Handelns verstoßen, wie es etwa bei der Ausrichtung empirischer Forschung am Kriterium des technischen Erfolgs geschehen kann, wenn sich der Unterricht gleichzeitig am emanzipatorischen Leitprinzip orientiert. Und zum zweiten ist die Praxis des Unterrichtens selbst eine Tätigkeit im umgangssprachlichen Bereich. Wer sich also nur um die Erhellung jener Aspekte unterrichtlichen Handelns bemühte, welche im Sinne strenger wissenschaftlicher Theoriebildung erklärbar wären (63), würde auf die Reflexion aller anderen Züge des Unterrichtsspiels von vorneherein verzichten. Die daraus hervorgehende partielle Rationalität könnte dann leicht durch die unreflektiert bleibenden Teile der Handlungsvollzüge aufgehoben bzw. wiederum negiert werden. Um einem Mißverständnis vorzubeugen: Empirische Forschung bzw. deren Resultate soll nicht von vorneherein als wertlos und unbrauchbar abgetan werden; nur sollte sich die curriculare Reflexion nicht allein darauf bescheiden, sondern auch nichtwissenschaftliche Erfahrung einbeziehen.

4.3 Das Problem der Stimmigkeit von Unterrichtsspielen

Aus den bisherigen Erörterungen geht hervor:
Unterrichtsspiele sind an Inhalt-Handlungs-Einheiten orientiert und bilden Handlungszusammenhänge, die bestimmten Regeln folgen, wie sie theoretisch je nachdem als Erfahrungsregeln, vorwissenschaftliche oder wissenschaftliche Regeln beschrieben werden können. Diese konstitutiven Faktoren des Unterrichtsspiels stehen jedoch selbst wie-

---

63 Eine strenge Auslegung der erfahrungswissenschaftlichen Anforderungen an eine Theorie würde sogar dazu führen, daß kaum eine Theorie im Bereich des Unterrichts den angelegten Kriterien genügen würde. Und auch eine relativ großzügige Auslegung müßte beispielsweise auf umstrittene Theoriebildungen wie die der Psychoanalyse verzichten.

der in einem Verweisungszusammenhang, der als Bezugsrahmen der konstitutiven Faktoren fungiert. Grundsätzlich besteht dieser Bezugsrahmen einerseits aus der pädagogischen Konzeption, die dem Unterricht zugrunde liegt sowie den sozialen und individuellen Bedingungen, welche als Voraussetzungen des Unterrichts in das Unterrichtsspiel eingehen. Diese „konstitutiven Bedingungen" können damit wie folgt differenziert werden:

- Leitprinzipien
- Dispositionen
- Soziale und individuelle Voraussetzungen

4.3.1 Die *Leitprinzipien* sind relativ generelle Aussagen über die Leitideen, welchen unterrichtliches Handeln folgen soll. Sie verknüpfen die konkrete Unterrichtssituation mit den ihr zugrundeliegenden gesellschaftlichen Bedingungen, setzen also den Unterricht mit seinem gesellschaftlichen Kontext in Beziehung. Für ein sozialwissenschaftliches Curriculum wären beispielsweise folgende Leitprinzipien denkbar:

- Einsicht in die gesellschaftlich-ökonomischen Bedingungen der eigenen Lebenswelt bekommen.
- Die Bedeutung der Sozialwissenschaften bei der Lösung sozialer Probleme kritisch einschätzen lernen.
- Die Normen, an welchen sich das eigene Verhalten ausrichtet, in ihrem Zusammenhang mit den gesellschaftlichen Werten und Normen der bürgerlichen Gesellschaft erkennen.
- Erkennen, daß Normen von Menschen gemacht und damit veränderbar sind.
- Übersetzen von erarbeiteten Problemlösungen in mögliche Handlungsstrategien und damit in konkrete politische Aktionen.

Solche Leitprinzipien sind nicht eigentliche Lernziele, für deren Erfüllung eine erschöpfende Angabe operationaler Kriterien völlig ausreichen könnte. Vielmehr handelt es sich dabei um Prozeßnormen, die im Sinne regulativer Prinzipien als Maßstab für den Unterrichtsprozeß fungieren. Dabei gilt, was B. Claussen für das Leitprinzip „Emanzipation" feststellt: „Es kann dieses kein Endziel sein, sondern muß beständig erneuert werden, wenn dies durch eine veränderte Praxis erforderlich wird"(64).

---

64 B. Claussen, Emanzipation-Normengefüge-Erziehung. Kritische Anmerkungen zu einem Aufsatz von Lutz Rössner, in: Zeitschrift für Pädagogik 1973, S. 129

Prozeßziele geben also nicht einen globalen Standard an, der zu erreichen ist, sondern beinhalten die Angabe einer Leitidee, welche in der jeweilig erreichten Situation wieder neu auf ihre konkreten Implikationen reflektiert werden muß. Es ist dies ein dialektisches Verhältnis von theoretischer Reflexion und praktischer Realisierung, das im Rahmen eines gesellschaftlichen Prozesses nicht willkürlich abzubrechen, sondern immer wieder neu aufzunehmen ist.

Eine These, die zum Emanzipationsbegriff im Rahmen des Projektes „Wohnen" der großen hessischen Curriculum-Kommission näher erläutert wurde: „D.h.: jeder Versuch einer inhaltlichen Bestimmung des obersten Lernzieles Emanzipation verweist zurück auf die Notwendigkeit einer weiteren Ausdifferenzierung der allgemeinsten Situation Gesellschaft. Daher steht die Frage, was Emanzipation sei, an jeder Stelle des Modells sowohl bei seiner Herstellung als auch bei seiner Verwendung zur Diskussion"(65). Damit kann aber auch der Kritik vorgegriffen werden, daß Leitprinzipien nichts anderes als Leerformeln seien. Diese Kritik hätte solange Berechtigung, als Leitprinzipien im Sinne isolierter Begriffe wie „Emanzipation" stehen bleiben. Sobald aber die Prozeßnorm in ihrer Verwiesenheit auf konkrete Situationen betrachtet wird, also in ihrer inhaltlichen Ausdifferenzierung reflektiert wird, ist der Vorwurf der „Leerformelhaftigkeit" kaum mehr zu halten.

Gleichzeitig ermöglichen es die Leitprinzipien, das Utopische in den Curriculumprozeß so einzubringen, daß die Möglichkeiten projektiven Handelns nicht bereits von vorneherein durch die Macht des Status quo verstellt werden. Die Notwendigkeit der immer neuen semantischen Interpretation eines Leitprinzips auf die sich durch gesellschaftliche Praxis wandelnden Situationen hin, erlaubt es nämlich, einen Ausweg aus jenem Dilemma zu finden, das Utopien grundsätzlich anhaftet und darin besteht, daß ihr intendierter „ganz anderer" zukünftiger Zustand sprachlich im Sinne der traditionalen Gehalte von Sprache gefaßt werden muß und damit letztlich nichts anderes als das bereits Bekannte auf die Zukunft projiziert. Die Utopie kann damit jenes qualitativ Neue, das sie eigentlich möchte, gar

---

65 Projekt Wohnen: Lernziel Emanzipation, in: betrifft:erziehung 7, 1972, S. 35

nicht bezeichnen, sondern verbleibt in der bloßen Negation, die sie als positive Münze zu wenden versucht. Die im Lichte der Utopie versuchte gesellschaftliche Praxis wird damit zur doppelten Negation: Die Negation des schlechten Bestehenden, aber auch gleichzeitig die Negation der Utopie selbst.

So wäre zum Beispiel die Verwirklichung von emanzipatorischen Gehalten analog zur skizzierten doppelten Negation zu denken: Im Emanzipationsprozeß wird sowohl der bestehende Status quo negiert wie auch die situationsbezogene inhaltliche Ausdifferenzierung des Emanzipationsbegriffes - die Utopie, welche der Bildungsprozeß verheißt. Mit der daraus hervorgehenden partiellen Realisierung emanzipatorischer Gehalte ist Emanzipation als solche nicht schon erreicht. Vielmehr erfordert die neue Situation eine neue Interpretation des Leitprinzips, um den Prozeß der Emanzipation weiterzutreiben und so schrittweise zu einem Zustand zu gelangen, der heute sprachlich noch gar nicht explizit bezeichnet werden kann.

4.3.2 Die *Dispositionen* vermitteln die Leitprinzipien mit dem Zustand der einzelnen Individuen; sie sind in gewisser Weise deren psychologische Interpretation. Mit der Aufnahme des Dispositionsbegriffes kann inhaltlich an die Diskussion des ersten Kapitels dieses Buches angeknüpft werden, woraus deutlich hervorgeht, daß es sich auch hier um „primordiale" Dispositionen handelt. Diese Dispositionen stehen in der Mitte zwischen Leitprinzipien und einzelnen Inhalts-Handlungs-Einheiten, welche als solche den dispositionellen Gehalt erst ausmachen.

Allerdings muß hier eine Abhebung gegenüber der deduktionistischen Tradition der Curriculumforschung gemacht werden, deren Modelle die Verknüpfung von Leitprinzipien, Dispositionen und Inhalts-Handlungs-Einheiten weitgehend zu entsprechen scheint. Der hier vorgeschlagene Zusammenhang ist kein szientifischer, sondern ein primordialer: Er hat damit auch nichts mit logischer Deduktion zu tun, sondern ist auf die umgangssprachliche Interpretation innerhalb von Interpretiergemeinschaften einer Lebenswelt verwiesen. Die paradigmatische Fixierung eines „wissenschaftlichen" Vorgehens wird dabei nicht grundsätzlich ausgeschlossen, ist jedoch nicht unumgängliche Voraussetzung des curricularen Prozesses.

4.3.3 *Individuelle und soziale Voraussetzungen* sind insofern konstitutive Bedingungen des Unterrichtsspiels, als sie wesentlich zum Zustandekommen eines bestimmten Spieles beitragen. Es gehören dazu Bedingungen wie die individuellen Lernvoraussetzungen der Schüler, ihre Eingeübtheit in bestimmte Arbeitsformen (z.B. Unterrichtsgespräch, selbständiges Arbeiten mit Quellenliteratur), die Art der im Sozialisationsprozeß erworbenen Regelkompetenzen etc. Wenn beispielsweise ein Unterrichtsspiel geplant ist, wo die Schüler Literatur in Gruppen aufarbeiten sollen, aber weder in der Technik des Literaturaufarbeitens eingeübt sind noch im Rahmen der schulischen Sozialisation mit Gruppenarbeit vertraut gemacht wurden, wird die Widersprüchlichkeit von Planung und möglichen Unterrichtsspielen recht deutlich. In diesem Sinne ist es unabdingbar, die individuellen und sozialen Voraussetzungen zu den konstitutiven Bedingungen des Unterrichtsspiels zu rechnen, da sie sozusagen die faktische Macht der Realität gegenüber den Leitprinzipien und Dispositionen zur Sprache bringen und damit auch die möglichen Hindernisse des pädagogischen Handelns bezeichnen. Pädagogisches Handeln wird sozusagen daran erinnert, daß die als Aufgabennormen formulierten Wünsche und Intentionen nicht ohne Rückbezug auf die Ausgangslage des Handlungsprozesses zu verwirklichen sind; ohne diesen Rückbezug verliert die Absicht des Erziehers die reale Grundlage und damit begibt er sich auch der Chance, diese Absicht wirkungsvoll realisieren zu können.

Zusammenfassend läßt sich daraus für die Curriculumforschung ein Postulat der „inhaltlichen Stimmigkeit" formulieren, wie es im Anschluß an die englische Curriculumdiskussion jüngst von Brügelmann formuliert worden ist. Brügelmann hebt dabei offene Curricula von den auf operationalisierten Lernzielen basierenden Ansätzen ab und schlägt am Beispiel der Leitidee „Mündigkeit" folgendes alternative Verfahren zur Unterrichtskonstruktion vor: „Stattdessen versucht man, die Merkmale zu bestimmen, die interessante, die Leitidee repräsentierende Lernsituationen ausmachen. Man muß also herausfinden, welche Schulorganisation (Hierarchie, Mitbestimmung, Selbstverwaltung), welcher Führungsstil (laissez-faire, sozial-integrativ, autokratisch), welche Methoden (Instruktion oder Diskussion, ‚discovery method' oder ‚chalk and talk', Einzel-, Partner-, Gruppenarbeit oder Frontalunterricht), welche Inhalte, Themen, Probleme am ehesten ‚mündiges Verhalten' des Schülers zulassen, herausfordern und fördern. Vom Ergebnis her sind diese Situationen bewußt offen gehalten. Nicht die *Effektivität* als Mittel zum Zweck, sondern die inhaltliche *Stimmigkeit* im Verhältnis zur Leitidee entscheidet über die Wahl einer erzieherischen Maßnahme"(66).

Für die Analyse von Unterrichtsspielen bedeutet das sinngemäß, daß jeder einzelne Zug des Unterrichtsspiels und jede Regel, welche die Verknüpfung von Zügen thematisiert, im Rahmen der konstitutiven Bedingungen analysiert werden sollte. Stimmigkeit ist dabei als Übereinstimmung mit den Leitprinzipien des Unterrichtsspieles definiert. D.h. in der Reflexion auf die Stimmigkeit des Unterrichtsspieles wird versucht, den konkreten unterrichtlichen Handlungszusammenhang mit seinen Zügen und Regeln über das Zwischenglied der Dispositionen in Übereinstimmung mit den Leitprinzipien zu bringen, wobei gleichzeitig der Einbezug der sozialen und individuellen Voraussetzungen den Rückbezug auf die Ausgangslage des Unterrichts sichert und damit einerseits die Möglichkeiten einer situationsgemäßen Planung schafft und es andererseits erlaubt, im Nachhinein bestimmte Unterrichtsverläufe aufgrund der in sie einfließenden Voraussetzungen zu reflektieren. Da zudem anzunehmen ist, daß die individuellen und sozialen Voraussetzungen mindestens teilweise stabil sind bzw. daß ihre Veränderung einen relativ langen Prozeß bedingt, wird es möglich, Schlüsse für nachfolgende Unterrichtsspiele zu ziehen: Etwa daß Gruppenarbeit mit einer bestimmten Klasse erst über einen längeren Prozeß der Einübung möglich wird, daß eine überwiegende Anzahl von Unterschichtkindern in der Klasse es ratsam macht, vermehrt von der elaborierten Sprechweise abzukommen, daß die vermittelten Inhalte zu stark der Erfahrungswelt der Mittelschicht verhaftet sind etc. Das Postulat der Stimmigkeit ist nicht so zu verstehen, daß es eingleisig „induktionistisch" oder „deduktionistisch" zu handhaben ist, also entweder von den Handlungen her zu den Leitprinzipien oder umgekehrt anzuwenden ist. Vielmehr sollte der gesamte Zusam-

---

66 H. Brügelmann, Offene Curricula, in: Zeitschrift für Pädagogik 1972, S. 103 f.

menhang mit jeder Stufe des Curriculumprozesses neu reflektiert werden. Und die Reflexion jedes einzelnen Momentes kann sich auf alle anderen im Sinne einer Veränderung auswirken. Das heißt jedoch nicht, daß damit zugleich die zentrale Stellung der Leitprinzipien im Sinne eines Maßstabes für den Unterrichtsprozeß aufgegeben werden soll. Nur sind diese Leitprinzipien nicht freischwebend über den konkreten Schwierigkeiten, Möglichkeiten und Grenzen von unterrichtlichem Handeln anzusetzen, sondern durch ihre Interpretationsbedürftigkeit gerade auf die konkrete Situation und damit auf die Vermittlung mit ihr verwiesen.

4.4 Unterrichtsplanung und Unterrichtsspiel

In den bisherigen Erörterungen dieses Kapitels wurde im allgemeinen darauf verzichtet, streng zwischen Unterrichtsplanung und konkret ablaufendem Unterricht - dem eigentlichen Unterrichtsspiel - zu unterscheiden. Das läßt sich insofern rechtfertigen, als die behandelten Probleme sowohl für die Curriculum- wie für die Unterrichtsforschung ihre Bedeutung haben. Und die Planung eines Unterrichtsverlaufes hat grundsätzlich die Strukturen konkreten Unterrichts zu berücksichtigen; sie versucht sogar, sich diesen Strukturen möglichst anzugleichen, da sie sonst für die Praxis kaum ein sehr nützliches Instrument wäre.

Die prinzipielle Identität von Curriculum und Unterricht, Lehren und Lernen, wird in der gegenwärtigen Curriculumdiskussion denn auch meist stillschweigend vorausgesetzt und kaum bezweifelt. Erst Brezinka hat dieses Verhältnis wieder in Frage gestellt, wenn er schreibt: „Durch Erziehung wird *versucht*, Educanden zum willentlichen oder unwillkürlichen Lernen bestimmter Inhalte (psychische Dispositionen) zu bringen, aber ob diese Inhalte auch tatsächlich gelernt werden, bleibt offen. Der Begriff ‚Lernziel' in der Bedeutung von ‚Ziel *für* einen Lernenden' täuscht eine Verfügungsgewalt des Erziehers (‚Steuerung', ‚Kontrolle') über die Lernprozesse im Educanden vor, die es nicht gibt"(67). D.h. allgemein: Wenn L den S x

67 W. Brezinka, Was sind Erziehungsziele?, in: Zeitschrift für Pädagogik 1972, S. 527

lehrt, impliziert das noch nicht, daß S x wirklich gelernt hat (68). Und weiter bedeutet das für die Curriculumforschung, daß bei der Formulierung von Lernzielen ernste Probleme entstehen. Denn die Erreichung eines Lernzieles t bedeutet dann nicht, daß dieses ohne weiteres auf die erzieherische Maßnahme p zurückbezogen werden kann. Diese Ausführungen zeigen jedoch auf, daß die Konzeption von Brezinka selbst widersprüchlich ist. Denn einerseits beharrt er auf der Statuierung von Erziehung im Sinne eines Zweck-Mittel-Verhältnisses, während dieses gleiche Verhältnis umgekehrt nie mit Sicherheit erfüllt werden kann.

Das hängt damit zusammen, daß der instrumentale Ansatz die Problematik letztlich verkürzt: „Die Annahme, daß Lernen durch Lehre antizipierbar sei, hätte nur Sinn, wenn erstens unterrichtliches Handeln intentional eindeutig wäre, d.h. keine Interpretation der zugrundeliegenden Intention zuließe, und wenn zweitens lehrendes und lernendes Handeln quasi-kausal aufeinander bezogen wären. Nur unter diesen zwei Voraussetzungen wäre es möglich, daß aus einer Lehrintention bzw. einem Lehrziel immer nur ein bestimmtes Handeln abzuleiten wäre, das den Lernenden notwendig zu einem bestimmten und wiederum intentional eindeutigen Handeln führte"(69).

Die Asymetrie zwischen Lehren und Lernen führt Kokemohr damit darauf zurück, daß dies eine symbolisch vermittelte Beziehung ist, die erst interpretativ zu erschließen ist. Der Unterricht ist selbst sozusagen das Gericht, wo über unterrichtliche Handlungszusammenhänge verhandelt wird und wo mindestens prinzipiell der Geltungsanspruch der konstitutiven Bedingungen diskutierbar ist. Die Identität der Bedürfnisse, der Intentionen und der Interpretationen von Normen kann nicht vorausgesetzt werden, sondern muß in einen Prozeß der Konsensbildung eingebracht werden. Die quasi-kausalen Ansätze der gegenwärtigen Curriculumforschung bilden dann nur mehr einen Sonderfall unterrichtlichen Handelns, nämlich dort, wo Lernen nichts mehr als eine Einübung in unproblematische

---

68 Vergl. J.F. Soltis, Einführung in die Analyse pädagogischer Begriffe, Düsseldorf 1971, S. 77

69 R. Kokemohr, Zur Funktion des Lehrziels für die Konstitution von Intersubjektivität im Prozeß des Lehrens und Lernens, in: Bildung und Erziehung 1973, S. 33

Sprachspiele, als Abrichten auf eine vorgegebene Lebensform hin darstellt. Das Kriterium, ob solche „verdinglichte" Lernziele zu problematisieren seien, läßt sich indes nach Kokemohr nie sicher a priori treffen, sondern hängt davon ab, ob der Konsens, der das verdinglichte Lernziel trägt, zerbricht und eine explizite Verständigung erfordert, kraft derer Lehrender und Lernender allererst dasselbe meinen wollen (70).

Es scheint damit zunächst, daß Planung nur unter bestimmten Bedingungen erfolgreich ist - nämlich unter der Bedingung verdinglichter Unterrichtsprozesse. Allerdings muß die von Kokemohr analysierte Struktur der Unterrichtssituation nicht zu einer resignativen Lösung des Planungsproblems führen, wenn man einen weiteren Begriff von Planung als den technologischen zuläßt. Um eine Analogie zu nehmen: Die Planung von Unterrichtsspielen gleicht weniger einem Schauspiel, wo jeder Part bereits genau vorweggenommen ist, sondern eher einem Stichwortkatalog für einen Vortrag, einer „Partitur" (71), die das dem Unterricht zugrundeliegende Konzept skizziert. Wenn ich dann nämlich den Vortrag halte, kann ich Neues einbauen, einige Stichwörter sehr lange ausführen, andere ganz weglassen; und manchmal nimmt der Vortrag selbst eine Wendung, die ich von vorneherein gar nicht geplant hatte. Der Unterrichtsverlauf kann gleichermaßen durch eine plötzliche Frage eines Schülers, das Gewahrwerden eines neuen Aspektes des behandelten Problems, die zufällige Entdeckung neuer Informationen etc. in eine neue Richtung gelenkt werden.

Diese Spontaneität scheint es auch, die Wittgenstein antönt, wenn er zum Begriff der Regel schreibt: „Die fundamentale Tatsache ist hier: daß wir Regeln, eine Technik, für ein Spiel festlegen, und daß es dann, wenn wir den Regeln folgen, nicht so geht, wie wir angenommen hatten. Daß wir uns also gleichsam in unseren eigenen Regeln verfangen"(72). Damit wird aber letztlich - in Anwendung auf unser Planungsproblem - nochmals eine skeptische Lösung nahegelegt. Denn Wittgenstein folgert daraus gegenüber allen mentalistischen Versuchen, Regeln allgemein zu for-

---

70 R. Kokemohr a.a.O. S. 43
71 G.G. Hiller a.a.O. S. 47
72 L. Wittgenstein a.a.O. S. 69

mulieren, daß erst die Praxis und damit der konkrete Vollzug ein Kriterium für das „der Regel folgen" abgibt (73), womit es sinnlos wird, Regeln vorweg antizipieren zu wollen. Es wäre lediglich zulässig, nachträglich in der Beschreibung von Unterrichtsspielen Regeln aufzuzeigen, genauso wie Wittgenstein in den Philosophischen Untersuchungen verfährt. Allerdings deutet Wittgenstein bereits eine Lösung dieses Dilemmas an, wenn er den Zusammenhang von Sprachspiel und Lebensform betont. Damit überhaupt gemeinsames Handeln möglich ist, müssen im Sozialisationsprozeß, in der Einübung in eine Lebensform bereits fundamentale Einstellungen, Bedeutungen und Handlungsschemata gelernt worden sein. Das liegt implizit in jenem Beispiel des Forschers, der in ein fremdes Land kommt, das Wittgenstein ausführt: „Denke, du kämst als Forscher in ein unbekanntes Land mit einer dir gänzlich fremden Sprache. Unter welchen Umständen würdest du sagen, daß die Leute dort Befehle geben, Befehle verstehen, befolgen, sich gegen Befehle auflehnen, usw.? Die gemeinsame menschliche Handlungsweise ist das Bezugssystem, mittels welcher wir uns eine fremde Sprache deuten"(74). Gerade weil diese fundierende menschliche Handlungsweise, welche in der Sozialisation für eine bestimmte Lebensform als Erfahrungsfundus erworben wurde, abgeht, finden wir bei diesen fremden Menschen keinen regelmäßigen Zusammenhang des Gesprochenen, der Laute mit den Handlungen. Und regelgemäßes Handeln wäre für uns in jenem Land erst möglich, wenn wir jenen grundlegenden Sozialisationsprozeß nachvollzogen hätten. Eine noch so große Anstrengung der Reflexion bleibt vergeblich, solange nicht wenigstens ein minimaler gemeinsamer Erfahrungsfundus besteht.

Bezogen auf den Unterricht, wäre einmal zu betonen, daß dieser nicht ein solches „fremdes Land" darstellt. Vielmehr besteht eine gemeinsame Basis an Erfahrungen, insofern alle am Unterricht Beteiligten im Rahmen derselben Lebensform sozialisiert wurden. Und im Rahmen dieses Sozialisationsprozesses lernen wir, unsere Handlungen auf diejenigen anderer Handelnden abzustimmen. Eine nähere Beschreibung dieses Prozesses hat vor allem G.H. Mead geleistet, indem er das Handeln mit der Entwicklung des

73 L. Wittgenstein a.a.O. S. 106
74 L. Wittgenstein a.a.O. S. 107

Selbst in Zusammenhang bringt. Fundamental ist dabei die Möglichkeit des Menschen, die Reaktion des anderen in sich zu isolieren und sie damit vorauszusehen: „Ruft jemand einer gefährdeten Person schnell etwas zu, so hat er in sich selbst die Haltung des Wegspringens ausgelöst, obwohl die Handlung nicht stattfindet. Er selbst ist nicht in Gefahr, doch sind in ihm jene spezifischen Elemente präsent, die wir mit dem Begriff Sinn umschreiben"(75). Dabei wird auch hier die Funktion der Sprache zentral; denn die Sprache ist es, welche als gesellschaftlicher Prozeß es ermöglicht, die Reaktionen zu isolieren und im Organismus des Individuums zu halten. Diese Leistung wird möglich vermittels des „signifikanten Symbols": „Denken setzt immer ein Symbol voraus, das im anderen die gleiche Reaktion wie im Denkenden hervorruft. Ein solches Symbol ist ein Allgemeines; es ist allgemein in seiner Natur. Wir nehmen immer an, daß das von uns verwendete Symbol in der anderen Person die gleiche Reaktion auslöst, vorausgesetzt, daß es ein Teil ihres Verhaltensmechanismus ist"(76). Auf diese Weise ist das einzelne Individuum auf andere bezogen; es übernimmt die Haltungen anderer ins eigene Verhalten und baut ein Universum gemeinsamer Bedeutungen, eine gemeinsame Sprache auf und erhält erst dadurch seine einheitliche Identität, „das verallgemeinerte Andere". Damit übernimmt es, ebenso wie es die Haltungen anderer Individuen zu sich selbst und untereinander einnimmt, auch ihre Haltungen gegenüber den verschiedenen Phasen der gemeinsamen gesellschaftlichen Tätigkeit, in die sie als Mitglieder einer organisierten Gesellschaft oder Gruppe einbezogen sind (77).

Für die hier diskutierte Problematik ist nun vor allem eine Differenzierung wichtig, die Mead trifft, nämlich diejenige zwischen „I" und „me", in die das „self" zerfällt. Das „I" reagiert auf die Identität, die sich durch die Übernahme der Haltungen anderer entwickelt; es ist als Reaktion des Organismus auf die Haltungen dieser anderen zu verstehen. Demgegenüber ist das „me" die organisierte Gruppe von Haltungen anderer, die man selbst einnimmt: „Indem wir diese Haltungen übernehmen, führen wir

---

75 G.H. Mead, Geist, Identität und Gesellschaft, Frankfurt 1968, S. 136
76 G.H. Mead a.a.O. S. 189
77 G.H. Mead a.a.O. S. 197

das ‚me' ein und reagieren darauf als ein ‚I'"(78). Da auch dann, wenn das „me" gegeben ist, die Reaktion darauf noch nicht gegeben ist, wird diese Reaktion immer neue Elemente enthalten: „Das ‚I' liefert das Gefühl der Freiheit, der Initiative"(79). Wie P. Groß (80) ausführt, ist damit ein unkontrollierbares Moment gegeben, das uns selber durch seine Reaktionen überrascht, indem es auch die Freiheit hat, unberechenbar und gewalttätig zu reagieren, Konventionen zu durchbrechen und gesellschaftlich anerkannte Haltungen zu verunsichern. Es ist dies jenes Element, das Spontaneität ermöglicht und unberechenbare Handlungen zuläßt, - wenn auch unter normalen Umständen das gesellschaftliche „me" die Szene beherrscht.

Damit ist aber jener blinde Fleck bezeichnet, der jedem bewußten Planen inhäriert: Das „I" als spontane und unbestimmte Reaktion ist mir immer schon vorweg, ich kann „mich nicht schnell genug umdrehen, um mich noch selbst zu erfassen"(81). So ist es denn nach Mead auf das „I" zurückzuführen, daß wir uns niemals ganz unserer selbst bewußt sind, daß wir uns durch unsere eigenen Aktionen überraschen.

Auf diese Weise können wir im Rahmen der Identitätsentwicklung sozusagen zwei Bereiche feststellen, wie sie die gesamte phänomenologisch ausgerichtete Philosophie durchziehen: Der selbstverständliche Untergrund natürlicher Einstellung, des natürlichen Welt- und Lebensverständnisses, der Bereich des Ablaufs der unmittelbaren Reaktionen auf der einen Seite und die spezielleren und komplizierteren Leistungen wie reflektieren, wissenschafttreiben etc. auf der anderen Seite (82). Allerdings weist Gross darauf hin, daß jene Scheidung nicht absolut - im Sinne sich gegenseitig ausschließender Bereiche - zu verstehen sei, sondern daß gerade die Meadsche Konzeption zeige, wie vielfältig vermittelt diese Bereiche seien. Und er geht sogar noch weiter, wenn er schreibt: „Wenn auch in die Vernunft, in die Diskussion, in die Reflexion und Selbstreflexion ‚Natur' eingeht, so kann man in der Sprache diese ‚Natur' doch auch wieder ‚verhandeln'. Diese

---

78 G.H. Mead a.a.O. S. 217
79 G.H. Mead a.a.O. S. 221
80 P. Gross a.a.O. S. 87 f.
81 G.H. Mead a.a.O. S. 217
82 P. Gross a.a.O. S. 95

sprachliche ‚Verhandlung' kann zwar nicht gänzlich hinter sich selbst kommen, aber ihren Interpretationen wohnt doch eine Kraft inne, die das Tun und das Dahinleben strukturiert - und gewiß auch verändert"(83).

Für unterrichtliches Handeln ergeben sich aus diesen Ausführungen einige wichtige Konsequenzen. Einmal wird deutlich, daß die Möglichkeit von Unterrichtsplanung auf dem Sozialisationsprozeß und der dadurch erworbenen Sprache beruht, deren Bedeutungen, nicht wie Wittgenstein glaubt, lediglich im Rahmen bestimmter Sprachspiele zu interpretieren sind, sondern welche als signifikante Symbole die Einnahme der Haltung der anderen ermöglicht. Was für das Planungsproblem bedeutet, daß es prinzipiell möglich ist, vermittels der Sprache wahlweise die Haltungen der anderen probeweise gegenüber sich selbst einzunehmen und durchzuspielen. Planung bedeutet also gegenüber dem eigentlichen Unterrichtsspiel eine Art Vor-spiel, wo die Planenden auf dem Hintergrund ihres Erfahrungsfundus das gesamte Spiel bereits einmal durchspielen. Ein solches Vor-spiel (sprich: Curriculum) ist damit jedoch nicht die Antizipation eines *idealen* Unterrichtsverlaufes, dem sich das eigentliche Unterrichtsspiel unterzuordnen hätte; es ist vielmehr ein *möglicher* Unterrichtsverlauf, der die vorgängige Reflexion des Unterrichts ermöglicht und es erlaubt, die Stimmigkeit des Unterrichts probeweise zu erörtern. Die Reflexion auf das Vor-spiel garantiert jedoch die Identität mit dem Unterrichtsspiel nicht, weil der Reflektierende auf der einen Seite nicht alle Haltungen der anderen einnehmen kann - sein Verhaltensreportoire braucht nicht identisch mit jenem der anderen zu sein, weil seine Sozialisationserfahrungen aus einem anderen gesellschaftlichen Kontext stammen (Schicht, Wohnort, Beruf etc.) - und weil andererseits jenes von Mead genannte Moment der Spontaneität nicht unterschlagen werden darf.

Wenn aber die Planung diese Voraussetzungen nicht gewaltsam unterdrücken will, bekommt sie eine andere Funktion als in der bisherigen Curriculumforschung, wo sie vor allem normierend eingesetzt wurde, ohne daß dieses Verfahren - glücklicherweise - bis heute einen durchschlagenden Erfolg erzielt hätte. Vielmehr sollte Planung jenen

---

83 P. Gross a.a.O. S. 144

Anforderungen genügen, die Krings formuliert: „Vorwiegend als befreiend wird der Plan empfunden, wenn dank dem freigegebenen Aktionsraum ein Streben nach Tätigkeit sich erfüllen kann und die Beschränkung demgegenüber zurücktritt ..."(84). Konkret ergeben sich damit folgende Erleichterungen für das Unterrichtsspiel:

- Planung gibt dem Unterrichtsspiel eine minimale Struktur und schafft Bedingungen dafür, daß unterrichtliches Handeln nicht zufällig und willkürlich operiert, sondern intentional erfolgen kann. Sie erlaubt es damit, die Schwierigkeiten eines Unterrichtsproblems so zu dosieren, daß die Beteiligten nicht überfordert werden.
- Planung stellt die organisatorische Vorbereitung sicher; auf ihrem Hintergrund können Materialien zusammengestellt werden (Bücher, Texte, Skizzen, Arbeitshilfen etc.) und Situationsarrangements getroffen werden (Gruppenräume, Besichtigungen etc.)
- Planung ermöglicht die reflektierte Durchführung unterrichtlichen Handelns, indem jener Zusammenhang von Leitprinzipien, Dispositionen, Handlungen und sozialen und individuellen Voraussetzungen bereits vorgängig in die Diskussion gebracht werden kann.

Allerdings dürfte aus dem Gesagten klar sein, daß die Planung nicht von ständigen Diskursen und Reflexionen während des Unterrichtsspiels dispensiert. So können Änderungen des Unterrichtsverlaufs thematisiert werden und die weiteren Schritte daraufhin neu antizipiert werden. Und gleichzeitig soll dadurch ermöglicht werden, daß Schüler und Lehrer ihre Interessen, Bedürfnisse und Einstellungen fortlaufend einbringen können, indem neu über das Unterrichtsspiel verhandelt wird. Die Planung und Durchführung von Unterricht gleicht damit weniger einem rigiden Management-Modell als einem kreativen Akt des Erfindens von Spielen, der nicht in den Kompetenzbereich der deduktiven Logik fällt.

---

84 H. Krings, Neues Lernen. Fragen der Pädagogen und Aufgaben der Bildungspolitiker, München 1972, S. 69

5. Sozialisation und Curriculum

5.1 Das versteckte Curriculum

Wird die prinzipielle Identität zwischen Curriculum und Unterricht aufgegeben, wird es notwendig, deren Verhältnis eingehender zu explizieren. Im deutschsprachigen Raum haben Aregger und Frey (2) im Rahmen des EBAC-Projekts einiges dazu beigetragen, indem sie zwischen „explizitem" und „implizitem" Curriculum unterscheiden. Unter dem Begriff des „expliziten" Curriculum verstehen sie die „verbal kommunizierbaren, beabsichtigten Determinanten des Unterrichts, die in Lehrplantexten, Schulbüchern, Gesetzestexten, Erlassen, schriftlichen Unterrichtsvorbereitungen, Tests usw. fixiert sind"(3), während das implizite Curriculum jene Determinanten des Unterrichts betrifft, „die durch die Bedingungen der Unterrichtssituation (Schüler-Lehrer etc.), insbesondere im Bereich des Lehrers gegeben sind, aber nicht verbal objektiviert, artikuliert werden"(4).

Die Unterscheidungen von „explizitem" und „implizitem" Curriculum entspricht damit ungefähr dem Verhältnis von Vor-spiel und Unterrichtsspiel, wie es im letzten Kapitel entwickelt wurde; allerdings ist die Betonung des „impliziten" Curriculums weniger sachlich als methodisch begründet; die konkrete Projektarbeit dieser Gruppe zeigt nämlich, daß die Erstellung eines expliziten Curriculums

1 Die Ausführungen dieses Kapitels sind mehr als eine problematisierende Skizze zu verstehen denn als ausgeführte Untersuchung zum Verhältnis von Curriculum und Sozialisation.

2 K. Aregger, K. Frey, Curriculumtheoretische Ansätze in einem Entwicklungsprozeß, EBAC-Projekt, Bericht 5, Freiburg 1971

3 K. Aregger, K. Frey a.a.O. S. 18 f.

4 K. Aregger, K. Frey a.a.O. S. 19

kaum eine „Verbesserung" des realen Unterrichts bringt, solange der Lehrer keine zureichende Innovationskapazität besitzt: „Deshalb wurde mit Beginn des Projektes ein Hauptgewicht im Produktbereich Curriculum auf das implizite Curriculum und die Schaffung von Dispositionen für den ständigen Curriculumprozeß bei den Lehrern und anderen Schulträgern gesetzt"(5).

Für die Curriculumforschung ist durch Differenzierung in „explizites" und „implizites" Curriculum zwar ein gewisses Interesse am unterrichtlichen Handeln gesetzt; es wird erkannt, daß der Lehrer sowie andere Schulträger für ein neues Curriculum veränderter Qualifikationen bedürfen. Daraus ist auch das Interesse der FAL-Gruppe an empirischen Untersuchungen zum Verhältnis Curriculum und Lehrer zu erklären (6), wobei die Interpretation der Befunde allerdings eindeutig auf die Befähigung ausgerichtet ist, an produktorientierten Curricula mitzuarbeiten - sei es im Sinne der Implementation oder einer beschränkten Partizipation an der Konstruktion. Gerade weil jedoch der Freiburger Ansatz instrumental auf verbesserte curriculare Qualifikationen des Lehrers hin ausgerichtet ist, werden alle inhaltlichen Probleme, welche mit dem impliziten Curriculum verbunden sind, nicht weiter thematisiert.
Es sind dies jene Fragen, welche unter der Überschrift des „hidden curriculum" erst in jüngster Zeit ins päddagogische Bewüßtsein aufgenommen wurden: „Dieser heimliche Lehrplan besitzt auch eine goldene Mitte: den Grundkurs in den sozialen Regeln, Regelungen und Routinen. Diesen Grundkurs haben sich Schüler wie Lehrer anzueignen, wenn sie, ohne großen Schaden zu nehmen, ihren Weg durch die Institution, die da Schule heißt, machen wollen" (7).
Das versteckte Curriculum sozialen Lernens ist jedoch nicht weniger wichtig als das offizielle Curriculum, weil hier die Sozialisationsfunktion der Schule thematisiert wird. Denn im Rahmen dieses „Grundkurses" sozialer Regeln wird die in familiären Interaktionsprozessen erreichte Identitätsbalance der Kinder aufs neue in Frage gestellt und reinterpretiert: „Deren Reorganisation auf einem der

5 K. Aregger, K. Frey a.a.O. S. 19
6 Vergl. B. Santini, Das Curriculum im Urteil der Lehrer, Basel 1971
7 Ph.W. Jackson, Was macht die Schule? in: betrifft:erziehung 5, 1973, S. 21

lebensgeschichtlichen Entwicklung entsprechenden ‚höheren Niveau' setzt voraus, daß es dem Individuum gelingt, eine Balance zwischen den neuen Identitätsentwürfen, die ihm in dem szenischen Arrangement der Schule angetragen werden, und seinen in den familiären Szenen interpretierten Triebimpulsen, Bedürfnissen und Affekten und damit eine relative Kontinuität der in unterschiedlichen lebensgeschichtlichen Szenen gemachten Erfahrungen herzustellen" (8).

Noch weiter geht E. Reimer (9), der dem „hidden curriculum" gegenüber dem expliziten Curriculum gar Priorität einräumt und betont, das versteckte Curriculum sei in Wirklichkeit weit wichtiger als der Lehrplan, nach dem Schulen angeblich unterrichten. Nach Reimer ist es die Funktion des „hidden curriculum", die Gesellschaft zu stabilisieren und soziale Mythen zu verbreiten: „Soziale Mythen sind nicht unbedingt falsch; im Goldenen Zeitalter jeder Gesellschaft entsprechen sie der Realität sogar recht gut. Soziale Mythen werden aber allmählich von der Realität überholt, und in der Spätzeit einer Gesellschaft dienen sie fast ausschließlich dazu, Glaubenssätze zu stützen, die sich immer mehr von tatsächlichen Entwicklungen innerhalb dieser Gesellschaft entfernen"(10). Dabei nennt Reimer vier Mythen, die nach seiner Meinung in der gegenwärtigen Gesellschaft eine große Rolle spielen und die durch die Schule und ihre Rituale verbreitet werden: Chancengleichheit, Freiheit, Fortschritt und Effizienz. D.h. die Schule fungiert nicht nur als Vermittlerin kodifizierten Wissens, wie es in Lehrplänen resp. Curricula festgehalten wird, sondern beeinflußt über die Qualität des schulischen Sozialisationsprozesses das Verhalten. Wenn auch die Richtung um I. Illich und E. Reimer die Macht der Schule, soziale Mythen zu verbreiten und damit affirmativ die gesellschaftlichen Verhältnisse zu beeinflussen, genauso überschätzt wie die Möglichkeiten der Schule als kulturrevolutionäres Instrument gesellschaftlicher Veränderungen, so darf die Sozialisationsfunktion der Schule dennoch nicht unterschätzt werden.

---

8 F. Wellendorf, Schule und Identität, in: betrifft:erziehung 5, 1973, S. 27

9 E. Reimer, Schafft die Schule ab! Befreiung aus der Lernmaschine, Hamburg 1972, S. 47 ff.

10 E. Reimer a.a.O. S. 48

So wird im Anschluß an die Bloomschen Thesen (11) oft die Wichtigkeit von frühkindlichen Lernerfahrungen derart überbetont, daß späteren sozialisationsbezogenen Lernprozessen nur noch sehr bedingte Relevanz eingeräumt wird. U. Preuss-Lausitz führt diese Tendenz auf die Freudsche Tradition zurück und hält ihr das Beispiel faktischer politischer Sozialisation entgegen: „Vielmehr zeigen Ergebnisse wie die von Greenberg (12) oder die kurze Geschichte der Neuen Linken in der BRD - von denen der größte Teil aus angepaßten Elternhäusern stammen dürfte und selbst früher politisch unkritisch war -, daß der Zusammenhang zwischen kindlicher ‚diffuser politischer Unterstützung' und späterem politisch-gesellschaftlichen Handeln nicht so eng ist, wie man aufgrund der Freudschen Theorie und seinen Nachfolgern unter den Sozialforschern annehmen mußte"(13).

Grundsätzlich haben wir damit zu unterscheiden: Die Sozialisationsvoraussetzungen, die aus der primären vorschulischen oder der vergangenen schulischen Sozialisation auf gegenwärtige Unterrichtsspiele einwirken und die bewußte oder unbewußte Sozialisationsfunktion des Unterrichtsspieles selbst, durch das Verhalten, Einstellungen, Haltungen verändert werden. Wenn solche Prozesse nicht als quassi naturwüchsiger Ablauf akzeptiert werden sollen, so wäre es für die pädagogische Diskussion wichtig, diese Prozesse als Bedingungen des Unterrichts in die Reflexion einzubeziehen und Curriculumforschung sozialisationsorientiert zu betreiben. Nur so kann vermieden werden, daß der Status quo als Norm von Sozialisationsprozessen unbefragt

11 Vergl. B.S. Bloom, Stabilität und Veränderung menschlicher Merkmale, Weinheim, Berlin, Basel 1971. Dazu die Kritik von D. Hopf: „Ich habe zu zeigen versucht, daß der von Benjamin Bloom gezeichnete Entwicklungsverlauf der menschlichen Intelligenz auf nicht haltbaren Voraussetzungen beruht. Es läßt sich weder angeben, welcher Anteil der Erwachsenenintelligenz in irgendeiner Altersstufe bereits entwickelt ist, noch aus dem bei Bloom vorgelegten Material der Schluß ziehen, daß Umwelteinflüsse umso stärker wirken, je früher sie einsetzen, und daß ein Entwicklungsrückstand nicht mehr aufzuholen ist" (D. Hopf, Entwicklung der Intelligenz und Reform des Bildungswesens, in: Neue Sammlung 1971, S. 48)

12 E.S. Greenberg, The Political Socialisation of Black Children, in: E.S. Greenberg (Hrsg.), Political Socialisation, New York 1970, S. 178 ff.

13 U. Preuss-Lausitz, Vom Schwinden der „Fähigkeit", sich mit dem politischen System zu identifizieren (Fortsetzung), in: betrifft:erziehung 3, 1973, S. 45

bleibt und sogar dort noch durchschlägt, wo ein explizites Curriculum progressive Bildungsinhalte anbietet.

Diese Sozialisationsfunktion sollte jedoch nicht in der Weise wahrgenommen werden, daß man daraus neue Inhalte und Fächer gewinnt oder die Sozialisationsziele als abgelöste eigene Lerneinheiten ausformuliert, die vom restlichen Unterricht separiert sind. Da jedes Unterrichtsspiel selbst einen Teil des Sozialisationsprozesses darstellt, hat die Reflexion darauf konstant zu erfolgen. Kommunikation über Handeln und das problembezogene Handeln selbst sind auf diese Weise ständig aufeinander bezogen und können sich gegenseitig korrigieren.

5.2 Sozialisation und Unterrichtsspiele

Will man die sozialen Voraussetzungen von Unterrichtsspielen etwas näher betrachten, läßt sich hypothetisch (14) auf jene Ergebnisse zurückgreifen, die aus der allgemeinen Sozialisationsforschung bekannt sind. So kann man auf das gesamte Material zur schichtspezifischen Sozialisation - die Sprachbarrierendiskussion (15), die Untersuchungen zu den Werteinstellungen (16), zur Leistungsmotivation (17) etc. - rekurrieren. Daraus wird

---

14 Es ist im folgenden zu beachten, daß hier aufgrund von Literaturverarbeitung in einem reichlich kontroversen Gebiete lediglich versucht wird, einige hypothetische Annahmen zu formulieren, welche dem Autor als hinreichend plausibel erscheinen. Die empirische Bestätigung dafür steht jedoch - gerade was den Unterricht anbetrifft - noch aus.

15 Vergl.: U. Oevermann, Schichtenspezifische Formen des Sprachverhaltens und ihr Einfluß auf die kognitiven Prozesse, in: H. Roth (Hrsg.), Begabung und Lernen, Stuttgart 1968, S. 297 ff.; U. Oevermann, Sprache und soziale Herkunft; ein Beitrag zur Analyse schichtspezifischer Sozialisationsprozesse und ihrer Bedeutung für den Schulerfolg, Berlin 1970; B. Bernstein, Studien zur sprachlichen Sozialisation, Düsseldorf 1972; W. Niepold, Sprache und soziale Schicht, Berlin 1970

16 Vergl. M.L. Kohn, Social Class and Parent-Child Relationship: An Intepretation, in: H.C. Lindgren (Hrsg.), Contemporary Research in Social Psychology, New York 1968, S. 282 ff.; K. Mollenhauer, Sozialisation und Schulerfolg, in: H. Roth (Hrsg.), Begabung und Lernen, Stuttgart 1968, S. 269 ff.; Sozialisation und kompensatorische Erziehung, Berlin 1969, S. 128 ff.

17 H.-G. Rolff, Sozialisation und Auslese durch die Schule, Heidelberg 1967; Rosen B.C., D'Andrade R., Die psychosozialen Ursprünge des Leistungsmotivs, in: Graumann C.F., Heckhausen H. (Hrsg.), Pädagogische Psychologie 1, Entwicklung und Sozialisation, Frankfurt 1973, S. 106 ff.

ersichtlich, daß verschiedene gesellschaftliche Gruppen unterschiedliche Voraussetzungen in Unterrichtsspiele einbringen, die z.T. unterrichtliches Handeln im Sinne der in diesem Buche dargestellten Vorschläge erschweren können. Das bedeutet nicht, daß eine bestimmte Schicht von vorneherein für einen solchen Unterricht prädestiniert wäre; vielmehr dürfte jede Schicht ihre spezifischen Schwierigkeiten in den Unterrichtsprozeß einbringen, die erst im Laufe eines Re-sozialisationsprozesses langsam abgebaut werden können.

Einmal läßt sich vermuten, daß Unterschichtkinder größere Probleme mit der kommunikativen Reflexion über Unterrichtsspiele haben. Denn sie dürften rein verbal Schwierigkeiten haben, in Diskurse einzutreten, da diese Sprachmuster in ihrer Abstraktheit eher für das Sprachverhalten der Mittelschicht paradigmatisch sind. Mindestens besteht hier die Gefahr, daß ein Sprachstil zum Tragen kommt, der sich von vorneherein an den Sprachgewohnheiten der Mittelschicht orientiert. Zudem muß man sich generell vergegenwärtigen, daß die Angehörigen der Unterschicht im Produktionsprozeß untergeordnete - oft rein ausführende - Positionen einnehmen; die Möglichkeit, in Diskurse einzutreten und Normen zu problematisieren, ist für sie objektiv nicht gegeben und wäre dysfunktional; denn daraus hätten sie höchstens Konflikte zu erwarten, welche ihre berufliche Position bedrohen würden. Gleichzeitig wird in der Sozialisationsforschung angeführt, daß den Unterschichtkindern eine reduzierte Zukunftsperspektive eigen (18) sei und sie eher konkret in ihren Zielen seien. Dabei wird auch hier auf die zugrundeliegenden Bedingungen der Lebenswelt rekurriert: „Die in der Arbeiterklasse häufig vorhandene ,Unfähigkeit', nicht langfristig planen zu können, ist Ergebnis ihrer Klassenerfahrung, nämlich nichts zu haben, was langfristige Planung notwendig und möglich machte"(19). Andererseits setzt gerade das Verhandeln über Aufgabennormen eine ausgeprägte Zukunftsperspektive voraus, die zusätzlich noch die Fähigkeit erfordert, zukünftige Unterrichtsverläufe relativ

---

18 Vergl. W.L. Bühl, Schule und gesellschaftlicher Wandel, Stuttgart 1968, S. 111 f.

19 K. Nagel, U. Preuss-Lausitz, Thesen zur wissenschaftlichen Begleitung von Versuchen und Modellen im Bildungssystem, in: Ch. Wulf (Hrsg.), Evaluation, München 1972, S. 346

detailliert zu antizipieren und Alternativen auf die ihr innewohnenden zukunftsorientierten Gehalte miteinander zu vergleichen.

Zusammenfassend ist damit zu vermuten, daß die Fähigkeit zur Kooperation im Rahmen offener Curricula für Unterschichtkinder einige schwerwiegende Probleme mit sich bringt, die eng mit dem eher rigiden, auf Einhaltung vorgegebener Normen orientierten Erziehungsstil zusammenhängen dürften. Denn damit wird es für diese Kinder sehr schwierig, in Diskurse einzutreten und Normen zu problematisieren und zu begründen.

Demgegenüber dürfte die Qualität des Sozialisationsprozesses, wie er in der Mittelschicht vorherrscht, unter den genannten Aspekten eher Vorteile mit sich bringen. Dies ließe sich zusätzlich auch am Lehrer-Schüler-Verhältnis belegen. Denn Mittelschichtkinder sind es gewöhnt, akzeptiert zu werden; ihre Eltern richten sich weniger auf Gehorsam und Ordnung hin aus. Sie sind damit eher fähig, ihre Lernprozesse im Sinne selbstregulierender Erziehung zu gestalten, und sie reagieren positiv auf einen Lehrer, der die externe Disziplin weniger betont. Dem entspricht eine Einstellungsuntersuchung von Sieber und Wilder, die belegen konnten, daß sich Mittelschichteltern signifikant häufiger für einen „discovery-oriented teaching style" für ihre Kinder aussprachen, während Unterschichteltern eher einen kontrollierenden Unterrichtsstil bevorzugen(20).

Das bedeutet jedoch keineswegs, daß mittelschichtiges Verhalten global für einen Unterrichtsstil im Rahmen offener Curricula prädestiniert sei. Denn die durch den Sozialisationsprozeß angestrebte Erziehung zu Autonomie und Selbstregulierung bedeutet gleichzeitig, daß Normen und Werte viel stärker internalisiert werden, also für das Mittelschichtkind nicht lediglich externe Vorschriften darstellen (21). Die dabei stattfindende Identifikation mit Werten und Normen kann dann jedoch nur noch mit Mühe in einen Prozeß diskursiver Erörterungen eingebracht werden. Und gleichzeitig dürfte die ausgeprägte Leistungsorientierung der Mittelschicht ein erneutes Hindernis

---

20 S.D. Sieber, D.E. Wilder, Teaching Styles: Parental Preferences and Professional Role Definitions, in: L.W. Drabick (Hrsg.), Interpreting Education - A Sociological Approach, New York 1971, S. 146 ff.

21 Vergl. M.L. Kohn a.a.O. S. 288

für einen Unterricht darstellen, der weniger an expliziten Leistungsnormen ausgerichtet ist und nicht allein jene Fächer betont, die vordergründig den späteren Erfolg im späteren Leben auszumachen scheinen.

Auf jeden Fall hebt die Konzeption einer Theorie offener Curricula die Ausrichtung der Schule an der Mittelschicht nicht automatisch auf, welche in der Literatur vielfach erwähnt wird. Es besteht vielmehr die Gefahr, daß diese Tendenz durch die Ausrichtung an einem individualistischen, leistungsorientierten, scheinbar flexiblen Modell des Unterrichts, wie es eine falsch verstandene Theorie der offenen Curricula fördern könnte, noch verstärkt würde. Gerade die amerikanischen Kritiken an operationalisierten Lernzielen, welche Expressivität, vermehrte Individualisierung, kindzentrierte anstatt curriculumzentrierte Erziehung betonen, scheinen dieser Gefahr nicht zu entgehen. Es ergibt sich daraus leicht ein ideologisches Erziehungsideal, das davon ausgeht, daß „our real challenge and our real opportunity is to see our schools as a whole and to see children as individuals. Then our task becomes to do for each individual child whatever needs to be done to bring his life to fullest flower" (22). Das hier ausgedrückte liberale Modell der Erziehung sieht gerade ab von den gesellschaftlich-ökonomischen Verflechtungen von Erziehung und wird dadurch trotz seiner kindzentrierten Intention zum Prototyp ideologischer Erziehung. Und diese Absehung von den gesellschaftlichen Bedingungen von Erziehung dürfte letztlich dazu führen, daß jenes mittelschichtige Erziehungsverhalten auf allen Ebenen durchschlägt und Unterschichtkinder noch weit mehr benachteiligt, als es im heutigen Schulsystem der Fall ist.

Die Folgerungen aus den - mittlerweile überall bekannten - Befunden der Sozialisationsforschung sollten jedoch auch nicht übereilt unter das Stichwort „kompensatorische Erziehung" gestellt werden, um Unterschichtkinder an die von der Mittelschicht gesetzten Standards anzupassen. Denn damit bekäme die Theorie „offener Curricula" einen

---

22 Diese Aussage eines amerikanischen „Principal" ist entnommen: H.L. Gracey, Curriculum or Craftmanship, Chicago 1972, S. 13. Vergl. dazu auch solche Erziehungskonzepte wie das „Parkway" Programm von Philadelphia (dokumentiert in: D.W. Cox, The City as a Schoolhouse, Valley Forge 1972).

Mittelschichtbias, wie er gerade an den bisherigen Bemühungen zur kompensatorischen Erziehung kritisiert wird (23. Andererseits sollten jene Sozialisationsunterschiede auch nicht mit dem marxistischen Klassenbegriff vermischt werden, würden doch nach dem marxistischen Klassenbegriff mindestens Teile der Mittelschicht zur Arbeiterklasse gehören. Es besteht mithin kein Anlaß, für das Unterschichtverhalten bedingungslos Partei zu ergreifen und es kritiklos im Sinne einer notwendigen Subkultur für Klassenkämpfe zu glorifizieren. In diesem Sinne schreiben Hänsel und Ortmann: „Daraus ergibt sich noch nicht, daß ein solcher Nachweis des schichtenspezifischen Charakters von Fähigkeiten sie schon per se als nicht wünschenswert erweist. Vielmehr scheint es plausibel zu sein, daß sich in den Mittelschichten ein gewisses Maß jener bürgerlichen geistigen Qualitäten tradiert und gespeichert hat, die die bürgerliche Gesellschaft zu entwickeln vermochte. Es kommt aber darauf an, auch diese ‚Tugenden' ebensowenig zu an sich wertvollen Eigenschaften zu hypostasieren wie die ‚overlooked positives' der Arbeiterschicht. Die historische, und das bedeutet die politische Perspektive macht erst deutlich, inwieweit die an die Werte der Mittelschicht gekoppelten Fähigkeiten sich in einer veränderten Gesellschaft bewähren können"(24).

Auf dem Hintergrund dieser Abgrenzungen ergeben sich für unterrichtliches Handeln im Sinne von Unterrichtsspielen folgende Konsequenzen:

- Schichtspezifische Verhaltensmuster weisen auf systematische Schwierigkeiten hin, in Diskurse über Unterrichtsspiele einzutreten. Es muß deshalb versucht werden, im Rahmen des schulischen Sozialisationsprozesses auf jene Schwierigkeiten differenziert zu reagieren, um auf diese Weise einen Lernprozeß für alle Kinder zu initiieren.
- Je stärker Entscheidungsprozesse zu abstrakten Auseinandersetzungen gemacht werden, desto mehr bricht der mittelschichtige Verhaltensstil durch. Demgegenüber

23 D. Hänsel, H. Ortmann, Kompensatorische Vorschulerziehung und sozialer Aufstieg, in: Zeitschrift für Pädagogik 1971, S. 431 ff.
24 D. Hänsel, H. Ortmann a.a.O. S. 440

sind die Entscheidungen, die in der Schule gefällt werden müssen, z.T. ohne weiteres auf ein konkretes Niveau zu übersetzen; es ist vielleicht nur der Lehrer, der daraus ein abstraktes Problem macht.

- Die schulische Sozialisation ist nicht im Sinne des Ausgleichs von Defiziten zu verstehen, sondern sie ist ganz allgemein Erziehung resp. Selbsterziehung aller Beteiligten. D. h. es wird angenommen, daß alle am Unterricht Beteiligten (inklusive Lehrer) nicht in jenen Stil des Verhaltens eingeübt wurden, welcher für offene Curricula Voraussetzung ist.
- Es gibt Probleme, welche die Kindheit ganz allgemein betreffen und die deshalb für alle Schichten als wichtige Inhalte unterrichtlichen Handelns aufzugreifen wären: „Die Situation der Kinder und Jugendlichen ist durch Realitätsverlust und Erfahrungsdefizit gekennzeichnet. Die sich immer mehr intimisierende und verengende primäre Sozialisation der Kleinfamilie reicht nicht mehr in die komplexeren gesellschaftlichen Vorgänge hinein: die Folge ist ein relativ isoliertes Dasein *aller* Kinder; alle sind ausgeschlossen von den meisten gesellschaftlich relevanten Handlungsfeldern" (25). Allerdings dürften auch hier schichtspezifisch variierende Erfahrungen und Perzeptionsweisen des gemeinsamen Problems festzustellen sein, welche durchaus Teil eines Unterrichts sein müßten, welcher die Handlungsfähigkeit der Kinder zu einem seiner Leitprinzipien erklärt.
- Die Förderung von Expressivität, Kreativität, Autonomie etc. ist zwar von den Voraussetzungen her eher einem mittelschichtigen Verhalten näher; sie sollte jedoch deswegen nicht von vorneherein diffamiert werden - sofern diese Fähigkeiten nicht rein formal gefaßt werden, sondern auf die konkreten historischen Realitäten bezogen sind. Gerade für Unterschichtkinder ist der Erwerb dieser Fähigkeiten unbedingt notwendig, wenn sie später ihren Einfluß im politischen Bereich geltend machen wollen.

---

25 W. Hahn, Bemerkungen zum politischen Profil integrativer, mehrperspektivischer Unterrichtsmodelle, in: Thema Curriculum 3, 1973, S. 79

Unterrichtsspiele dürfen nicht nur als eigenständige Größe betrachtet werden, über deren Zustandekommen allein die direkt beteiligten Lehrer und Schüler bestimmen. Vielmehr findet Unterricht in einem sozialen Kontext, der Organisation Schule statt. Die Verschränkung von organisationellen und persönlichkeitsbezogenen Aspekt ist in der Literatur recht vielfältig beschrieben worden. So unterscheiden Getzels und Thelen (26) zwischen einer nomothetischen und einer idiographischen Dimension der Schulklasse, also zwischen der Ausrichtung an sozialen Normen, die sich an der formalen Institution und den daraus erwachsenden Rollen und Rollenerwartungen konkretisieren und der Ausrichtung an Individuum, Persönlichkeit und Dispositionen. Das konkrete Klassenklima ergibt sich erst aus der Interaktion von idiographischer und nomothetischer Dimension, was bedeutet, „daß soziales Verhalten sich aus den individuellen Anstrengungen ergibt, sich mit einem sozialen Feld, das aus Erwartungsstrukturen an dieses Verhalten besteht, in einer Weise auseinanderzusetzen, die mit den eigenen unabhängigen Bedürfnisstrukturen konsistent ist"(27). Getzels und Thelen drücken diese Zusammenhänge formal in der Gleichung B = f (RxP)(28) aus und verdeutlichen ihr Modell an folgender Skizze:

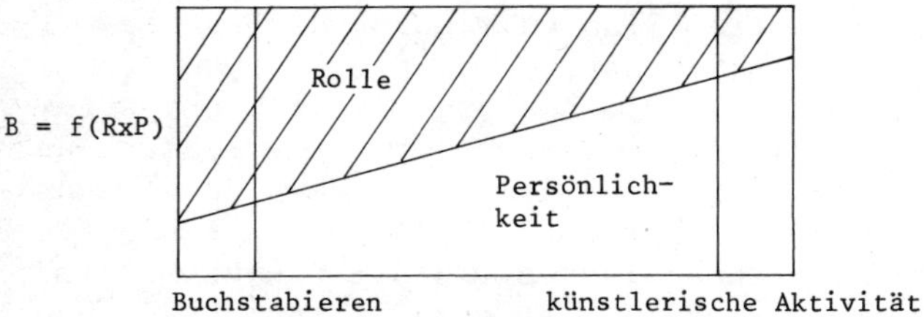

Die Darstellung bezieht das unterrichtliche Verhalten auf die Interaktion von Rollen- und Persönlichkeitsdimension, wobei angenommen wird, daß je nach Unterrichtsaufgabe die

26 J.W. Getzels, H.A. Thelen, The Classroom Group as a Unique Social System, in: A.H. Yee (Hrsg.), Social Interaction in Educational Settings, New Jersey 1971, S. 6 ff.

27 J.W. Getzels, H.A. Thelen a.a.O. S. 16

28 B = Verhalten, R = gegebene institutionelle Rolle, P = Persönlichkeit des Rollenträgers

Möglichkeiten, Rollen- und Persönlichkeitsdimension ins Spiel zu bringen, unterschiedlich sind. So eröffnet die künstlerische Aktivität nach Getzels und Thelen gegenüber dem Buchstabieren einen weitaus größeren Spielraum, um die individuelle Persönlichkeit des Schülers ins Spiel zu bringen. Und in ähnlicher Weise könnte jedes einzelne Lernziele auf seine nomothetische und idiographischen Anteile untersucht werden.

Dabei deutet bereits die zugrundegelegte Funktion an, daß das Verhalten im Unterricht nie nur aus einer einzigen der beiden Dimensionen resultiert: „Wenn das Rollenverhalten maximiert wird, so bleiben immer noch einige individuelle Aspekte, weil keine Rolle so eng definiert wird, daß sie jeglichen persönlichen Spielraum eliminieren könnte"(29).

Das Modell von Getzels und Thelen ermöglicht es damit, die Schulklasse als Feld sozialer Beziehungen zu strukturieren, ohne daß jegliches Verhalten, welches mit der institutionellen Ebene nicht konform geht, als deviant bezeichnet wird, wie es im allgemeinen in der amerikanischen Literatur geschieht. Die Folgerungen für das „Klassenmanagement" werden in jenem zweiten Fall recht deutlich von Backmann und Secord herausgestellt: „Wenn ein Lehrer Gruppenkräfte zur Unterstützung aufgabenorientierter Aktivität einsetzen kann, wird sein eigener Einfluß beträchtlich erweitert. Er kann das erreichen, indem er das normative Klima der Klasse in eine Richtung lenkt, die aufgabenorientierte Aktivität begünstigt und die Gruppenstruktur so modifiziert, daß maximale Konformität erreicht wird. Das Auflösen von Subgruppen, deren normative Klimata aufgabenirrelevante Aktivität begünstigen, kann dafür manchmal erforderlich sein. Zu anderen Zeiten wieder kann der Lehrer sie weiterbestehen lassen und die Gruppenkräfte zur Unterstützung aufgabenorientierter Aktivität lenken, indem er sich einflußreicher Studenten bedient"(30).

Zwar rechnet auch diese zweite Auffassung mit einer nomothetischen und einer idiographischen Dimension: das Lösen schulischer Aufgaben ist hier aber nicht mehr die Leistung eines Zusammenwirkens beider Dimensionen, son-

---

29 J.W. Getzels, H.A. Thelen a.a.O. S. 17

30 C.W. Backmann, P.F. Secord, Sozialpsychologie der Schule, Weinheim, Basel 1972, S. 128

dern die Äußerungen der individuellen Persönlichkeit werden für die aufgabenorientierten Aktivitäten als abträglich empfunden, weil sie den Lernprozeß von den institutionell festgelegten Standards abzögen. Und es ist nur konsequent, daß Kontrolle und Disziplinierung zum Hauptproblem der Schule werden, um die konstante Gefahr der Abweichung von den institutioenllen Normen zu bannen.

Demgegenüber stellt das Getzelsche Modell die beiden Dimensionen als einander gleichberechtigt gegenüber und betrachtet das Unterrichtsgeschehen als eine Balance, die sich je nach Situation neu zu konsolidieren hat. Sein „idealer Schüler" ist denn auch nicht ein völlig diszipliniertes Wesen, das in seiner Rolle völlig aufgeht, sondern Getzels möchte die Kinder so erziehen, daß sie ihren Platz als kreative und autonome Mitglieder anderer sozialer Systeme einzunehmen imstande sind (31).

Allerdings scheint bei Getzels und Thelen ein Punkt fragwürdig: Denn die nomothetische und die idiographische Dimension sind vollständig vorgegeben und die Bildung des „Klassenklimas" - der Balance im Rahmen dieser beiden Dimensionen - ist aus ihrer nachträglichen Interaktion zu verstehen. Die institutionellen Rollenerwartungen sind damit im voraus gegeben, sie können wohl im Rahmen der Suche nach einer Balance mit einer individuellen Interpretation versehen, aber nicht auf ihre Legitimation als Verhaltensnormen befragt werden. Weil die institutionalisierten Normierungen nicht grundsätzlich in Frage gestellt werden können, kann sich Expressivität nur innerhalb enger Grenzen zur Sprache bringen. Die Individualität interpretiert weitgehend vorgegebene Szenen und darf nur so weit Expressivität äußern, als es von den institutionellen Normen der Schule und den Curricula vorgesehen ist. Die Schwierigkeiten, die sich aus einem solchen Modell - das ja letztlich nur die bestehende Realität abbildet - für eine Konzeption offener Curricula ergeben müssen, hat H.L. Gracey (32) in seiner „Wilbur-Wright-School" Studie deutlich herausgestellt.

Gracey unterscheidet in seiner Feldstudie zwischen zwei Arten von Lehrern, dem „production teacher" und dem „craftsmanship teacher", und zeigt in der Folge ihre spe-

31 J.W. Getzels, H.A. Thelen a.a.O. S. 25

32 H.L. Gracey, Curriculum or Craftmanship. Elementary School Teachers in a Bureaucratic System, Chicago 1972

zifischen Schwierigkeiten und Probleme im Rahmen der bürokratischen Institution „Schule" auf.

Mit „production teacher" wird jener Lehrertyp bezeichnet, welcher vor allem die Einhaltung des vorgegebenen Curriculums betont und dessen explizites Erziehungsziel es ist, die Fähigkeiten jedes Kindes möglichst in individueller Weise zu fördern, indem das Fortschreiten im Curriculum zeitlich nach Lerngeschwindigkeit differenziert wird. Demgegenüber bemüht sich der „craftsmanship teacher", von den Bedürfnissen und Interessen der Kinder auszugehen, zu jedem Kind eine positive emotionale Beziehung aufzubauen und die Erfahrungen der Kinder möglichst in den Unterricht einzubeziehen. Beide Lehrertypen gehen von einer individualistischen Erziehungsphilosophie aus, wie sie an der Wilbur-Wright-Schule allgemein vertreten wird, kommen jedoch durch unterschiedliche Interpretationen dieser Philosophie zu ganz verschiedenen Begründungen: „Die ‚production teachers' können die qualitativen Unterschiede zwischen ihrer Art des individualisierten Unterrichts, welcher jedes Kind nach unterschiedlicher Lerngeschwindigkeit differenziert durch ein vorgeschriebenes Lernprogramm führt und der individualisierten Erziehung, wie sie von den ‚craftsmanship teachers' versucht wird, welche das Curriculum an den gegenwärtigen Interessen der Kinder aufbauen, nicht verstehen"(33).

Diese unterschiedlichen Interpretationen führen in ihrer Konsequenz zu einem unterschiedlichen Grad an Schwierigkeiten mit dem institutionellen Aufbau der Schule. Die Erziehungsphilosophie der „production teachers" führt nicht zu grundlegenden Widersprüchen mit den strukturellen Bedingungen der Schule, sondern höchstens zu Schwierigkeiten im Bereich der Implementation - Probleme der limitierten Zeit, mangelnder Erfahrung und mangelnden Trainings in dieser Art individualisierten Unterrichts etc. Die Ziele dieser Lehrer stehen in Übereinstimmung mit der leistungsorientierten Schulstruktur: Das Standardcurriculum wird erfüllt, Disziplinierung und Kontrolle der Schüler stehen nicht in Widerspruch zur Erziehungsphilosophie. Probleme entstehen vor allem dadurch, daß durch diese Art des Unterrichts wenig Sachmotivation zustande kommt, so daß der häufigste Diskussionsgegenstand dieser

33 H.L. Gracey a.a.O. S. 78

Lehrer die Frage ist, wie ein Kind dazu motiviert werden kann, das vorgegebene Unterrichtsmaterial so zu lernen, daß es das lernen will, was es lernen muß (34).

Demgegenüber ist die Stellung des „craftsmanship teachers" schwieriger und steht letztlich in wichtigen Punkten in konträrem Gegensatz zu den Strukturen der Institution Schule. Als Ziel seiner Tätigkeit definiert dieser Lehrertyp eine Art des Unterrichts, die von den eigentlichen Bedürfnissen und den bedeutungsvollen Erfahrungen der Kinder ausgeht. Von der bürokratischen Struktur der Schule hingegen wird von ihm verlangt, daß die Kinder die für eine bestimmte Schulstufe verlangten Fähigkeiten und das entsprechende Wissen erreichen. Diese Lehrer möchten sich in einer persönlichen Weise auf jedes einzelne Kind beziehen, während gleichzeitig die Notwendigkeit besteht, ihre Klassen in glatt funktionierende Gruppen zu organisieren, um die verlangte Ordnung aufrechtzuerhalten. Und alle diese äußeren Anforderungen werden dadurch verstärkt, daß die Einstellungen, Werte und Handlungen der Menschen in der lokalen Gemeinde darauf ausgerichtet sind, auf die Schule dahingehend Einfluß zu nehmen, daß sie ihre persönlichen Ansichten über die Ziele der Erziehung unterstützt; d.h. die Schule hat sich danach primär an akademischen Leistungsstandards auszurichten. Als Resultat versuchen diese Lehrer Kompromisse herzustellen, ohne dadurch jedoch Frustrationen vermeiden zu können. So hatten denn auch am Ende der Untersuchungsperiode zwei der drei „craftsmanship teachers" die Absicht, aus dem Schuldienst auszuscheiden.

Die Wilbur Wright School Studie zeigt sehr deutlich, daß Curriculumprobleme und Fragen der Organisationsstruktur von Schulen eng miteinander zusammenhängen. In einem leistungsorientierten bürokratischen Schulsystem dürfte es nur beschränkt möglich sein, Formen des Unterrichts zu initiieren, wie sie im Sinne „offener Curricula" zu fordern wären (35). Denn die Rollenerwartungen an Lehrer und

---

34 H.L. Gracey a.a.O. S. 80

35 Es muß in diesem Zusammenhang allerdings darauf aufmerksam gemacht werden, daß das liberalistische Modell des „craftsmanship teacher" nicht als Prototyp des Lehrers gelten kann, wie er durch „offene Curricula" gefordert wird. Übereinstimmend ist vor allem der erfahrungsorientierte Ansatz, während sich die Konzeption offener Curricula vom allzu penetrant antiautoritären Erziehungsstil und der dahinterstehenden individualistischen Philosophie wohl distanzieren müßte.

Schüler, die Standards von Prüfungen und Abschlüssen, disziplinierende Verhaltensnormen und rigide curriculare Vorschriften gewähren Reformen im erwähnten Sinne nur einen geringen Spielraum.

H.-G. Rolff (36) hat in dieser Beziehung einige weiterführende Hypothesen formuliert, die vor allem das Verhältnis zwischen Unterricht und erfolgreichen schulischen Sozialisationsprozessen betreffen. So formuliert er folgende Hypothese: „Je brüchiger die edukative soziale Organisation wird, desto stärker tritt die disziplinierende und reglementierende Funktion der administrativen sozialen Organisation in Erscheinung"(37). Die Brüchigkeit der edukativen sozialen Organisation wird dabei dahingehend definiert, daß die Interaktion zwischen Lehrern, Schülern und Gegenständen gestört ist: „Die ‚Gegenstände' werden von Behörden und Kommissionen durch Lehrplan-Richtlinien ohne systematische Rückkopplung zu den Betroffenen kanalisiert, sie können also nur zufällig die Bedürfnisse der Schüler und Lehrer treffen; die Erwartungshorizonte von Lehrern und Schülern fallen auseinander; die Lehrerinteressen variieren standes- und die Schülerinteressen klassen- bzw. schichtenspezifisch; ebenso sind die Erwartungen und Intentionen von Elterngruppen diskrepant mit der Schulkultur"(38). Allerdings könnte die Rolffsche Hypothese, welche die disziplinierende und reglementierende Funktion der administrativen Organisation in Abhängigkeit von der brüchig gewordenen edukativen sozialen Organisation sieht, auch umgekehrt gefaßt werden: Die institutionalisierten Erwartungen der bürokratischen Schulstruktur führen erst zu einer Schulorganisation, wo die edukative Funktion der Schule brüchig wird und wo damit Erziehung und Unterricht derart separiert werden, daß der Stellenwert der Erziehung geringer, das soziale Lernen instrumentaler und die Erziehung unstrukturierter wird (39).

---

36 H.-G. Rolff, Sozialisationsorientierte Curriculumentwicklung und curriculumorientierte Sozialisationsforschung, Dortmund 1972 (int. verv. Ms.)

37 H.-G. Rolff, Sozialisationsorientierte Curriculumentwicklung a.a.O. S. 10

38 H.-G. Rolff, Sozialisationsorientierte Curriculumentwicklung a.a.O. S. 6

39 H.-G. Rolff, Sozialisationsorientierte Curriculumentwicklung a.a.O. S. 12

Letztlich sind diese beiden Richtungen der Abhängigkeit nur Aspekte desselben unheilvollen Stabilisierungsprozesses: Die disziplinierende und reglementierende Funktion der Schule verhindert Sozialisationsprozesse im Sinne von Mündigkeit, kollektiver Selbstbestimmung und Identitätsfindung. Umgekehrt bedroht jeder Versuch, solche Sozialisationsprozesse zu initiieren, die administrative Organisation, die deshalb versuchen muß, die Lehr- und Lernprozesse wieder stärker zu kontrollieren. Denn jene Brüchigkeit, welche durch Disziplinierung im heutigen Schulsystem verdeckt werden kann, würde durch offene Curricula erst richtig offengelegt. Die verschärfte Bedürfnis- und Normendiskrepanz, die dadurch zutage käme, könnte unter den gegebenen administrativen Verhältnissen nur durch neue Reglementierungen entschärft werden, um die aufgebrochenen Diskrepanzen damit wieder zu verdecken. Dabei ist es leicht denkbar, daß auch die Betroffenen selbst - oder wenigstens große Teile von ihnen - dieses Vorgehen akzeptieren, weil sie selbst in die bisherigen Strukturen einsozialisiert worden sind und damit das Aufbrechen von Konflikten als Bedrohung, ja als Angriff auf sich selbst interpretieren müßten. Fremdbestimmtes Lernen, das sich an festen Orientierungen und Standards ausrichtet, dürfte der Unsicherheit, welche jede neue Form des Lernens mit sich bringt, oft vorgezogen werden. In dieser Richtung weisen etwa die Überlegungen von Jensen, der zum Rollenverhalten des Lehrers schreibt, daß sich jeder Amtsträger in einer Organisation eine Art eigener „Nische" schaffe, d.h. sich im Rahmen der Rollenerwartungen verschiedenster Gruppen so gut einrichte, wie es eben gehe (40). Zwischen den Ansprüchen von Administration, Eltern, Schülern etc. versucht also der Lehrer eine Art von Balance herzustellen, um Konflikte zu vermeiden. Sind jedoch Veränderungen im Sinne von Innovationen zu erwarten, so impliziert das Veränderungen in der Rollenstruktur der Schule und damit letztlich die Möglichkeit des Aufbrechens latenter Konflikte sowie die Notwendigkeit, das Gleichgewicht zwischen verschiedenen Rollenerwartungen neu herzustellen. Auf diese Weise läßt sich rollentheoretisch der in der Literatur oft betonte Konservativismus der Lehrer erklä-

---

40 G.E. Jensen, The School as a Social System, in: Educational Research Bulletin 1954, S. 38 ff.

ren, welcher im Lichte dieser Interpretation als Abwehrmechanismus der Lehrer gegen jene Entwicklungen verstanden werden kann, die seine „Nische" in Frage stellen.

Offene Curricula aber sind nicht nur deshalb für das Selbstverständnis des Lehrers eine Bedrohung, weil sie wie jede Innovation die mühsam hergestellte Balance der an ihn gestellten Rollenerwartungen zerstören. Vielmehr stellen sie jene Macht-, Privilegien- und Prestigeverhältnisse in Frage, welche dem Gleichgewicht des Status quo zugrundeliegen. Denn wenn Konflikte ausgetragen werden, wird das Verhältnis der Interaktionspartner zueinander dynamisiert; sie können sich nicht mehr auf eine stabile Position zurückziehen, die im Sinne einer Nische durch Macht, Prestige und Privilegien abgesichert ist. Vielmehr haben sie sich auf den Prozeß der Konsensbildung einzulassen, wo das rationale, sachlich fundierte Argument an die Stelle der institutionell abgesicherten Überlegenheit des Lehrers tritt.

Damit werden jene Techniken entwertet, mit denen bisher quasi „automatisch" Konflikte entschärft wurden und die F. Wellendorf (41) bezeichnet:

- Formen psychosozialer Abwehr: wie Verdrängung, Projektion und Identifikation mit dem Angreifer
- Distanzierung, indem der Konflikt an einem Sündenbock festgemacht wird.
- Rituale, um zu verhindern, daß Differenzen in der Interpretation der Situation und in den Problemlösungsaktivitäten zwischen Schülern und Lehrern thematisiert werden.
- Techniken der Konfliktkanalisierung, die eine begrenzte Thematisierung solcher Differenzen gestatten und dabei zugleich auf einem grundsätzlichen Konsens zwischen den Konfliktpartnern beharren (z.B. SMV).
- Reduktion von Problemen sozialer Interaktion und Kommunikation auf technische Probleme

Der Verzicht auf solche Konfliktvermeidungsstrategien und damit ein rationales Austragen von Konflikten ist langfristig ein unabdingbares Postulat für eine Schule, welche sich einem emanzipatorischen Erziehungskonzept verschreiben möchte. Denn das Aushandeln von Unterrichtsspielen kann nur dann konkret gelingen, wenn nicht Mecha-

---

41 Vergl. zu den folgenden Ausführungen: F. Wellendorf, Soziale Konflikte in der Schule, in: Funkkolleg Pädagogische Psychologie, Studienbegleitbrief 7, Weinheim, Basel 1973, S. 77 ff.; M. Liebel, F. Wellendorf, Schülerselbstbefreiung. Voraussetzungen und Chancen der Schülerrebellion, Frankfurt 1969

nismen in Gang gesetzt werden, die jeden auftretenden Konflikt sofort wieder unterdrücken und damit selbst neue Barrieren setzen. Genau dies sind jedoch im allgemeinen die Folgen der gegenwärtigen Methoden der Konfliktbewältigung, wo im Sinne eines Zirkelprozesses die eine Seite die andere immer mehr frustriert, was letztlich nur dazu führt, „daß der soziale Konflikt an einer anderen Stelle wieder aufbricht - oft in einer Gestalt, in der seine Struktur und Dynamik nicht mehr erkennbar ist"(42). Daß sich unter diesen Umständen eine Lernatmosphäre ergeben kann, in der sich erfolgreiche Lernprozesse nur noch vermittels Zwang durchführen lassen, verdeutlichen die nachstehenden Ausführungen Wellendorfs: „Die ungeklärte und ungelöste Konfliktspannung kann sich z.B. auf der Ebene individuellen Verhaltens (der Schüler, d. Verf.) in *Arbeits- und Lernstörungen* niederschlagen. Oder sie führt zu einer generellen *Apathie* gegenüber schulischen Belangen... Auf seiten des Lehrers kann sich die Konfliktspannung in *Resignation* niederschlagen. Die latente Aggression kann sich aber auch in einem besonders starren Festhalten an eigenen, ungeklärten *Forderungen an die Schüler* - Leistungsanforderungen, Forderungen von Ordnung und Sauberkeit, Forderung strenger Disziplin - äußern"(43).

Demgegenüber ergeben sich für den Unterricht im Sinne offener Curricula - da er auf jene Konfliktvermeidungsstrategien zu verzichten versucht - reale Chancen, jene Lern- und Arbeitsstörungen langfristig abzubauen und die negativen Auswirkungen auf das individuelle Verhalten - wie Apathie und Resignation - zu verhindern. Allerdings bringt eine derartige Neuorientierung des Unterrichts kurzfristig eine vielfältige Anzahl neuer Frustrationsquellen für alle am Unterricht Beteiligten mit sich. Denn die faktische Unfähigkeit, Konflikte rational zu verarbeiten, steht konträr zu jenen Postulaten, welche dem Unterrichtsarrangement zugrunde liegen. Die Folgen sind leicht auszudenken: Disziplinschwierigkeiten nehmen zu, die reine Unterrichtszeit wird infolge von offen zutage tretender Arbeitsunlust geringer, die Privilegien des Lehrers werden bestritten etc. Es sind dies jene Schwierigkeiten, die beispielsweise J.-G. Klink beschreibt:

---

42 F. Wellendorf, Soziale Konflikte a.a.O. S. 92
43 F. Wellendorf, Soziale Konflikte a.a.O. S. 91

„Die mit dem jeweiligen Unterricht nicht in Zusammenhang stehenden wechselnden Einzel- und Gruppengespräche vollzogen sich in der Regel mit einer solchen Lautstärke, daß das gemeinsame Unterrichtsgespräch akustisch nicht von allen und nicht zu jeder Zeit aufgenommen werden konnte. Die Bemühung um klärende Diskussion gegensätzlicher Meinungen konnte in der Regel kaum über länger als zwei bis drei Minuten durchgehalten werden. Es gelang kaum - außer kurzfristig bei spannender Lehrerdarbietung im Sinne der Erlebnispädagogik - alle Schüler für einen Gegenstand zu interessieren"(44).

Dadurch, daß die für die Institution Schule scheinbar selbstverständlichen Regeln der Kommunikation durchbrochen werden, ergeben sich kurzfristig kaum aufzuhebende Kommunikationsstörungen, die wahrscheinlich dazu führen dürften, daß immer wieder partiell auf jene von Wellendorf genannten Konfliktvermeidungsstrategien zurückgegriffen wird - wenigstens solange sich neue Regeln noch nicht etabliert haben.

Die Intention, das erzieherische Moment des Unterrichts zu stärken, dürfte gleichzeitig die Gefahr mit sich bringen, daß die Schüler bei starker Verunsicherung versuchsweise Sozialisationsmuster aus der primären Sozialisation auf die Schule übertragen, um die Unsicherheit zugunsten einer stabilen Orientierung zu reduzieren. So könnte etwa die Lehrerrolle mit Attributen der Mutter- oder Vaterrolle behaftet werden. Diese intervenierenden Rollenmuster sind umso wirksamer, je weniger die Lehrer selbst fähig sind, ihr bisheriges Rollenverständnis zu verändern und die entstehenden Konflikte auszuhalten. Denn damit ergibt sich für den Lehrer die Möglichkeit, auf die Erwartungen der Schüler in konformer Weise einzugehen und scheinbar den Intentionen der Innovation zu genügen, nämlich die Bedürfnisse der Schüler aufzunehmen und ein positives affektives Klima zu schaffen. In Wirklichkeit jedoch ergibt sich dadurch lediglich eine versteckte emotionale Fixierung, die mit infantilen Regressionen verbunden ist, deren autoritärer Anspruch mit der angestrebten emanzipatorischen Ausrichtung der Erziehung kaum vereinbar ist.

Eng damit verbunden ist die Gefahr, daß der Lehrer nicht fähig ist, sein „neues" Verhalten durchzuhalten, so daß er immer wieder in einen autoritären, rigiden Verhaltensstil zurückfällt, ohne daß ihm dies bewußt wird. Für den Schüler ergibt sich daraus eine zusätzliche Verunsicherung,

---

44 J.-G. Klink, Der junge Lehrer im Käfig, in: Spiegel 22, 1973, S. 57

da er nie genau weiß, wann er die unterwürfige, auf Respektierung von Autorität angelegte Rolle des herkömmlichen Schülers oder Kindes anzunehmen hat, bzw. wann von ihm erwartet wird, daß er die neue Rolle eines kooperierenden, seine Interessen und Bedürfnisse zum Ausdruck bringenden Wesens, ausüben sollte. Derartige Konflikte entsprechen in gewisser Weise der in der Schizophrenie-Forschung entwickelten „Double-Bind-Hypothese"(45), wo widersprüchliche Mitteilungen zu ausweglosen Situationen führen, indem die Konfliktsituation auf keine Weise befriedigend gelöst werden kann: Verhält sich das Kind im Rahmen der herkömmlichen Schülerrolle, kommt es in Konflikt mit den neu institutionalisierten Normen, läßt es sich jedoch auf diese neu definierten Erwartungen ein, wird es emotional vom Lehrer abgelehnt und je nach Situation sogar zurechtgewiesen. Und ähnlich widersprüchlich ist die Lage des Lehrers, der zugleich den von der bürokratischen Institution an den „guten" Lehrer gesetzten Erwartungen - in die er ja auch im Rahmen seiner eigenen Schulzeit und seiner spezifischen Lehrerausbildung sozialisiert wurde - und seinen Überzeugungen von einem demokratischen Unterricht genügen sollte, ohne daß es möglich sein dürfte, eine Balance im Sinne von Getzels/Thelen zu erreichen oder sich eine Nische im Sinne von Jensen auszusparen.

Zugleich aber sind solche Konflikte und die mit ihnen verbundene Unruhe nicht mehr durch die Isolierung und hermetische Abriegelung der Klassen von Fremden zu kaschieren, wie es dem herkömmlichen Lehrerverständnis entsprach. Denn das neue Selbstverständnis verlangt geradezu Öffentlichkeit, nämlich die Zusammenarbeit mit den Eltern zu vertiefen und die Kooperation mit den Kollegen zu intensivieren. Für die Stellung des Lehrers heißt das aber gleichzeitig, daß er durch die Offenlegung unbewältigter Konflikte in eine Situation gebracht werden kann, wo er

---

45 Vergl. G. Bateson e.a., Auf dem Wege zu einer Schizophrenie-Theorie, in: G. Bateson e.a., Schizophrenie und Familie, Frankfurt 1972, S. 11 ff. Die hier vorgenommene Übertragung dieser Theorie auf schulische Probleme stützt sich auf jene Annahme, die K. Mollenhauer kürzlich formuliert hat: „Double-bind-Interaktionen gehören zu jedem Erziehungsalltag. Problematisch allerdings werden sie in dem Maße, in dem sie regelmäßig wiederkehren und für einzelne Individuen typische Interaktionen sind, denen sie konfrontiert werden" (K. Mollenhauer, Theorien zum Erziehungsprozeß, München 1972, S. 94).

seine Stellung als Fachmann vor den Eltern zu verlieren und vor seinen Kollegen bloßgestellt zu werden droht. Diese mögliche Abwertung des Prestiges stellt jedoch nicht nur einen subjektiven Gesichtsverlust dar. Vielmehr können sich dort objektive Folgen ergeben, wo die Administration, die Eltern oder die Kollegen seine Schwierigkeiten zum Anlaß nehmen, ganz grundsätzlich seine „pädagogischen Qualifikationen" in Frage zu stellen.

Damit aber wird eine weitere Konfliktquelle angesprochen, die noch etwas vertieft werden muß: nämlich die Außenbeziehungen der Schule, die sich gegen Reformen innerhalb richten können. Solche Konflikte sind von jenen Bezugsgruppen herzuleiten, mit denen der Lehrer ständig in Interaktion steht - wie Administration und Eltern. Vor allem die Eltern sind im allgemeinen eher konservativ eingestellt und wünschen Ordnung und Kontrolle sowie die akademischen Leistungsstandards. Und sie messen Schule oft an jenem Maßstab, den sie selbst in ihrer Jugend als Schülerrolle erfahren haben. Wo Unterrichtsspiele von diesem traditionalen Maßstab abweichen, kann es leicht zu Auseinandersetzungen kommen - fühlen sich doch die Eltern in ihrem Elternrecht bedroht.

Die Eltern selbst werden dann versuchen, ihren Einfluß geltend zu machen - über die Schulleitung, die Administration bis zur Presse. In diesem Falle kann es wichtig werden, von welcher Stelle die Innovation ausgegangen ist. Steht die Administration dahinter, weil z.B. das Kultusministerium eine solche Reform gefördert hat, wird sie mindestens versuchen, die Innovation zu decken. Steht hingegen die Schulbürokratie der Reform eher skeptisch gegenüber, so können von dieser Seite zusätzliche Pressionen einsetzen. Meist wird es jedoch in den zuletzt genannten Fällen nicht zu offenen Konflikten kommen, denn die Lehrer wissen um die Macht, die von solchen Organisationen und Gruppen ausgeübt werden kann, weshalb sie oft von Anfang an versuchen, Kompromisse einzugehen. So könnten sie beispielsweise versuchen, wenigstens die Standards für Abschlüsse und Übertritte zu erreichen. Die Gefahr solcher Kompromisse liegt aber - wie die Wilbur Wright Studie gezeigt hat - darin, daß damit gleichzeitig das Erreichen der Ziele der Innovation in Frage gestellt wird.

Nun soll hier jedoch nicht der Eindruck erweckt werden, die hauptsächlichsten Schwierigkeiten seien von der Administration und den Eltern zu erwarten. Denn sobald jene Standards und Qualifikationen gefährdet erscheinen, welche die Wirtschaft für ihr Verwertungsinteresse benötigt, oder wenn die Schule die gesellschaftliche Realität ohne Rücksicht auf Herrschaftsverhältnisse oder partikulare Interessen so aufzeigen will, wie sie ist, dürften sich von den betroffenen Kreisen ernste Pressionen gegen die Schule ergeben. Dabei ist es leicht möglich, daß sogar jene Gruppen, auf die sich die Reformer stützen zu können glauben, gegen sie Partei ergreifen. Gerade Arbeitereltern - von denen der gesellschaftskritisch orientierte Lehrer vor allem Unterstützung erwartet - werden sich im Sinne einer Identifikation mit dem Angreifer, dessen Macht sie dann subjektiv in einer objektiv machtlosen Lage für sich in Anspruch nehmen können, oft an die Spitze jener Kräfte stellen, die von Ideologie, Indoktrinierung und Manipulation sprechen, um ihre eigenen partikularen Interessen umso ungestörter wahrnehmen zu können. Solange es in der gegenwärtigen Gesellschaft Herrschaftsverhältnisse gibt, welche ein realitätsgerechter Unterricht aufzuzeigen hat, sind dieser Unterricht bzw. diejenigen Personen, die ihn ausüben, immer gefährdet. Denn jene Interessengruppen werden diese aufzuzeigende Macht selbst einsetzen - zur Erhaltung des Status quo und damit zur Vernichtung jener kritischen Impulse, welche diesen Status quo bedrohen.

Zusammenfassend ergibt sich von dieser sozialisationsorientierten Perspektive her die Folgerung, daß Unterrichtsspiele im Sinne offener Curricula letztlich nur insoweit realisiert werden können, als Spielräume offen gelassen sind - und zwar sowohl auf der Seite der individuellen Verhaltensmöglichkeiten, die z.T. recht stark durch Sozialisationsprozesse vorgeprägt sind, wie durch die Einflüße gesellschaftlicher Interessengruppen. Allerdings besteht die begründete Hoffnung, daß solche Spielräume faktisch - wenigstens teilweise - bestehen. Denn einerseits sind die Verhaltensmöglichkeiten des Menschen nicht so rigide festgelegt, daß nicht langsame, maßvolle Änderungen auch in späterem Alter erreicht werden können und auf der anderen Seite bedeutet die Berufung auf die allgemeinen Menschenrechte bzw. die Verfassung eine Handhabe, um emanzipatorische Lernprozesse gegen außen zu vertreten. Dies entbindet aber nicht davon, Innovationsstrategien sorgfältig zu planen, möglichst viele alternative

Auswirkungen der Strategien antizipierend zu reflektieren und bisherige Erfahrungen mit Innovationen in die Planung einzubeziehen.

Und vor allem sollte man von allem Anfang an jene vielfältigen Konfliktmöglichkeiten in Rechnung stellen, welche oben genannt worden sind. Denn nur so ist es möglich, die Realisierungschancen konkreter Projekte illusionslos einzuschätzen und nicht durch vorschnelle Handlungen zwar Konflikte ausbrechen zu lassen, ohne jedoch auf diese Situation vorbereitet zu sein. Curriculumreform im Sinne offener Curricula hat sich deshalb insofern als pragmatische Reform zu verstehen, als sie jeweils die Ansprüche des Utopischen mit dem faktisch Vorgegebenen zu vermitteln hat, da sonst absehbare Konflikte die Innovation derart überfordern, daß ein Scheitern von vorneherein unvermeidlich ist. Wenn deshalb die Leitprinzipien als Prozeßnormen gefaßt werden, so hat das vom strategischen Gesichtspunkt her gesehen die Funktion, diese Vermittlung von Utopie und Realität zu gewährleisten, also den Prozeß selbst an die jeweilige gegebene gesellschaftliche Situation zu binden, ohne daß er in der Apologie des Faktischen aufgeht.

Und gleichzeitig ist auch ein Scheitern jederzeit möglich, da es keine ideale Situation gibt, die per se den Maßstab herrschaftsfreier Kommunikation beinhaltet und damit Kommunikationsprozesse jeweils wieder auf deren Intention zurückzubeziehen vermöchte. Vielmehr bedeutet jener emanzipatorische Prozeß eine fortschreitende Dialektik von Aufklärung und Verzerrung dieser Aufklärung durch neue Interpretationen, die wiederum aufgrund von selektiver Wahrnehmung, noch undurchschauten Einstellungen und Erwartungen pervertiert werden. Der Fortschritt selbst ergibt sich daraus nicht automatisch, sondern muß in jeder neuen gesellschaftlichen Situation wieder auf den Begriff gebracht und in Handeln umgesetzt werden. Die Dialektik emanzipatorischer Erziehung setzt sich damit nicht automatisch im Sinne eines linearen Fortschrittes durch, sondern ist selbst auf historische Situationen verwiesen, auf deren Hintergrund erst die Rede von „Emanzipation" ihren Sinn bekommt. Diese Interpretation gilt sinngemäß auch für sozialisationsorientierte Lernprozesse, da es nicht darum gehen kann, die eigene Lebensbiographie zu überspringen und so zu tun, wie wenn noch alles offen wäre. Vielmehr wird es Konflikte geben, die im Augenblick nicht zu lösen sind und die deshalb ausgehalten werden müssen. Der Resozialisierungsprozeß ist von vorneherein langfristig anzulegen und birgt auch dann noch die Gefahr des Scheiterns in sich, solange kein gesamtgesellschaftliches Interesse für die Ziele offener Curricula vorausgesetzt werden kann.

Eine Chance für Unterrichtsprozesse im Sinne offener Curricula, die mehr als schale Illusion sein will, scheint mir überhaupt nur dann zu bestehen, wenn es möglich ist, die eigene Arbeit durch Legitimation abzusichern. D.h. es müssen Instanzen festgemacht werden können, welche die Leitprinzipien des Curriculum abzusichern und durch ein Angebot von Legitimation einen realen Spielraum curricularer und unterrichtlicher Innovation freigeben. Aus diesem Grund soll im nächsten Kapitel das Legitimationsproblem grundsätzlich diskutiert werden. Denn nur, wenn das Legitimationsproblem geklärt werden kann, dürfte es möglich sein, jenem Anpassungsdruck zu entgehen, der dann entsteht, wenn als einzige legitimierende Kraft der Status quo anerkannt wird.

6. Zur Legitimation von Bildungsinhalten

Legitimationsprobleme spielen nicht in jeder Gesellschaftsform eine Rolle. Solange die Normen, an denen sich das menschliche Leben ausrichtet, fraglos gelten und damit nicht problematisiert werden, sind alle Legitimationsversuche unnötig. Denn der Mensch orientiert sich an der eingelebten Lebensform und folgt stillschweigend den darin angebotenen Orientierungsmustern: Die eingelebte Lebensform rechtfertigt sich sozusagen selbst. Und sie erhält dadurch eine besondere Stabilität, daß sie durch den Geltungsanspruch von Mythos, Religion und Metaphysik verstärkt werden. Wer hingegen die Schwelle überschreitet, gilt als Ketzer und ist durch sein Verlangen nach Legitimation a priori schuldig.

Die Problematisierung der Lebensform beginnt erst dort, wo ihre Widersprüche offenbar werden. Historisch gesehen bedeutet dies, daß die Vernunft in einem gewissen Maße souverän geworden ist und es wagt, sich jenen Weltbildern von Religion, Metaphysik und Mythos entgegenzusetzen, welche die Macht der Readition verkörpern. D.h. die Vernunft bestreitet der Tradition das Recht, widersprüchliche Situationen durch eine subjektive Sinndeutung, welche die objektiven Ursachen der Widersprüche dennoch beläßt, gültig zu interpretieren, und sie beharrt auf der Notwendigkeit, Legitimationen rational zu begründen. Damit aber ist die Wurzel des Legitimationsproblems bezeichnet: Sachliche Widersprüche, die in der Lebensform auftreten, sind nicht mehr durch Kulturmuster dem Anspruch der Vernunft entziehbar. Das bedeutet: Bestehende Legitimationen werden aufgeweicht und es entsteht das Problem, Verfahren zu bezeichnen, welche neue Legitimation verschaffen.

Im Lichte der Legitimationsproblematik könnte der gesamte Bereich der Curriculumforschung dahingehend interpretiert werden, daß es die Widersprüche von faktischer Ausbildung und Bildungsidealen, Qualifikationsbedarf der Wirtschaft und Bildungsinhalten der Lehrpläne, gesellschaftlicher Verheißung von Chancengleichheit und realer Chancenungleichheit etc. mit sich brachten, daß der fraglos vorausgesetzte Konsensus über die Bildungsinhalte brüchig wurde. So schreibt Habermas: „Während die Schulverwaltung bisher einen Kanon, der sich naturwüchsig herausgebildet hatte, nur zu kodifizieren brauchte, liegt der Curriculum*planung* die Prämisse zugrunde, daß die Überlieferungsmuster auch anders sein könnten: die administrative Planung erzeugt einen universellen Rechtfertigungszwang gegenüber einer Sphäre, die sich gerade durch die Kraft zur Selbstlegitimierung ausgezeichnet hatte"(1). Nachdem sich die Geltungskraft des naturwüchsigen Kanons abgeschwächt hat, entsteht damit die Frage, welche neuen Vorschläge und Problemlösungen einer Legitimationsdiskussion standhalten. Diese Frage kann jedoch nur dann gelöst werden, wenn es anerkannte Legitimationsverfahren gibt, welchen sich die revidierten Bildungsinhalte zu unterwerfen haben. H.L. Meyer (2) hat dieses Problem näher untersucht und kommt zur Unterscheidung von drei Formen curricularer Legitimation:

Einmal die *normative Legitimation*, wo versucht wird, Einzelentscheidungen auf übergeordnete, nicht hinterfragte, vorpädagogische Normen zu beziehen. Die normative Legitimation kann jedoch nur solange die Handlungsorientierung absichern, als jene eingelebten Lebensformen noch unbefragt vorausgesetzt werden können. D.h. die Legitimation stützt sich auf traditionalistische Weltbilder ab, welche die Widersprüche als notwendige Verfassung der Gesellschaftsstruktur rechtfertigen und damit der bestehenden Lebensform Legitimation verschaffen.

Eine zweite Möglichkeit bildet die *Verfahrenslegitimation*, welche von Meyer im Anschluß an die Thesen von Luhmann (3) diskutiert wird. Im Rahmen dieses theoretischen Ansatzes wird das Legitimationsproblem selbst auf das Problem zweckrationalen Handelns zurückgeführt: „Nicht die Frage, wie Legitimation theoretisch denkbar ist, sondern

1 J. Habermas, Legitimationsprobleme im Spätkapitalismus, Frankfurt 1973, S. 101
2 H.L. Meyer, Einführung in die Curriculum-Methodologie, München 1972
3 Vergl. N. Luhmann, Legitimation durch Verfahren, Neuwied, Berlin 1969

die Frage, welche *Leistung* das Phänomen der Legitimation von Entscheidungen für moderne hochkomplexe Gesellschaften zu erbringen hat, wird diskutiert; die Frage wird also umformuliert zu der Überlegung, welche Anforderungen an eine diesen modernen Gesellschaften angemessene, noch zu ‚konstruierende' Legitimationsform zu stellen sind"(4). Es geht also hier weniger darum, wie der einzelne in seiner Reflexion Legitimation herstellen kann, sondern Legitimation selbst wird als strukturelles Resultat der Gesellschaft definiert. Damit aber wird die Frage umformuliert und besteht darin, wie die Mitglieder eines sozialen Systems zur *Anerkennung* der von diesen Systemen produzierten Entscheidungen gebracht werden können. Diese Anerkennung wird dadurch verbürgt, daß die Legitimation möglichst motivlos wird, also von den Ziel- und Wertvorstellungen der einzelnen Mitglieder gelöst und durch Institutionalisierung gesichert wird. Die Legitimationsfrage wird auf das Problem des Erlernens von Regeln der Entscheidung zurückgeführt: „Die Forderung nach dem Anerkennen von Entscheidungen wird zu einer jedem Mitglied des sozialen Systems abzuverlangenden Bereitschaft, sich Entscheidungen zu beugen, sofern sie durch ‚legitime' Verfahren zustande gekommen sind. Diese Bereitschaft kann *gelernt* werden; durch ein generalisiertes Anerkennungsverhalten gegenüber Entscheidungen wird sichergestellt, daß mit der Legitimation *vor* jeder konkreten Einzelentscheidung immer schon gerechnet werden kann"(5). Meyer vermutet nun, daß die erfahrungswissenschaftlichen Ansätze der Curriculumrevision letztlich auf einer basalen Ebene Legitimation durch Verfahren voraussetzen, „d.h. die Bereitschaft der Gesellschaft einplanen, die durch wissenschaftliche Analysen zu gewinnende Transparenz der Entscheidungsprozesse als ausreichende Legitimationsgrundlage des Endprodukts anzuerkennen"(6).

Demgegenüber kann die kritische Theorie im Habermasschen Sinne mit ihrer Unterscheidung von technischem und praktischem Interesse nicht auf eine Kritik des systemtheoretischen Ansatzes verzichten; denn wenn das System und die mit ihm verbundene Komplexitätsreduktion den letzten Maßstab darstellen, ergibt sich das Problem der unre-

4 H.L. Meyer a.a.O. S. 139
5 H.L. Meyer a.a.O. S. 140
6 H.L. Meyer a.a.O. S. 140

flektierten Anpassung an eine - zweckrational organisierte - Lebenswelt: „Hinter dem Versuch, Reduktion von Weltkomplexität als obersten Bezugspunkt des sozialwissenschaftlichen Funktionalismus zu rechtfertigen, verbirgt sich die uneingestandene Verpflichtung der Theorie auf herrschaftskonforme Fragestellungen, auf die Apologie des Bestehenden um seiner Bestandserhaltung willen"(7).

Demgegenüber postuliert Meyer von der Habermasschen Version einer kritischen Theorie her die *diskursive Legitimation*, welche gegenüber der Verfahrenslegitimation an der Begründbarkeit von Wertentscheidungen festhält, indem sie dem Grundsatz „einer jederzeit *herstellbaren*, durch Diskussion zu leistenden Vergewisserung der Berechtigung der einzelnen Entscheidung" (8) folgt. D. h. die von Habermas postulierte Theorie der kommunikativen Kompetenz ist gleichzeitig die theoretische Fundierung des Versuches, Legitimationen rational über Diskurse zu begründen. „Das angemessene Modell ist vielmehr die Kommunikationsgemeinschaft der Betroffenen, die als Beteiligte an einem praktischen Diskurs den Geltungsanspruch von Normen prüfen und sofern sie ihn mit Gründen akzeptieren, zu der Überzeugung gelangen, daß unter den gegebenen Umständen die vorgeschlagenen Normen ‚richtig' sind. Nicht die irrationalen Willensakte von Vertragspartnern, sondern die rational motivierte Anerkennung von Normen, die jederzeit problematisiert werden darf, begründet den Geltungsanspruch von Normen"(9). Gegenüber der konventionalistischen Lösung der Verfahrenslegitimation nimmt die diskursive Legitimation Wahrheitsfähigkeit in Anspruch und insistiert auf die Möglichkeit rational motivierter Anerkennung von Normen: „‚Vernünftig' darf der diskursiv gebildete Wille heißen, weil die formalen Eigenschaften des Diskurses und der Beratungssituation hinreichend garantieren, daß ein Konsensus nur über angemessen interpretierte *verallgemeinerungsfähige* Interessen, darunter verstehe ich: Bedürfnisse, *die kommunikativ geteilt werden*, zustande kommen kann"(10).

---

7 J. Habermas, Theorie der Gesellschaft oder Sozialtechnologie? Eine Auseinandersetzung mit Niklas Luhmann, in: J. Habermas, N. Luhmann, Theorie der Gesellschaft oder Sozialtechnologie, Frankfurt 1971, S. 170

8 H.L. Meyer a.a.O. S. 140

9 J. Habermas, Legitimationsprobleme a.a.O. S. 144

10 J. Habermas, Legitimationsprobleme a.a.O. S. 148 f.

Allerdings ergeben sich mit dem Habermasschen Versuch einer diskursiven Lösung des Legitimationsproblems alle jene Schwierigkeiten erneut, welche im Rahmen der Diskussion um die „ideale Sprechsituation" zur Sprache kamen (11). Wenn man jedoch eine kontrafaktische Absicherung an der idealen Lebensform ablehnt, so muß ein diskursiv verhandelter Konsensus nicht mehr gleichzeitig die Rechtmäßigkeit des durch ihn Vereinbarten bedeuten. Es ist sogar möglich, daß jene Normen, über welche in Diskursen verhandelt wird, durch Ideologien und Sozialisationsprozesse - also durch die Lebensform selbst - so stark abgesichert werden, daß der Konsensus selbst von Ideologie durchsetzt wird. Und Bedürfnisse und Interessen können ebenfalls nicht in anthropologischer Verdinglichung als absoluter Maßstab genommen werden, da die Menschen nie sicher sein können, ob nicht auch diese pervertiert sind. So könnte sich noch das verallgemeinerungsfähige Interesse von Habermas letztlich als „die Allgemeinheit der selbstsüchtigen Interessen"(12) erweisen.

Damit stellt sich folgendes Problem für das Verfahren diskursiver Legitimation: Zwar beharrt die diskursive Legitimation auf der Wahrheitsfähigkeit von Legitimationen; sie hält am Grundsatz fest, sich in bezug auf praktische Fragen, d.h. inhaltlich zu artikulieren (13), ohne daß es jedoch gelingt, Kriterien festzumachen, welche die Rationalität des Konsensus verbürgen. Der zwangslos hergestellte Konsens aller Beteiligten über die Aufgaben des Unterrichts ist vielleicht nur eine Selbsttäuschung, indem jener Konsens seinerseits Resultat von Zwängen ist, welche in der Lebensform selbst ihre Wurzeln haben, damit stillschweigend vorausgesetzt werden und als fundierende Voraussetzung in den Konsens eingehen.

Zusammenfassend muß festgehalten werden, daß die theoretische Fundierung der Legitimationsproblematik noch nicht genügend ausformuliert ist, um die damit verbundenen Probleme befriedigend zu lösen. Vielmehr scheint jeder der oben skizzierten Legitimationsmodi in Schwierigkeiten zu geraten. Und es ist auch nicht so, daß die Schwierigkeiten dadurch umgangen werden könnten, daß man mehrere

---

11 Vergl. das dritte Kapitel dieses Buches

12 K. Marx, Grundrisse, in: Texte zu Methode und Praxis III, Hamburg 1967, S. 51

13 Vergl. H.L. Meyer a.a.O. S. 141

Legitimationsmodi einander zuordnet, um dadurch wechselseitig die blinden Stellen eines einzelnen Modus zu umgehen; denn die Voraussetzungen jedes Modus verweisen auf unterschiedliche philosophische Positionen, die nicht einfach abgeschnitten werden dürfen.

Wesentlich scheint mir jedoch der Ausgangspunkt der hier dargestellten Überlegungen zu sein, nämlich daß Legitimationen erst dort notwendig werden, wo sich Widersprüche in der eingelebten Lebensform ergeben, die sonst selbst Legitimationsfunktion übernimmt. Denn von dieser Prämisse her ergibt sich notwendig die Frage nach den Gründen, welche dazu führen, daß die eingelebte Lebenswelt ihre quasi naturwüchsige Legitimationsfunktion verliert. Eine Antwort darauf ist jedoch nicht im Rahmen einer ahistorischen Theorie positivistischen Zuschnitts zu leisten, sondern verweist auf die reale historische gesellschaftliche Entwicklung. Die Legitimationsmodi, welche Meyer beschreibt, sind dann nicht beliebig hinzuziehbare Legitimationsverfahren; ihre Geltung wie ihre Auflösung verdankt sich vielmehr selbst einem bestimmten Stand der gesellschaftlichen Entwicklung. Die Abschwächung normativer Legitimation verläuft nach Habermas im Rahmen des Vergesellschaftungsprozesses auf dem Wege vom Mythos über Religion zu Philosophie und Ideologie, wobei folgendes Entwicklungsmuster hypothetisch anzunehmen ist:

„- Expansion des Profanbereiches gegenüber der sakralen Sphäre;
- Tendenz von weitgehender Heteronomie zu zunehmender Autonomie;
- Entleerung der Weltbilder von kognitiven Gehalten (von Kosmologie zum reinen Moralsystem);
- von Stammespartikularismus zu universalistischen und zugleich individualistischen Orientierungen;
- zunehmende Reflexivität des Glaubensmodus, ablesbar an der Sequenz: Mythos als unmittelbar gelebtes Orientierungssystem, Lehre, Offenbarungsreligion, Vernunftreligion, Ideologie"(14).

Die unbefragte Geltung von Lebensformen, wie sie durch Mythos, Religion und Metaphysik legitimatorisch abgesichert wurde, nimmt also im Rahmen der historischen Entwicklung immer mehr ab, und genügt immer weniger zur Rechtfertigung des Status quo. Deshalb geht die Legitimationsfunktion immer mehr auf den Staat und damit einen Typus „rationaler Herrschaft" über, wie sie von M. Weber

14 J. Habermas, Legitimationsprobleme a.a.O. S. 23

gekennzeichnet wird; d.h. auf einen Typus legaler Herrschaft, der auf einem Kosmos absichtsvoll gesatzter abstrakter Regeln beruht (15). Das abstrakte Recht ist jedoch nur die gesellschaftlich vermittelte Form der Tauschabstraktion, die damit noch die Geltungsansprüche von Normen den Maßstäben des Warencharakters unterwirft. Es ist dies die Lösung der bürgerlichen Gesellschaft für das Problem des gesellschaftlichen Grundwiderspruchs: „Alle Klassengesellschaften müssen, weil ihre Reproduktion auf der privilegierten Aneignung des gesellschaftlich produzierten Reichtums beruht, das Problem lösen: das soziale Mehrprodukt ungleich und doch legitim zu verteilen"(16). Um dies zu ermöglichen, muß die inhaltliche Reflexion ausgetilgt werden; die Legitimation von Herrschaft wird rein formal. Entscheidungen haben sich nicht sachlich auszuweisen, sondern es genügt die Berufung auf ihr legales Zustandekommen. Noch die durch Luhmann postulierte Verfahrenslegitimation wird von Habermas letztlich auf das Webersche Paradigma zurückgeführt. Sie ist sozusagen die spätkapitalistische Reformulierung der Weberschen These, wo unter dem Aspekt von Konzentrationsprozessen und Monopolbildung die Klassenstuktur der Gesellschaft vordergründig aufgehoben und die Reproduktion hochkomplexer Gesellschaften von der durch systemrelative Umweltentwürfe bestimmbar gemachten Umweltkomplexität abzuhängen scheint. Die Funktion von Legitimationen ist es dann lediglich noch, Komplexität zu reduzieren; grundsätzlich kann für beliebige Inhalte legitime Rechtsgeltung gewonnen werden: Positives Recht gilt kraft Entscheidung. Formale Verfahrensregeln genügen als legitimierende Entscheidungsprämissen und bedürfen selbst keiner weiteren Legitimation: „Denn ihre Funktion, Unsicherheit zu absorbieren, erfüllen sie ohnehin: sie verknüpfen die Ungewißheit darüber, welche Entscheidung zustande kommt, mit der Gewißheit, daß überhaupt eine Entscheidung zustande kommt" (17). Habermas sieht nun in dieser Geschichte sich ablösender Legitimationsmodi selbst eine Art von naturwüchsiger Entwicklung, die folgerichtig zur moralischen Argumentation im Sinne

15 Vergl. M. Weber, Wirtschaft und Gesellschaft, Köln 1964, S. 160
16 J. Habermas, Legitimationsprobleme a.a.O. S. 132
17 J. Habermas, Legitimationsprobleme a.a.O. S. 135 f.

einer kommunikativen Ethik - zum diskursiven Legitimationsmodus - führt: „Der Liberalkapitalismus hat zum ersten Mal streng universalistischen Wertsystemen bindende Kraft gegeben, weil der Tauschverkehr selber universalistisch geregelt werden mußte, und weil im übrigen der Äquivalententausch eine wirksame Basisideologie anbot, die den Staat vom traditionalistischen Rechtfertigungsmodus freigesetzt hat. Nun bricht im organisierten Kapitalismus die Grundlage dieses bürgerlichen Legitimationsmodus zusammen, während zugleich neue und vermehrte Legitimationsforderungen entstehen"(18). Die Gesellschaft scheint sich damit im Habermasschen Modell folgerichtig vom bürgerlichen Formalrecht zur „politischen Universalmoral" hin weiterentwickeln zu müssen, wo alle Betroffenen als Teilnehmer von Diskursen in die diskursive Willensbildung eintreten.

Habermas entwickelt damit letztlich ein lineares Modell abnehmender Geltungskraft von traditionalen Weltbildern, welche der zunehmenden Vernunft weichen. Diese „Parteilichkeit für Vernunft" kann jedoch nur konsequent durchgehalten werden, wenn die Dialektik des Geschichtsprozesses mindestens partiell destruiert wird. Der Geschichtsprozeß spinnt sich dann nicht mehr aus sich selbst heraus, sondern folgt dem Maßstab einer eingebauten Vernunft; die Konstruktion muß sich auf Annahmen wie die „ideale Sprechsituation" stützen, um abzusichern, daß die Legitimationsversuche letztlich nicht dennoch zur Herrschaft der Unvernunft führen. Die Negation der Geschichtsdialektik zeigt sich daran, daß es immer die gleiche - anthropologisch verdinglichte - Vernunft ist, welche sich geltend macht und endlich zum beherrschenden Prinzip der Lebensform wird. Wenn man diese Position jedoch bestreitet und der Vernunft selbst eine Entwicklung im historischen Prozeß zubilligt, scheint jegliche Legitimationsmöglichkeit schwankend zu werden, welche sich auf die Wahrheitsfähigkeit von Normen beruft. Es scheint damit nahezuliegen, resignativ auf eine Lösung zurückzugreifen, die sich auf Verfahrenslegitimation beschränkt.

Nun scheint es mir verfrüht, einen solchen Schluß zu ziehen; vielmehr möchte ich eine Lösung des Legitimationsproblems vorschlagen, welche gerade von der Geschichtlich-

---

18 J. Habermas, Legitimationsprobleme a.a.O. S. 122

keit von Legitimationen ausgeht und den dialektischen Entwicklungsprozeß nicht unterschlägt.

Bereits die traditionale Absicherung von Lebensformen durch Mythos und Religion war ja nicht allein Ideologie; ihre Konstruktionen bewahrten vielmehr einen utopischen Gehalt, an welchem sich eine schlechte Realität rechtfertigen mußte. Ähnliches läßt sich nun auch für das bürgerliche Recht feststellen. Mit dem Äquivalententausch und dem daraus entstehenden Verhältnis des praktischen Solipsismus ergibt sich nämlich erst eine universalistische Moral. Es entsteht das bürgerliche Formalrecht, das erlaubt, die Normen aus der Dogmatik bloßer Überlieferung zu lösen. Zugelassen werden nur allgemeine Normen (ohne Privilegierungen, Ausnahmen oder Einschränkungen des Geltungsbereichs): „Das *moderne Naturrecht* hat Systeme von Rechtsnormen zu entwickeln versucht, die diesen Kriterien entsprechen. Die Allgemeinheit der Gleichheit verbürgenden Normen kann durch die formale Natur der Rechtsnormen gesichert werden"(19). Das Recht ist jedoch selbst durchaus ambivalent. Einerseits vermittelt sich in ihm das Tauschgesetz und abstraktifiziert sich in ihm als normative Kraft, was dazu führt, daß das bürgerliche Recht zum Recht des Bürgertums wird. Die Grundprinzipien der bürgerlichen Revolution - Freiheit und Gleichheit - sind selbst Ausdrucksformen des Tauschgesetzes: „Gleichheit und Freiheit sind also nicht nur respektiert im Austausch, der auf Tauschwerten beruht, sondern der Austausch von Tauschwerten ist die produktive, reale Basis aller *Gleichheit* und *Freiheit*. Als reine Ideen sind sie bloß idealisierte Ausdrücke derselben; als entwickelt in juristischen, politischen, sozialen Beziehungen sind sie nur diese Basis in einer andren Potenz" (20). Weil die private Aneignung der gesellschaftlichen Arbeit nur die Kehrseite desselben Systems und seiner Prinzipien darstellt, weist sich die reale Verwirklichung von Gleichheit und Freiheit im kapitalistischen System als Ungleichheit und Unfreiheit aus. Paradoxerweise sind diese Prinzipien dennoch Ausdruck einer universalistischen Moral, welche für ihre Prinzipien Allgemeingültigkeit unterstellt. Der immanente Widerspruch der bürgerlichen Rechtsverfassung besteht folglich darin, daß

---

19 J. Habermas, Legitimationsprobleme a.a.O. S. 123
20 K. Marx, Grundrisse a.a.O. S. 51

sie die Durchsetzung partikularer Interessen mit einem universalistischen Geltungsanspruch vermitteln muß, der selbst erst das der gesellschaftlichen Synthesis zugrundeliegende Austauschssystem konstituiert. Dieser Vermittlungsproblematik entspricht die Trennung in formales und materiales Recht, welche die „Reine Rechtslehre"(21) vorschlägt: „Die Reine Rechtslehre ist eine apriorische formale Theorie rechtlicher Normativität und des Ursprungs aller materialen Rechtssätze aus staatlichen Willenssetzungen. Kelsen folgt darin der Rechtslehre Rudolf Stammlers, der erklärt hatte, absolut geltendes Recht (d.h. Naturrecht) sei notwendig formal; materiales Recht könne immer nur relative Gültigkeit beanspruchen; das formale Naturrecht sei daher notwendig durch materiales, positives Recht zu konkretisieren"(22). Die Trennung von Form und Inhalt erlaubt es, die Allgemeingültigkeit formaler Interessen - im Sinne einer nachträglichen Subsumption unter die universalistischen Prinzipien - anzuerkennen. Noch bei der Habermasschen Konzeption wirkt dieses Paradigma fort, ist doch seine universalistische Moral rein formal definiert. Demgegenüber müßte der Universalitätsanspruch selbst geschichtlich begründet und inhaltlich gefüllt werden, indem die Grundprinzipien der Verfassung als materiale Wertprinzipien zu verstehen sind (23). Die Verallgemeinerungsfähigkeit von Interessen kann dann nicht rein formal diskutiert werden, sondern ist an eine inhaltliche Auslegung der materialen Wertprinzipien der Verfassung gebunden, die verhindert, daß der universale Geltungsanspruch von Interessen durch die Verallgemeinerung partikularer Interessen eingelöst wird.

Aus diesen Erörterungen ergibt sich ein Legitimationsmodus, der es ermöglicht, die substantielle Einlösung jenes universalistischen Anspruchs zu verlangen, welchen die materialen Wertprinzipien der Verfassung ursprünglich verhießen. Auch dieser Legitimationsmodus bleibt grundsätzlich diskursiv, hat sich also der Diskussion und Konsensusfindung im Rahmen problematisierter Geltungsansprü-

---

21 Vergl. H. Kelsen, Reine Rechtslehre, Leipzig, Wien 1934

22 K.-H. Ilting, Über die Sprache des Naturrechts, in: H.-G. Gadamer (Hrsg.), Das Problem der Sprache, München 1967, S. 340

23 Vergl. H. Schneider, Rechtsstaatliche Demokratie und politische Bildung, in: Th. Ellwein u.a. (Hrsg.), Erziehungswissenschaftliches Handbuch, Band I, Berlin 1969, S. 103 ff.

che zu stellen. Nur ist der Maßstab nicht mehr kontrafaktisch in der Sprechsituation aufgehoben, sondern der Legitimationsprozeß hat die universalistische Moral selbst beim Wort zu nehmen, indem er sich in inhaltlicher, gesellschaftlich-geschichtlicher Reflexion jener materialen Wertprinzipien versichert, die als Verheißung für alle Menschen in das bürgerliche Recht eingegangen sind, ohne daß sie bisher durchgesetzt werden konnten. D.h. die legitimationsbedürftigen Postulate der Pädagogik finden ihren Maßstab an der Verfassung selbst.

Diese Überlegungen erweisen nachträglich die Angemessenheit jener Curriculumpraxis, die sich zur Legitimationsbeschaffung explizit auf das Grundgesetz bezieht, wie beispielsweise die „Hessischen Rahmenrichtlinien"(24). Eine kritische Erziehungswissenschaft kann sich auf diese Weise jener Legitimationen versichern, welche für eine erfolgreiche Durchsetzung von Projekten in der Praxis unabdingbar sind, sofern nicht das Risiko fortwährender affirmativer Kompromisse eingegangen werden will. Die Problematisierung von Normen gewinnt einen Maßstab, an welchem sich das Verhältnis von Anspruch und Wirklichkeit klären läßt, der aber dennoch einen konsensual zu bestimmenden Spielraum freiläßt.

Allerdings bedeutet die Abstützung der Legitimationen auf die Verfassung nicht die Prolongierung des bürokratischen Prinzips. Es geht also nicht darum, daß der Diskurs an der Spitze der Hierarchie aufgenommen wird, um dann die dort getroffenen Entscheidungen in der Form von Weisungen den unteren Rängen zu übermitteln. Vielmehr sollte auch in diesem Modell die Legitimation diskursiv durch die Betroffenen erfolgen. D.h. jedoch folgerichtig, daß im Gegensatz zu den heutigen Rahmenrichtlinien, wie sie etwa in der BRD formuliert werden, die Legitimationsdiskussion nicht auf der obersten Ebene einer bürokratisch aufgebauten Organisation erfolgen sollte. Und auf lange Frist müßte wohl das bürokratische Prinzip selbst überdacht werden. Denn Bürokratie bedeutet, daß nachstehende Prinzipien befolgt werden:

---

24 Der Hessische Kultusminister (Hrsg.), Rahmenrichtlinien, Sekundarstufe I, Gesellschaftslehre, Wiesbaden 1972. Vergl. darin: „Die an dieser Stelle zutreffende politische Entscheidung orientiert sich am Demokratiegebot des Grundgesetzes" (S. 7).

1. Prinzip der Amtshierarchie
2. Prinzip der Amtsführung nach abstrakten Regeln und generellen Normen
3. Prinzip der Aktenmäßigkeit der Verwaltung
4. Prinzip des monokratischen Einzelbeamtentums
5. Prinzip der Einengung der Befugnisse (25)

Für die Legitimationsproblematik bedeutet eine bürokratische Organisation mit ihrem Aufbau von oben nach unten, daß die unteren Ränge sich im Umkreis einer Art von normativer Legitimation bewegen, ihre eigenen Entscheidungen also auf die Normen, welche die oberen Ränge für verbindlich erklären, zurückführen. Besonders das Prinzip des „monokratischen Einzelbeamtentums" widerspricht einer verstärkten Beteiligung der Basis an Entscheidungsprozessen: „Kompetenzstreitigkeiten können nicht auf horizontaler Ebene entschieden werden, sondern nur von der nächsthöheren Instanz. Das hat zur Folge, daß alle ‚umfassenden Themen, die mehrere Ressorts übergreifen, ferner ein grosser Teil der neuartigen Themen, die noch nicht ressortmäßig aufgeteilt sind, ... automatisch in den Entscheidungsbereich der höheren und höchsten Instanzen' fallen" (26). Das hat für die Schule oft zur Folge, daß Innovationen grundsätzlich so lange verboten sind, bis sie von oben in institutionalisierter Form erlaubt worden sind, anstatt daß umgekehrt eine curriculare Abweichung solange erlaubt wäre, als sie nicht den generellen Rahmenrichtlinien widerspricht.

Eine Demokratisierung der Organisationsstruktur der Schule würde als Alternative zum bürokratischen Modell die Entscheidungszüge von unten nach oben führen und damit noch die Rahmenrichtlinien in einen demokratischen Prozeß einbeziehen. D.h. solche Rahmenrichtlinien wären nicht in Kommissionen aus Verwaltungsfachleuten, Experten, Lehrern etc. an der Spitze zu erarbeiten, sondern von der Basis her einem institutionalisierten demokratischen Entscheidungsprozeß zu unterwerfen.

Ein solches demokratisches Modell bedeutet nicht unbedingt, daß der darin „eingebaute" Sachverstand geringer zu veranschlagen wäre, als in einem ausgebauten bürokra-

---

25 W. Lorenz, G. Paul, Die Schulbürokratie und die Deformation der Lehrerrolle, in: Westermanns Pädagogische Beiträge 1972, S. 498. Die Autoren stellen hier die Konzeption M. Webers dar (M. Weber, Wirtschaft und Gesellschaft, Köln 1964).

26 W. Lorenz, G. Paul a.a.O. S. 499

tischen System, wo die besten Köpfe als Experten herangezogen werden. Denn die Diskussion im demokratischen Modell, die sich über mehrere Stufen bis zur Entscheidungsfindung bewegt, ergäbe wohl zusammengerechnet genau soviel Sachverstand wie ein expertokratisches Vorgehen. Denn die gesamte Basis wird hier für die Diskussion curricularer Probleme aktiviert, die durch fortlaufende Diskussionen auf allen Ebenen immer wieder neu problematisiert werden. Und zudem vermag das demokratische Entscheidungsmodell gleichzeitig große Teile der Betroffenen zu sensibilisieren und aktiv zu beteiligen, während das bürokratische Modell all jene Probleme mit größter Wahrscheinlichkeit mit sich bringt, welche die gegenwärtige Krise der Curriculumforschung größtenteils verursachten: Lehrer, die nicht fähig oder willens sind, die Entscheidungen der Experten zu verwirklichen; geringes Engagement der Lehrer in curricularen und bildungspolitischen Fragen; gezielte Obstruktion gegen neu einzuführende Unterrichtsmittel und Curricula; zunehmende Kommunikationsstörung zwischen Experten und Basis etc.

7. Probleme demokratisierter Curriculumforschung

Offene Curricula erfordern, wie das letzte Kapitel gezeigt hat, eine Verlagerung der Entscheidung von den oberen Rängen der Kultusbürokratie auf die unteren: an die einzelne Schule respektive an irgendwelche Zwischeninstitutionen. Wenn auch informelle Initiativen möglich sind, indem einzelne Lehrer auf diese Weise ihren Unterricht neu strukturieren, so scheint eine umfassendere Innovation nur durch eine breitere Unterstützung der Entscheidungsträger des öffentlichen Schulwesens erfolgversprechend, da sonst die Gefahr des Mißlingens allzugroß wird. Aus diesem Grunde scheint es wichtig, an einigen Ansätzen bisheriger curricularer Aktivitäten zu untersuchen, inwieweit hier jene Forderungen eingelöst werden konnten und welches die Probleme dezentralisierter Curriculuminnovation sind.

Dabei muß einmal von jenen Ansätzen des „engineering-Modells"(1) abgesehen werden, welche sich lediglich darauf beschränken, an der Basis Disseminationsprozesse in die Wege zu leiten. Denn das Charakteristikum solcher Ansätze ist gerade die produktorientierte Curriculumentwicklung, wo Dissemination lediglich das Einweisen und Eintrainieren in bereits fertige Produkte bedeutet und die Bildungsinhalte, Tests etc. bereits vollständig vorgegeben sind. Durch diese Einschränkung wird die Zahl der zu diskutierenden Ansätze beträchtlich verringert, existieren doch weder eine ausgearbeitete Theorie offener Curricula noch eine größere Anzahl von ausgearbeiteten Modellen, welche für eine zukünftige Curriculumentwicklung an der Basis als Vorbild genommen werden könnten.

---

1 Vergl. S. Gerbaulet u.a., Schulnahe Curriculum-Entwicklung, Stuttgart 1972, S. 50

Und noch in die wenigen Strategien, welche zu solchen Projekten bestehen, gehen immer wieder Versatzstücke produktorientierter Forschung ein. Zudem ist der Gedanke, den Lehrer stärker an der Curriculumentwicklung zu beteiligen, erst in jüngster Zeit aufgekommen, da man vorher der Faszination jener Großcurricula, die mit einem massiven Input an Fachkompetenz und Finanzen in den USA entwickelt wurden, erlegen war. Erst als immer deutlicher wurde, daß jene Entwicklungsprojekte, welche einem Modell der zentralistischen Vorgabe von detaillierten Inhalts- und Stoffplänen folgen, faktisch kaum eine Veränderung des Unterrichts bewirkten, weil Lehrer und Schüler sich mit ihnen nicht identifizieren, setzte eine ausgedehnte Kritik ein, welche die Initiativen wieder näher an die Schulen verlegen wollte (2). Eine Durchsicht bisheriger realisierter bzw. vorgeschlagener Modelle zeigt jedoch dennoch einige Ansatzpunkte und Probleme auf, die künftig berücksichtigt werden müssen.

7.1 Zu den schulnahesten Versuchen gehören jene Gesamtschulen, welche begonnen haben, die organisatorische Reform durch eine curriculare Reform abzustützen und zu ergänzen. Es fehlt jedoch nicht nur an wissenschaftlicher Unterstützung, sondern vor allem auch an ausreichenden Deputatserlassen für die beteiligten Lehrer. Daraus resultiert sowohl eine inhaltliche Überforderung - im Alleingang fachwissenschaftlich fundierte Arbeit zu leisten - wie eine rein zeitliche Überlastung, die noch dadurch verstärkt wird, daß die Organisationsfragen durch die neue Schulform sehr zeitraubend werden. Ganz abgesehen davon,

---

2 Vergl. dazu zum Beispiel die kritischen Schlußfolgerungen, welche Haller und Wolf zur Hessischen Lehrplanreform ziehen, die 1968 mit der Einberufung der großen Curriculumkommission begann und 1971 endete: „Die sogenannten Curriculumprojekte, die hier Abhilfe schaffen sollten, wurden aber im wesentlichen nur von den Lehrern akzeptiert, die ohnehin bereits im Sinne dieser Projekte unterrichteten. Wer diese Feststellung überprüfen will, braucht sich nur in Hessen umzuhören bei Lehrern, welchen Beiklang für sie Begriffe wie ‚Curriculumkommission' und ‚Emanzipation' als oberstes Lernziel haben" (I. Haller, H. Wolf, Neuorganisation der Lehrerfortbildung als Teilstück schulnaher Curriculumentwicklung, in: curriculum konkret 1973, S. 5; vergl. zu demselben Problem: S. Gerbaulet u.a., a.a.O. S. 37).

daß die Entwicklungsaufgaben z.T. durch Restriktionen der Schulverwaltungen und das geltende Berechtigungssystem zusätzlich erschwert werden.

Aus all dem Gesagten ergibt sich vor allem die Konsequenz, daß die Qualität von Curriculumentwürfen je nach zufällig in einer Fachkommision vorhandenem Sachverstand differiert. „Gleichzeitig fehlt auch die Kommunikation und sinnvolle Arbeitsteilung zwischen den Schulen, weil keine Institutionen für die notwendige Koordination und Beratung existieren. Ihr Fehlen führt zu einer Vergeudung von Kräften und zur Resignation vieler Beteiligten"(3).

7.2 Die Koppelung von wissenschaftlichem Sachverstand und Einzelschule ist vor allem von H. von Hentig im Rahmen des Bielefelder Oberstufenkollegs versucht. In den dort vorgesehenen Curriculum-Werkstätten wird versucht, Curricula in engem Wechselbezug zur Praxis zu entwickeln: „Die Curriculumforschung muß sich vielmehr in Einrichtungen vollziehen, die die Bedingungen, unter denen neue Curricula realisiert werden sollen, selbst einbeziehen. Diese Einrichtungen müssen also ‚Schulen' darstellen, und Repräsentanten der ‚Lehrer' müssen an ihrer Arbeit beteiligt sein"(4). Ob ein solches Modell unter den gegebenen Bedingungen verallgemeinerungsfähig ist, muß jedoch fraglich bleiben. Zwar ist ohne weiteres denkbar, daß es für Universitäten Schule machen wird, weil immer mehr Universitäten den Vorteil der „Praxisnähe im eigenen Haus" erkennen und mit dem Gedanken derartiger „laboratory schools" spielen könnten. Wieweit aber das gleichzeitig eine Innovationswirkung für die durchschnittliche Schule bedeutet, bleibt abzuwarten. Mindestens ist kaum zu erwarten, daß jede einzelne Schule in ähnlichem Sinne zum „curriculum workshop" werden könnte, da dies ihre finanziellen und personellen Mittel übersteigen dürfte. Die besonderen Bedingungen, unter denen eine derartige Laborschule arbeitet, werden es ganz allgemein erschweren, irgendwelche Initiativen an dieser Schule als Modell für Reformen bezeichnen zu können.

---

3 S. Gerbaulet u.a., a.a.O. S. 30 f.
4 H.v. Hentig u.a., Das Bielefelder Oberstufenkolleg, Stuttgart 1971, S.12

7.3 Die herkömmlichen Curriculumtheorien reflektieren meist die Disseminationsprobleme höchstens am Rande und leisten deshalb meist kaum einen wesentlichen Beitrag über die Konstruktionsphase von Curriculum-Produkten hinaus. Hier ist noch am ehesten die Freiburger Arbeitsgruppe für Lehrplanfragen (FAL) herauszuheben, welche eine gewisse Demokratisierungstendenz der Curriculumentwicklung aufnimmt. So betont die FAL immer wieder, daß in ihrem Selbstverständnis Curriculumentwicklung und -implementation unter Zusammenwirken von Schülern, Lehrern, Parlament, Administration, Öffentlichkeit, Curriculumforschern und Experten zu erfolgen habe (5). U. Isenegger schreibt an anderer Stelle programmatisch: „*Der Lehrer soll kein technischer Funktionär sein* (dafür sei auch die Lehrerschaft besorgt!), sondern hat bei der Entwicklung von Ausbildungsplänen (Curriculumentwicklung) eine *aktive und tragende Rolle* zu spielen. Durch diese Planungsarbeit ist die *Freiheit zu verwirklichen*, der mögliche Handlungsspielraum auszunützen"(6). Die konkrete Analyse der Curriculumstrategie, wie sie von der FAL vorgelegt wurde, zeigt jedoch, daß es nur partiell gelungen ist, jene demokratisierende Tendenz zu realisieren. So schreiben Gerster und Schweizer in einer kritischen Sichtung von Entscheidungsprozessen gegenwärtiger Curriculum-Projekte zum EBAC-Projekt der Freiburger Gruppe: „Der Entscheidungsprozeß ist jedoch nicht demokratisch, sondern streng hierarchisch nach oben ausgerichtet. Die *Lehrer* verfügen auf der unteren Ebene der Entscheidung durch die Fachkommisionen über eine gewisse Mitbestimmung. Die *Gesamtlehrerschaft* hat auf der unteren Ebene Mitspracherecht. Die *Schüler- und Elternschaft* wurde in das Projekt nicht einbezogen"(7). Dabei muß immerhin berücksichtigt werden, daß sich die Konzepte der FAL als pragmatische Curriculumreform verstehen, die durch ein schrittweises Vorgehen erst die Kompetenz und das Verständnis der Lehrer für eine wissenschaftlich abgedeckte Curriculumreform entwickeln muß.

---

5 K. Aregger, K. Frey, Curriculumtheoretische Ansätze in einem Entwicklungsprojekt, EBAC-Projekt, Bericht 5, Freiburg 1971, S. 25

6 U. Isenegger, Aufgabe der Curriculumforschung: Planung der Freiheit, in: Schweizerische Lehrerzeitung 1972, S. 145

7 J. Gerster, F. Schweizer, Ebene und Qualität von Entscheidungsprozessen in Curriculum-Projekten, Seminararbeit, Zürich 1973, S. 46 (int. verv. Ms.)

Andererseits scheint eine grundsätzliche Schwierigkeit der FAL darin zu bestehen, daß ihr curriculares Theorieverständnis ein technologisches Vorgehen nahelegt, das dem engineering Modell recht nahekommt, während die Intention nach einer Intensivierung der Lehrerbeteiligung gerade von einer Strategie geschlossener Curricula wohl kaum eingelöst werden kann.

Mindestens deuten die Vorschläge zur Beteiligung der Lehrer an der Curriculumentwicklung, welche Santini formuliert, auf ein diesbezügliches Dilemma hin. So heißt es dort explizit: „Die Funktion des Lehrers in der Curriculumentwicklung dürfte zum großen Teil in der Erprobung curricularer Systeme liegen"(8). Mit dieser Forderung geht Santini jedoch kaum über die herkömmlichen Konzeptionen produktorientierter Curriculumentwicklung hinaus und fällt hinter die programmatisch verkündete Intention der FAL weit zurück. Denn die Gefahr ist nicht von der Hand zu weisen, daß letztlich die Lehrerbeteiligung trotz allem weitgehend auf die Funktion der Transformation fertiger Produkte beschränkt bleibt, während die konkrete Mitarbeit an inhaltlichen Entscheidungen im besten Fall auf eine kleine Elite von Lehrern beschränkt bleibt.

7.4 Der Versuch, die Curriculumentwicklung zu dezentralisieren, wird im deutschsprachigen Raum gegenwärtig in erster Linie am Beispiel der norwegischen „Pedagogiske Service Senters"(9) und der englischen „Teachers' Centres"(10) diskutiert. Dabei ist vor allem festzuhalten, daß diese neuen Bewegungen nicht eine radikale Dezentralisierung in jenem Sinne anstreben, daß die Curriculumentwicklung vollständig auf die lokale Ebene verlegt würde. Vielmehr versuchen die Teachers' Centres im allgemeinen jenen Bereich abzudecken, der zwischen eigentlicher Curriculum-Entwicklung und Unterricht liegt: „Sie zielen auf eine optimale *Übersetzung* vorgefertigter Planungs-

---

8 B. Santini, Das Curriculum im Urteil der Lehrer, Basel 1971, S. 134

9 Vergl. H. Bauersfeld, H. Brügelmann, Pedagogiske Service Sentre. Zur Rolle des Lehrers in der skandinavischen Curriculumentwicklung, in: Thema Curriculum 2, 1972, S. 60 ff.

10 H. Brügelmann, Curriculum-Entwicklung: wie nah an der Basis, in: betrifft:erziehung 9, 1972, S. 19 ff.; H. Brügelmann, Die englischen Teachers' Centres, in: Die Deutsche Schule 1972, S. 534 ff.

elemente und Unterrichtsmaterialien in konkreten Unterricht unter den besonderen Bedingungen der jeweiligen Lernsituation"(11). Die konkrete Ausformulierung des Aufgabenkreises dieser Zentren geschieht jedoch je nach lokaler Situation sehr unterschiedlich und reicht von Servicefunktionen und Disseminationsaufgaben bis zur Bereitstellung eines Kommunikationsforums. Wichtig ist jedoch, daß diese Zentren von Lehrern getragen werden und damit eine weit größere Lehrerorientierung erhalten als der Ansatz der Freiburger Arbeitsgruppe.

Für die Curriculum-Entwicklung selbst sollen auf diese Weise Kooperationsformen zwischen Projektgruppen und Lehrern initiiert werden, wo bereits früh eine aktive Partizipation der Lehrer möglich wird: „Für die Projekte können die Teachers' Centres damit schon in der Planungsphase wichtig werden, wenn es darum geht, Probleme zu definieren und die Perspektiven für die eigene Arbeit zu formulieren. Der anschließende Kontakt zu den Lehrern hält diesen Praxisbezug aufrecht, ermöglicht insbesondere ein ständiges Pendeln zwischen Projektplanung und Unterrichtsexperiment"(12). Allerdings sind im gegenwärtigen Stand der Entwicklung noch durchaus Reste der bisherigen produktorientierten Curriculumentwicklung zu verspüren, welche die Lehrer vor allem aus der strategischen Überlegung, daß nur so deren Identifikation mit neuen Curricula erreicht werden könne, enger einbeziehen möchte. Die Partizipation der Lehrer wird damit auf eine Anpassung bzw. Modifikation von Projekten beschränkt, deren Planung anderswo erfolgt. In diesem Sinne hält ein Bericht des "Schools council" fest: „Die üblichen Programmaktivitäten bestehen aus einer Kombination von Arbeiten, die auf nationale Projekte bezogen sind, von Kursen, die durch "local education authority advisers" initiiert werden und von Curriculum-Studiengruppen, welche von den Lehrern selbst begründet werden. Es war jedoch nur in einer Minderheit der Zentren aus den Berichten ersichtlich, daß sich Studiengruppen bis zu einem Stadium der systematischen lokalen Curriculumentwicklung entwickelten"(13).

---

11 H. Brügelmann, Die englischen a.a.O. S. 540

12 H. Brügelmann, Die englischen a.a.O. S. 541

13 Schools Council, Teachers' Centres and the Changing Curriculum: a Report on Three National Conferences, SC Pamphlet 6, 1970, S. 8

Diese Schwierigkeiten, eine lokale Curriculumentwicklung auf breiterer Basis zu initiieren, dürfte nicht zuletzt mit dem bisherigen Curriculumverständnis zusammenhängen, dessen Wissenschaftsorientiertheit jeden Versuch von Lehrern von vorneherein mit dem Prädikat eines bastelnden Handwerkertums belegt. Obwohl eine solche Gefahr sicher teilweise berechtigt ist, bedeutet die Dominanz von wissenschaftlicher Beratung, die nur zu schnell in eine versteckte Entscheidungsdomonanz umschlägt, daß man sich immer noch allzusehr den produktorientierten Standards vermeintlicher Objektivität und perfektionistischer Planung orientiert.

7.5 In der Bundesrepublik hat der Gedanke der Teachers' Centres vor allem durch eine Denkschrift aus Kreisen des „Stifterverbandes für die Deutsche Wissenschaft"(14) Verbreitung gefunden. Allerdings befürworten die Autoren nicht eine lokale, sondern eine regionalisierte Institutionalisierung der „schulnahen Curriculumentwicklung". Die vorgeschlagenen „Regionalen Pädagogischen Zentren" bekommen dadurch eine dreifache Funktion von Curriculumentwicklung, Lehrerfortbildung und Beratung. Solche Zentren sollen ungefähr ein Gebiet von 1 Million Einwohnern, 5000 Lehrern und 150 000 Schülern betreuen. Zur Gewährleistung wissenschaftlicher Unterstützung sollen die RPZ an Hochschulstandorten errichtet werden, ohne jedoch organisatorisch in die Hochschulen integriert zu werden. Dieses Konzept der Regionalisierung sucht einen Mittelweg zwischen zentralistischer Lehrplanentwicklung und radikaler Dezentralisierung. Gegen ein lokales Modell, das die Entwicklung von Curricula an die einzelne Schule verlegt, wird dabei vor allem auf die Erfahrungen mit den Gesamtschulen angespielt: „Zwar setzte Curriculumarbeit in den Schulen Fortbildungsprozesse in Gang und steigerte das Engagement der Beteiligten; ohne gezielte Hilfe und Beratung zeigten sich bald jedoch auch Überlastungserscheinungen und Gefahren einer allzu großen Auseinanderentwicklung der verschiedenen Versuchsschulen"(15).

---

14 S. Gerbaulet a.a.O.
15 S. Gerbaulet a.a.O. S. 37

Der Versuch, in der Vielfalt alternativer Unterrichtsmöglichkeiten eine gewisse Einheitlichkeit zu wahren, wird mit dem Vorschlag einer neuen Kompetenzverteilung zu erreichen versucht, die von staatlichen Rahmenrichtlinien über die RPZ bis zur einzelnen Schule einen neuen Zusammenhang schafft. Dabei werden u.a. folgende Möglichkeiten der RPZ für eine Curriculumreform genannt:

- „eine Entwicklung von Curriculumbausteinen, ohne auf wissenschaftliche Standards verzichten und in Do-it-yourself-Bastelei zurückfallen zu müssen;
- eine aktive Teilnahme von Lehrern, ohne sie auf formale Mitbestimmungsrechte zu reduzieren;
- ihre Fortbildung in curricularen Problemen und Problemlösungen, ohne sich in abstrakten Vortrags- und Tagungsritualen zu erschöpfen"(16).

Vom Standpunkt der theoretischen Fundierung offener Curricula interessiert in diesem Zusammenhang in erster Linie die Stellung, welche dem Lehrer im Rahmen der RPZ zugebilligt wird. Auf den ersten Blick scheinen denn auch die Partizipationsmöglichkeiten der Lehrer in diesem Modell recht vielfältig, nimmt er doch sowohl an den Projekten der RPZ, an den als Bezugsgruppen zu Projekten gedachten Lehrerarbeitskreisen und an Curriculumprojekten einzelner Schulen teil. Allerdings zeigt eine genauere Analyse des Modellvorschlags, daß die Wissenschaftler in den eigentlichen Projekten der RPZ über die Mayorität verfügen, indem das RPZ über einen Stab von 15 Wissenschaftlern, aber nur über weitere zehn vollamtliche Stellen für beurlaubte Lehrer verfügt (17). Diese Majorisierung der Zentren durch Wissenschaftler bedeutet aber letztlich wiederum einen Reflex auf die Modelle bisheriger Curriculumentwicklung und stellt zur Intention einer schulnahen Curriculumentwicklung mit demokratisierender Funktion einen nicht zu übersehenden Widerspruch dar. Zudem scheinen die Relationen von 5000 Lehrern und einem RPZ immer noch zu hoch, wenn eine intensive Lehrerbeteiligung, die sich nicht auf wenige „aktive" Lehrer bezieht, erreicht werden sollte. H. Brügelmann (18) weist denn auch darauf hin,

---

16 S. Gerbaulet u.a., a.a.O. S. 4
17 S. Gerbaulet u.a., a.a.O. S. 4
18 H. Brügelmann, Die englischen a.a.O. S. 536 f.

daß lokale Teachers' Centres und RPZ nicht unbedingt alternative Modelle darstellen müssen, sondern durchaus komplementär miteinander verbunden werden könnten. Mindestens dürfte eine Institutionalisierung von RPZ nicht auf lokale Zentren in irgendeiner Form verzichten, wenn nicht letztlich Curriculumentwicklung an der Basis über die Köpfe der Basis hinweg gemacht werden will. Denn wenn man die Erfahrungen der Freiburger Gruppe in Rechnung stellt, deren EBAC-Projekt vom Einzugsbereich her (9000 Schüler und 270 Lehrer)(19) etwa einem Teachers' Centre entspricht, so dürfte es noch auf dieser Ebene recht schwierig sein, ein lehrerorientiertes Modell durchzusetzen, wo die aktive Trägerschaft der Curriculumentwicklung immer mehr an Lehrer übergeht.

Als Konsequenz der kurz referierten Modelle muß wohl festgehalten werden, daß eine optimale Partizipation der Lehrer noch nirgendwo erreicht wurde. Einmal müssen mit solchen neuen Organisationsformen erst einmal Erfahrungen gesammelt werden und auf der anderen Seite wirkten überall noch Relikte der bisherigen zentralistischen Großprojekte und produktorientierten Strategien nach. Und zudem kann nicht erwartet werden, daß eine Lehrerschaft, welche die wissenschaftlichen Ansätze der letzten Jahre in der Erziehungswissenschaft noch kaum rezipiert hat und von der Forschung meist eher als Objekt denn als gleichberechtigter Partner angesehen wurde, von einem Tag zum anderen für dieses neue Selbstverständnis befähigt und sensibilisiert werden kann. Von hier aus ist es auch zu verstehen, daß in den meisten der beschriebenen Ansätze die Lehrerfortbildung als unabdingbarer Bestandteil des Curriculum-Konzeptes gilt.

Dabei wäre von allem Anfang an darauf zu achten, daß die Institutionalisierung von dezentralisierten Curriculum-Werkstätten im Sinne von RPZ bzw. Teachers' Centres nicht zu einer rigiden Organisationsform ausgestaltet wird. Denn ein Konzept zur Lehrerbeteiligung an der Curriculumentwicklung hätte so flexibel zu sein, daß mit der verbesserten Kompetenz der Lehrer, diese immer mehr zu den eigentlichen Trägern der Arbeit würden. Und schon zu Beginn sollten die Lehrer nicht letztlich doch wieder majorisiert und auf Strategien verpflichtet werden, die

19 Nach J. Gerster, F. Schweizer a.a.O. S. 19

ihnen kaum transparent - weil von den wissenschaftlichen Mitarbeitern vorgegeben - sind. Denn sonst besteht die Gefahr, daß die Initiative, welche bei den Lehrern entwickelt werden soll, von allem Anfang lahmgelegt wird. Wenn nämlich schon zugestanden wird, daß es bereits heute einen - zwar kleinen - aktiven, mit wissenschaftlichen Arbeitsweisen vertrauten Kreis von Lehrern gibt, auf den die Teachers' Centres oder RPZ am Anfang in erster Linie abstellen müssen, so sollte mindestens diesem Kreis eine recht starke Stellung innerhalb der zu bildenden Stäbe eingeräumt werden.

Die Tendenz solcher Einrichtungen müßte zudem langfristig darauf ausgerichtet sein, Curriculumentwicklung ganz an die Basis - an die Einzelschule oder an mehrere miteinander kooperierende Schulen - zu verlegen. Wenn die Schulen dann selbst Curriculum-Werkstätten wären, so hätte die Wissenschaft eher beratende und informierende Funktionen. Teachers' Centres im lokalen Bereich könnten dann die eigentlichen Entwicklungsarbeiten an die Schulen abgeben und wären eher Institutionen, welche über neue Curriculuminitiativen informierten, bei Schwierigkeiten berieten, Kontakte zwischen Gruppen mit ähnlicher Themenstellung vermittelten und bereits vorliegende Curricula an neue Projektgruppen weitergäben. Zusätzlich müßten in einem solchen Falle flankierende Maßnahmen vorgesehen werden, um dem befürchteten Dilettantismus entgegenzuwirken:

- Jedem Lehrer müßte für die Curriculumentwicklung und die damit verbundene Lehrerfortbildung ein Anspruch auf Freistellung vom Unterricht zugesichert sein.
- Unterrichtsfächer sollten zeitlich so gestaffelt werden, daß ein zusammenhängender Zeitraum frei wird, in welchem sich die Lehrer voll auf die Übernahme curricularer Aufgaben konzentrieren könnten.
- Die Bielefelder Laborschule bietet ein Paradigma dafür, wie Wissenschaft und Praxis enger miteinander verzahnt werden können, wobei allerdings dieses Modell eher wissenschaftszentriert ist. Es wäre zu prüfen, ob nicht Wissenschaftler stärker an den Schulen engagiert werden könnten, indem sie sich einerseits selbst teilweise als Lehrer im Unterricht engagieren und andererseits ihren Sachverstand für die Curriculumentwicklung zur Verfügung stellen. Die dauernde Kommunikation mit Praktikern könn-

te dabei langsam dazu führen, daß die Grenzen zwischen Praktikern und Wissenschaftlern fließender würden.

Diese Skizzierung eines basisnahen Modells kann selbstverständlich nicht schon detailliert ein ihm entsprechendes Kommunikationsnetz zwischen Verwaltung, Hochschulen und Schulen angeben. Es ist eher als eine Art von Leitlinie zu verstehen, die zu einer Art von Curriculum-Entwicklung führen könnte, welche die reale Partizipation der an der Schule Beteiligten eher zu sichern vermöchte als die bisher vorgeschlagenen Modelle. Langfristig wäre auch an eine Erweiterung des Modells auf die Eltern zu denken.

Im Sinne einer Zusammenfassung wäre festzuhalten, daß ein faktisch wirkungsvoller Einbezug von Lehrern (und eventuell Eltern) nur dann zu gewährleisten ist, wenn Curriculumentwicklung möglichst nahe an die Basis - also auf die lokale Ebene - verlegt werden kann. Und gleichzeitig ist eine aktive Beteiligung der Gesamtlehrerschaft ebenfalls nur auf dieser Basis realisierbar. Denn die regionalisierten Formen der Kooperation stützen sich letztlich in erster Linie auf eine aktive Minderheit unter den Lehrern, denen dann eine Multiplikatorenrolle zugewiesen wird. Der durchschnittliche Lehrer erhält damit jedoch nicht viel mehr Einflußchancen als im bisherigen Status quo. Es ist sogar zu befürchten, daß eine Elitenbildung unter den Lehrern einsetzt, während der durchschnittliche Lehrer wie gehabt sich mit fertigen Produkten abmüht, von Zeit zu Zeit an Fortbildungskursen teilnimmt, ohne daß jenes kreative Moment der Planung von Unterrichtsspielen bei ihm geweckt werden kann. Und wenn gleichzeitig die Tendenz zu offenen Curricula durchschlägt, ist er letztlich noch in einer schlechteren Lage als heute. Denn einerseits wird von ihm erwartet, daß er Vor-spiele in Kooperation mit Schülern und Eltern zu einer problembezogenen Unterrichtsstrategie umsetzt, - was dann auch in der Form der ihm zur Verfügung gestellten Curricula und Unterrichtsmaterialien zum Ausdruck kommt - während er andererseits noch in weit größerem Maße als bei den produktorientierten Curricula überfordert wird.

Das heißt jedoch nicht, daß vom innovationsstrategischen Aspekt her gesehen die gegenwärtigen Tendenzen einer dezentralisierten Curriculumentwicklung negiert werden müßten. Vielmehr sind die RPZ und Teachers' Centres erste Ansätze in jene Richtung, die sich aber nicht als Ende dieser Entwicklung betrachten dürfen. Die Planung von Curriculumstrategien und institutionellen Rahmenbedingungen sollte selbst offen werden. D.h. man sollte nicht versuchen, die eben entstehenden neuen Initiativen durch rigide Planungsvorgaben wieder zu kanalisieren. Denn wenn man ein Konzept vertritt, das die Bedürfnisse der Betroffenen optimal aufgreifen möchte, so bedeutet das, daß die Strategien selbst auf diese Bedürfnisse hin konkretisiert und abgestimmt werden müssen. Dies kann nicht durch eine allgemeingültige Strategie geschehen, sondern muß von Fall zu Fall in enger Kooperation von Theorie und Praxis erfolgen.

8. Zusammenfassung

Mit der Betonung demokratischer Entscheidungsfindung und der damit verbundenen Abkehr vom bürokratischen Modell ist der äußerste Punkt der vorliegenden Arbeit über die Curriculumproblematik ereicht: Curriculumreform erfordert selbst organisatorische Innovationen im Schulwesen, wenn sie Aussicht auf Erfolg haben sollte. Dies ist jedoch nichts anderes als der Ausdruck einer generellen Notwendigkeit, die gegenwärtige Tendenz zur Partellierung pädagogischer Fragestellungen zu überwinden. Denn Innovation, die sich ein eng umgrenztes Gebiet reserviert, um dort isoliert wirksam zu werden, ist von vorneherein auf verlorenem Posten. Wenn beispielsweise Legitimationen an der Basis für curriculare Fragen gefordert werden, so reicht dazu eine Diskussion möglicher Legitimationsmodi nicht aus. Vielmehr müssen gleichzeitig flankierende organisatorische Maßnahmen mitbedacht werden. Und dies dürfte auch das wichtigste Ergebnis dieser Arbeit darstellen: Nämlich der Versuch, eine umgreifende Perspektive in die Diskussion curricularer Fragen einzubringen, welche bis zu handlungs- und bildungstheoretischen Gedankengängen führt. Denn jede Konzeption curricularer Theoriebildung beinhaltet letztlich als Voraussetzung ganz bestimmte Auffassungen von Bildung, die sie erst zur „pädagogischen" Theorie machen. Damit ist aber gleichzeitig auch der Bezug zur Gesellschaft gegeben, nämlich der Stellenwert, welchen der Bildungsprozeß im Rahmen gesellschaftlicher Lebenswelten beansprucht. Daß hier in der vorliegenden Arbeit der Akzent auf einer „Bewußtmachung von Entfremdung" liegt, bedeutet den Versuch, Pädagogik in den Prozeß gesellschaftlicher Emanzipation einzuführen, ohne gleichzeitig gesellschaftliche Veränderung und unterrichtliches Handeln in eins zu setzen. Konkretisiert ergibt diese Bestimmung eine

Ansicht von Curriculumforschung, welche es den Kindern ermöglicht, ihre Erfahrungswelten zu elaborieren und in Beziehung mit der objektiven gesellschaftlichen Lebenswelt zu setzen. D.h. im Rahmen von Lernprozessen, welche die Lebenssituationen der Kinder aufnehmen, soll versucht werden, jene Erfahrungen, welche bisher lediglich „gelebt" wurden, bewußt zu machen und damit in den Zusammenhang von Reflexion und Handeln zu bringen, welcher im Rahmen der vorliegenden Konzeption als „Unterrichtsspiel" bezeichnet wurde. Solche Unterrichtsspiele sind auf eine Strategie im Rahmen „offener Curricula" verwiesen, da nur dann ein aktives Engagement von Lehrern, Schülern und Eltern erreicht werden kann, wenn die Inhalte und Ziele der Curricula nicht behavioristisch vorgeformt und von zentralen Institutionen starr vorgegeben werden. Dabei wurde im Verlauf dieser Arbeit nicht versucht, eine konkrete Strategie zur Planung von Unterrichtsspielen zu entwickeln, da offene Curricula auch mit einer offenen Planung verbunden sein müssen (1). Dies bedeutet jedoch, daß je nach Problemsituation neue Konkretisierungen der theoretischen Grundgedanken curricularer Reflexion gesucht werden sollten. Eine Curriculumrevision auf Länderebene kann ebenso wie die Erarbeitung eines Lehrmittels im Sinne offener Curricula angegangen werden, wird aber z.T. unterschiedliche Überlegungen und Lösungsvorschläge beinhalten.

Curriculumrevision, welche den Unterricht selbst betont, wird dabei nicht an den fundierenden Sozialisationsvoraussetzungen vorbeigehen können, welche die Beteiligten in den Unterrichtsprozeß einbringen. Schichtspezifische Einflüsse, bisherige schulische Sozialisation und Identitätsentwicklung spielen eine wesentliche Rolle für das Gelingen von Unterrichtsspielen. Und umgekehrt ist die Schule eine Institution mit wichtiger Sozialisationsfunktion. Sofern diese Bedingungen nicht in die Reflexion eingehen, ergibt sich die Gefahr, daß sie sich als verstecktes Curriculum hinter dem Rücken dennoch durchsetzen und eventuell den angestrebten Lernprozessen entgegenwirken. Ebenso wurde versucht, jene organisatorischen Fragen einzubringen, welche im Zusammenhang mit der Ebenenproble-

---

1 Vergl. dazu: H. Moser, Vorüberlegungen zu einer Theorie des Unterrichtsspiels, in: Zeitschrift für Pädagogik 1973, S. 424 f.

matik der Curriculumproblematik heute vor allem unter dem Stichwort der Teachers' Centres diskutiert werden.

Im Zusammenhang mit der Fundierung einer Theorie offener Curricula wurde versucht, in der kritischen Auseinandersetzung mit der gegenwärtigen Curriculumdiskussion einige Aporien aufzuzeigen, welche die gegenwärtige „Krise der Curriculumforschung" mitverursachen. Zentral war dabei der Versuch, das Deduktionsproblem und die damit verbundene Diskussion der Normenproblematik primordial zu lösen. Die Betonung der umgangssprachlichen Lebenswelt wurde durch die ganze Arbeit weiterverfolgt: Die Thematisierung des Verhältnisses von Erfahrungs- und Lebenswelt, die Ausführung zu den von Wittgenstein in die philosophische Diskussion eingeführten Sprachspielen und die Legitimationsproblematik, die als Konsequenz von brüchig gewordenen Lebenswelten auftritt. Für die spezifisch pädagogische Diskussion ergab sich von diesem Ansatzpunkt aus die Möglichkeit, jene Versionen „kommunikativer Didaktik" zu kritisieren, welche glauben, mit der Betonung von kommunikativem Handeln und Diskursen bereits Emanzipation festzumachen. Denn jene in Sprechsituationen sich ereignende Emanzipation ergäbe sich nur dann automatisch, wenn Vernunft bereits im Sprechen quasi eingebaut wäre. Die dazu von Habermas herbeibemühte „ideale Sprechsituation" scheint aber mehr als „deus ex machina" zu fungieren denn rational begründet zu werden.

Die Spannweite aller dieser Probleme soll deutlich machen, daß sich diese Arbeit nicht als abschließende Stellungnahme zur behandelten Problematik verstehen will. Vielmehr als erster Diskussionbeitrag für eine umfassendere Neubestimmung der Curriculumproblematik. Erst die weitere Diskussion wird erweisen, ob und inwiefern die Theorie des Unterrichtsspiels einen wirklichen Fortschritt für das Gebiet des Unterrichts bedeutet. Dabei hat sie sich auch der Praxis selbst zu stellen, die letztlich darüber entscheidet, inwiefern diese Theorie für pädagogisches Handeln fruchtbar sein kann. Ein curricularer Ansatz kann nämlich theoretisch noch so gut ausgebaut sein, sein Kriterium muß die Praxis sein, für welche dieser Ansatz ein Hilfsmittel darstellen will. Dies scheint mir eine der Hauptbedingungen dafür zu sein, daß die Curriculumforschung nicht der Sterilität verfällt und in abstracto hochfliegende Theorien entwirft, welche – cum grano salis - nichts mehr als einige neue Titel auf dem Büchermarkt bewirken und dem Verfasser evtl. einige akademische Meriten einbringen.

Literaturverzeichnis

Achtenhagen, F., Mayer, H.L. (Hrsg.): Curriculumrevision, Möglichkeiten und Grenzen, München 1971

Achtenhagen, F., Menck, P.: Langfristige Curriculumentwicklung und mittelfristige Curriculumforschung, in: Achtenhagen, F., Meyer, H.L. (Hrsg.), Curriculumrevision, Möglichkeiten und Grenzen, München 1971, S. 197 ff.

Achtengagen, F., Meyer, H.L.: Curriculumforschung: Analyse und Konstruktion, in: Achtenhagen, F., Meyer, H.L. (Hrsg.): Curriculumrevision, Möglichkeiten und Grenzen, München 1971, S. 11 ff.

Achtenhagen, F., Wienold, G.: Curriculumforschung und fremdsprachlicher Unterricht, in: Achtenhagen, F., Meyer, H.L. (Hrsg.): Curriculumrevision, Möglichkeiten und Grenzen, München 1971, S. 216 ff.

Adorno, Th.W. u.a.: The Authoritarian Personality, New York 1950

Albert, H.: Theorie und Prognose in den Sozialwissenschaften, in: Topitsch, E. (Hrsg.), Logik der Sozialwissenschaften, Köln, Berlin 1970, S. 126 ff.

Alexander, W.M. (Hrsg.): The Changing Secondary School Curriculum, New York 1967

Apel, O.-K. u.a.: Hermeneutik und Ideologiekritik, Frankfurt 1971

Apel, O.-K.: Szientistik, Hermeneutik, Ideologiekritik, in: Apel, O.-K. u.a., Hermeneutik und Ideologiekritik, Frankfurt 1971, S. 7 ff.

Arbeitskreis Grundschule e.V. (Hrsg.): Materialien zum Mathematikunterricht in der Grundschule. Beiträge zur Reform der Grundschule, Frankfurt 1972

Aregger, K., Frey, K.: Curriculumtheoretische Ansätze zu einem Entwicklungsprojekt, EBAC-Projekt, Bericht 5, Freiburg 1971

Aregger, K., Isenegger, U. (Hrsg.): Curriculumprozeß: Beiträge zur Curriculumkonstruktion und -implementation, Bericht 18/19, Freiburg 1972

Atkin, J.M.: On Looking Gift Horses in the Mouth: The Federal Government and the Schools, in: The Educational Forum 1968, S. 9 ff.

Ausubel, D.P.: Some Psychological Aspects of the Structure of Knowledge, in: Elam, S. (Hrsg.): Education and the Structure of Knowledge, Chicago 1964, S. 220 ff.

Axtelle, G.E., Burnett, J.R.: Dewey on Education and Schooling, in: Boydston, J.A. (Hrsg.), Guide to the Works of John Dewey, Carbondale, Edwardsville 1970, S. 257 ff.

Backmann, C.W., Secord, P.F.: Sozialpsychologie der Schule, Weinheim, Basel 1972

Bandura, A.: Principles of Behavior Modification, London 1969

Bandura, A., Walters, R.H.: Social Learning and Personality Development, London 1963

Bateson, G.A. u.a.: Schizophrenie und Familie, Frankfurt 1972
Bateson, G.A. u.a.: Auf dem Wege zu einer Schizophrenie-Theorie, in: Bateson, G.A. u.a.: Schizophrenie und Familie, Frankfurt 1972, S. 11 ff.
Bauersfeld, H.: Einige Bemerkungen zum „Frankfurter Projekt" und zum „alef"-Programm, in: Arbeitskreis Grundschule e.V. (Hrsg.), Materialien zum Mathematikunterricht in der Grundschule. Beiträge zur Reform der Grundschule, Frankfurt 1972, S. 237 ff.
Bauersfeld, H., Brügelmann, H.: Pedagogiske Service Sentre. Zur Rolle des Lehrers in der skandinavischen Curriculumentwicklung, in: Thema Curriculum 2, 1972, S. 60 ff.
Beauchamp, G.: Curriculum Theory, Wilmette 1968
Bellack, A.A.: What Knowledge Is of Most Worth? in: Alexander, W.M. (Hrsg.): The Changing Secondary School Curriculum, New York 1967, S. 221 ff.
Bellack, A.A.: Conceptions of Knowledge: Their Significance for the Curriculum, in: Hass, G., Wiles, K., Bondi, J. (Hrsg.): Readings in Curriculum, Boston 1970, S. 317 ff.
Bernstein, B.: Studien zur sprachlichen Sozialisation, Düsseldorf 1972
Biddle, B.J., Adams, R.S.: An Analysis of Classroom Activities, Columbia 1967
Blankertz, H.: Theorien und Modelle der Didaktik, München 1969
Blankertz, H. (Hrsg.): Curriculumforschung - Strategien, Strukturierung, Konstruktion, Essen 1971
Bloom, B.S.: Stabilität und Veränderung menschlicher Merkmale, Weinheim, Berlin, Basel 1971
Boydston, J.A. (Hrsg.): Guide to the Work of John Dewey, Carbondale, Edwardsville 1970
Brezinka, W.: Von der Pädagogik zur Erziehungswissenschaft, Weinheim, Berlin. Basel 1971
Brezinka, W.: Über Erziehungsbegriffe, in: Zeitschrift für Pädagogik 1971, S. 613 ff.
Brezinka, W.: Was sind Erziehungsziele? in: Zeitschrift für Pädagogik 1972, S. 497 ff.
Brinkmann, H.: Das Elend des kritischen Rationalismus, in: Wissenschaftstheorie + Gesellschaftliche Praxis, theorie + kritik 3, 1972, S. 7 ff.
Broudy, H.S. e.a.: Concepts and Principles: Structure and Selection as Curriculum Content, in: Levitt, M. (Hrsg.): Curriculum, Urbana 1971, S. 159 ff.
Bruder, K.-J.: Taylorisierung des Unterrichts. Zur Kritik der Instruktionspsychologie, in: Kursbuch 24, S. 113 ff.
Brügelmann, H.: Curriculum-Entwicklung: wie nah an der Basis, in: betrifft: erziehung 9, 1972, S. 19 ff.
Brügelmann, H.: Die englischen Teachers' Centres, in: Die Deutsche Schule 1972, S. 534 ff.
Brügelmann, H.: Offene Curricula, in: Zeitschrift für Pädagogik 1972, S. 95 ff.
Brügelmann, H.: Lernziele im offenen Curriculum, in: Thema Curriculum 2, 1972, S. 16 ff.
Bruner, J.S.: On Knowing, Cambridge 1962
Bruner, J.S.: Toward a Theory of Instruction, Cambridge 1966
Bruner, J.S.: Der Prozeß der Erziehung, Berlin, Düsseldorf 1970
Bruner, J.S.: Gedanken zu einer Theorie des Unterrichts, in: Dohmen, G. u.a. (Hrsg.): Unterrichtsforschung und didaktische Theorie, München 1970, S. 188 ff.

Bühl, W.L.: Schule und gesellschaftlicher Wandel, Stuttgart 1968

Cazden, C.B., John, V.P., Hymes, D. (Hrsg.): Functions of Language in the Classroom, New York 1972
Chomsky, N.: Aspekte der Syntax-Theorie, Frankfurt 1969
Chomsky, N.: Cartesianische Linguistik, Tübingen 1971
Claussen, B.: Emanzipation - Normengefüge - Erziehung. Kritische Anmerkungen zu einem Aufsatz von Lutz Rössner, in: Zeitschrift für Pädagogik 1973, S. 123 ff.
Conant, J.B.: Gleichheit der Chancen, Bad Nauheim 1955
Cox, D.W.: The City as a Schoolhouse, Valley Forge 1972
Derbolav, J.: Das Selbstverständnis der Erziehungswissenschaft, in: Oppolzer, S. (Hrsg.): Denkformen und Forschungsmethoden der Erziehungswissenschaft, Band I, München 1966, S. 128 ff.
Dewey, J.: Demokratie und Erziehung, Braunschweig 1949
Dewey, J.: Experience and Education, New York 1971
Dohmen, G.: Bildung und Schule 1, Weinheim 1964
Dohmen, G. u.a. (Hrsg.): Unterrichtsforschung und didaktische Theorie, München 1970
Drabick, L.W. (Hrsg.): Interpreting Education - A Sociological Approach, New York 1971

Ehlich, K., Rehbein, J.: Erwarten, in: Wunderlich, D. (Hrsg.): Linguistische Pragmatik, Schwerpunkte Linguistik und Kommunikationswissenschaft 12, 1972, S. 99 ff.
Eigenmann, J., Strittmatter, A.: Ein Zielebenenmodell zur Curriculumkonstruktion (ZEM), in: Aregger, K., Isenegger, U. (Hrsg.): Curriculumprozeß: Beiträge zur Curriculumkonstruktion und -implementation, Bericht 18/19, Freiburg 1972, S. 65 ff.
Eisner, E.W.: Instructional and Expressive Educational Objectives: Their Formulation and Use in Curriculum, in: Popham, W.J. e.a.: Instructional Objectives, AERA Monograph Series on Curriculum Evaluation, Chicago 1969, S. 1 ff.
Eisner, E.W. (Hrsg.): Confronting Curriculum Reform, Boston 1971
Eisner, E.W.: Persistant Dilemmas in Curriculum Decision-making, in: Eisner, E.W. (Hrsg.): Confronting Curriculum Reform, Boston 1971, S. 162 ff.
Eisner, E.W.: Educational Objectives: Help or Hindrance, in: Stones, E. (Hrsg.): Educational Objectives and the Teaching of Educational Psychology, London 1972, S. 214 ff.
Eisner, E.W.: Emerging Models for Educational Evaluation, in: School Review 1972, S. 573 ff.
Elam, S. (Hrsg.): Education and the Structure of Knowledge, Chicago 1964
Ellwein, Th. u.a. (Hrsg.): Erziehungswissenschaftliches Handbuch, Band I, Berlin 1969
Erziehungsdirektion des Kantons Freiburg (Hrsg.): Lehrplan für die Primarschulen (Curriculum-Entwurf 1970/71), Freiburg o.J.
Esland, G.M.: Teaching and Learning as the Organization of Knowledge, in: Young, F.D. (Hrsg.): Knowledge and Control, New Directions for the Sociology of Education, London 1972, S. 70 ff.
Essler, W.K.: Wissenschaftstheorie I, Definition und Reduktion, Freiburg, München 1970

Fantini, M.D., Weinstein, G.: Reducting the Behavior Gap, in: Hass, G., Wiles, K., Bondi, J. (Hrsg.): Readings in Curriculum, Boston 1970, S. 330 ff.

Flanders, N.A.: Teacher Influence, Pupil Attitudes and Achievement, Ann Arbor 1962
Flanders, N.A.: Analysing Teaching Behavior, Reading 1970
Flanders, N.A.: Künftige Entwicklungen bei der Analyse der verbalen Kommunikation in der Klasse, in: Programmiertes Lernen, Unterrichtstechnologie und Unterrichtsforschung 1971, S. 133 ff.
Flechsig, K.H. u.a.: Ein erfahrungswissenschaftlich - entscheidungstheoretischer Ansatz einer Theorie der Curriculumentwicklung, Monographie VI, Konstanz o.J.
Flechsig, K.H.: Die technologische Wendung in der Didaktik, Konstanzer Universitätsreden, Konstanz 1969
Flechsig, K.H. u.a.: Probleme der Entscheidung über Lernziele, in: Achtenhagen, F., Meyer, H.L. (Hrsg.): Curriculumrevision, Möglichkeiten und Grenzen, München 1971, S. 243 ff.
Foshay, A.W.: Knowledge and the Structure of the Discipline, in: Hass, G., Wiles, K., Bondi, J. (Hrsg.): Readings in Curriculum, Boston 1970, S. 301 ff.
Frankena, W.K.: Analytische Ethik, München 1972
Freire, P.: Pädagogik der Unterdrückten, Stuttgart 1970
Freire, P.: Politische Alphabetisierung, in: Lutherische Monatshefte 1970, S. 578 ff.
Freire, P.: l'éducation: pratique de la liberté, Paris 1971
Frese, J.: Sprechen als Metapher für Handeln, in: Gadamer, H.-G. (Hrsg.): Das Problem der Sprache, München 1967, S. 45 ff.
Frey, K. (Hrsg.): Kriterien in der Curriculumkonstruktion, Weinheim, Berlin, Basel 1970
Frey, K.: Theorien des Curriculums, Weinheim, Berlin, Basel 1971

Gadamer, H.-G. (Hrsg.): Das Problem der Sprache, München 1967
Gadamer, H.-G. (Hrsg.): Philosophisches Lesebuch 3, Frankfurt 1970
Gärtner, F.: Planung und Gestaltung des Unterrichts, München 1964
Gagné, R.M.: Curriculum Research and the Promotion of Learning, in: Tyler, R.W. e.a.: Perspectives on Curriculum Evaluation, AERA Monograph Series on Curriculum Evaluation, Chicago 1967, S. 19 ff.
Gagné, R.M.: Die Bedingungen des menschlichen Lernens. Beiträge zu einer neuen Didaktik, Hannover 1969
Garver, N.: Wittgenstein über die Privatsprache, in: Über Ludwig Wittgenstein, Frankfurt 1968, S. 106 ff.
Gerbaulet, S. u.a.: Schulnahe Curriculum-Entwicklung, Stuttgart 1972
Gerster, J., Schweizer, F.: Ebene und Qualität von Entscheidungsprozessen in Curriculum-Projekten, Seminararbeit, Zürich 1973 (int. verv. Ms.)
Getzels, J.W., Thelen, H.A.: The Classroom Group as a Unique Social System, in: Yee, A.H.: Social Interaction in Educational Settings, New Jersey 1971, S. 6 ff.
Gordon, I.J.: Developments in Human Behavior, in: Hass, G., Wiles, K., Bondi, J. (Hrsg.): Readings in Curriculum, Boston 1970, S. 138 ff.
Gracey, H.L.: Curriculum or Craftsmanship, Chicago 1972
Graumann, C.F., Heckhausen, H. (Hrsg.): Pädagogische Psychologie 1, Entwicklung und Sozialisation, Frankfurt 1973
Greenberg, E.S. (Hrsg.): Political Socialisation, New York 1970
Greenberg, E.S.: The Political Socialisation of Black Children, in: Greenberg, E.S. (Hrsg.): Political Socialisation, New York 1970, S. 178 ff.

Gross, P.: Reflexion, Spontaneität und Interaktion. Zur Diskussion soziologischer Handlungstheorien, Stuttgart 1972
Grossmann, K.: Neugier - der Motor des Lernens, in: betrifft:erziehung 12, 1970, S. 15 ff.

Habermas, J.: Zur Logik der Sozialwissenschaften, Philosophische Rundschau, Beiheft 5, Tübingen 1967
Habermas, J.: Erkenntnis und Interesse, Frankfurt 1968
Habermas, J.: Vorbereitende Bemerkungen zu einer Theorie der kommunikativen Kompetenz, in: Habermas, J., Luhmann, N.: Theorie der Gesellschaft oder Sozialtechnologie, Frankfurt 1971, S. 101 ff.
Habermas, J.: Theorie der Gesellschaft oder Sozialtechnologie? Eine Auseinandersetzung mit Niklas Luhmann, in: Habermas, J., Luhmann, N.: Theorie der Gesellschaft oder Sozialtechnologie, Frankfurt 1971, S. 142 ff.
Habermas, J.: Legitimationsprobleme im Spätkapitalismus, Frankfurt 1973
Habermas, J., Luhmann, N.: Theorie der Gesellschaft oder Sozialtechnologie, Frankfurt 1971
Hänsel, D., Ortmann, H.: Kompensatorische Vorschulerziehung und sozialer Aufstieg, in: Zeitschrift für Pädagogik 1971, S. 431 ff.
Hahn, W.: Bemerkungen zum politischen Profil integrativer, mehrperspektivischer Unterrichtsmodelle, in: Thema Curriculum 3, 1973, S. 76 ff.
Haller, H.-D.: Die Anwendung erfahrungswissenschaftlicher Prinzipien und Methoden auf Prozesse der Entscheidung über Lernziele, in: Paedagogica Europaea 1970/71, Braunschweig 1970, S. 148 ff.
Haller, I., Wolf, H.: Neuorganisation der Lehrerfortbildung als Teilstück der Curriculumentwicklung, in: Curriculum konkret 1973, S. 1 ff.
Hardwick, Ch.S.: Language Learning in Wittgenstein's Later Philosophy, The Hague 1971
Hass, G., Wiles, K., Bondi, J.(Hrsg.): Readings in Curriculum, Boston 1970
Haug, F.: Kritik der Rollentheorie und ihre Anwendungen in der bürgerlichen deutschen Soziologie, Frankfurt 1972
Hegel, G.W.F.: Gymnasialreden, in: Hegel Studienausgabe I, Gymnasialreden, Aufsätze, Rezensionen, Frankfurt 1968
Hegel, G.W.F.: Phänomenologie des Geistes, Frankfurt 1970
Heid, H.: Begründbarkeit von Erziehungszielen, in: Zeitschrift für Pädagogik 1972, S. 551 ff.
Heimann, P. u.a. (Hrsg.): Unterricht - Analyse und Planung, Hannover 1965
Heinrich, R.: Zur politischen Ökonomie der Schulreform, Frankfurt 1973
Heipcke, K., Messner, R.: Curriculumentwicklung unter dem Anspruch praktischer Theorie, in: Zeitschrift für Pädagogik 1973, S. 355 ff.
Henderson, K.B.: Uses of „Subject Matter", in: Smith, B.O., Ennis, R.H. (Hrsg.): Language and Concepts in Education, Chicago 1961, S. 43 ff.
Von Hentig, H.: Cuernavaca oder: Alternativen zur Schule, Stuttgart, München 1971
Von Hentig, H. u.a.: Das Bielefelder Oberstufenkolleg, Stuttgart 1971
Herman, W.L. (Hrsg.): Current Research in School Social Studies, London 1969
Herrick, V.E.: The Function of General Objectives, in: Short, E.C., Marconnit, G.D. (Hrsg.): Contemporary Thought on Public School Curriculum, Dubuque 1968, S. 267 ff.
Hesse, H.A., Manz, W.: Einführung in die Curriculumforschung, Stuttgart 1972
Der Hessische Kultusminister, (Hrsg.): Rahmenrichtlinien, Sekundarstufe I, Gesellschaftslehre, Wiesbaden 1972

Hilgenheger, N.: Die normativen Elemente der Curriculumtheorie, in: Pädagogische Rundschau 1971, S. 681 ff.
Hilgenheger, N.: Zur Begründbarkeit normativer Sätze, in: Vierteljahresschrift für wissenschaftliche Pädagogik 1971, S. 219 ff.
Hiller, G.G.: Konstruktive Didaktik, Düsseldorf 1973
Holdener, W., Moser, H.: Dokumentation und Analyse zu einem gescheiterten Projekt, Zürich o.J. (int. verv. Ms.)
Holdener, W., Moser, H.: Evaluation - Ansätze zur methodologischen Wenbestimmung, in: Projekt Politische Bildung (Hrsg.), Arbeitsbericht 2: Evaluation, Zürich 1973, S. 1 ff. (int. verv. Ms.)
Hooper, R. (Hrsg.): The Curriculum: Context, Design and Development, Edinburgh 1971
Hopf, D.: Entwicklung der Intelligenz und Reform des Bildungswesens, in: Neue Sammlung 1971, S. 33 ff.
Horkheimer, M.: Zum Problem der Wahrheit, Berlin o.J.
Hyman, R.T.: Means - Ends Reasoning and the Curriculum, in: Teachers College Record 1972, S. 393 ff.

Illich, I.: Schulen helfen nicht, Hamburg 1972
Illich, I.: Entschulung der Gesellschaft, München 1972
Ilting, K.-H.: Über die Sprache des Naturrechts, in: Gadamer, H.-G. (Hrsg.): Das Problem der Sprache, München 1967, S. 335 ff.
Isenegger, U.: Aufgabe der Curriculumforschung: Planung der Freiheit, in: Schweizerische Lehrerzeitung 1972, S. 14 ff.
Israel, J.: Der Begriff der Entfremdung, Hamburg 1972

Jackson, Ph.W.: Was macht die Schule? in: betrifft:erziehung 5, 1973, S. 18 ff.
James, W.: Was will der Pragmatismus, in: Gadamer, H.-G. (Hrsg.): Philosophisches Lesebuch 3, Frankfurt 1970, S. 237 ff.
Jensen, G.E.: The School as a Social System, in: Educational Research Bulletin 1954, S. 38 ff.
Johnson, M.: Definitionen und Modelle in der Curriculumtheorie, in: Achtenhagen, F., Meyer, H.L. (Hrsg.): Curriculumrevision, Möglichkeiten und Grenzen, München 1971, S. 30 ff.

Kaiser, H.-J., Menck, P.: Methodik und Didaktik, Vorüberlegungen zu einer Ortsbestimmung pädagogischer Methodenlehren, in: Menck, P., Thoma, G. (Hrsg.): Unterrichtsmethode. Intuition, Reflexion, Organisation, München 1972, S. 145 ff.
Kangrga, M.: Das Problem der Entfremdung in Marx' Werk, in: Praxis 1, 1967
Kangrga, M.: Was ist Verdinglichung, in: Praxis 1, 1968
Kapfer, M.B. (Hrsg.): Behavioral Objectives in Curriculum Development, New Jersey 1971
Karplus, R.: Some Thoughts on Science Curriculum Development, in: Eisner, E.W. (Hrsg.): Confronting Curriculum Reform, Boston 1971, S. 56 ff.
Katz, J.J.: Philosophie der Sprache, Frankfurt 1969
Katz, J.J., Fodor, J.A.: The Structure of a Semantic Theory, in: Language 1963, S. 170 ff.
Kelsen, H.: Reine Rechtslehre, Leipzig, Wien 1934
Klaus, G.: Wörterbuch der Kybernetik Bd. 2, Frankfurt 1969
Kliebard, H.M.: The Tyler Rationale, in: School Review 1970, S. 268 f.
Klink, J.-G.: Der junge Lehrer im Käfig, in: Spiegel 22, 1973, S. 57 f.

Knab, D.: Konsequenzen der Curriculum-Problematik im Hinblick auf Curriculumforschung und Lehrplanentscheidungen in der Bundesrepublik, in: Achtenhagen, F., Meyer, H.L. (Hrsg.): Curriculumrevision, Möglichkeiten und Grenzen, München 1971, S. 159 ff.
Kochan, D.C. (Hrsg.): Allgemeine Didaktik, Fachdidaktik, Fachwissenschaft, Darmstadt 1970, S. 403 ff.
Kohn, M.L.: Social Class and Parent-Child Relationship: An Interpretation, in: Lindgren, H.C. (Hrsg.): Contemporary Research in Social Psychology, New York 1968, S. 282 ff.
Kokemohr, R.: Zur Funktion des Lehrziels für die Konstitution von Intersubjektivität im Prozeß des Lehrens und Lernens, in: Bildung und Erziehung 1973, S. 30 ff.
Komisar, P., Mc Clellan, J.E.: The Logic of Slogans, in: Smith, B.O., Ennis, R.H. (Hrsg.): Language and Concepts in Education, Chicago 1961, S. 195 ff.
Kopp, F.: Didaktik in Leitgedanken, Donauwörth 1965
Kraft, V.: Die Grundlagen einer wissenschaftlichen Wertlehre, Wien 1951
Krings, H.: Neues Lernen. Fragen der Pädagogen und Aufgaben der Bildungspolitiker, München 1972
Kuhn, T.S.: Die Struktur wissenschaftlicher Revolutionen, Frankfurt 1967

Leibnitz, G.W.: Werke Bd. I, Darmstadt 1965
Leinfellner, W.: Struktur und Aufbau wissenschaftlicher Theorien, Wien, Würzburg 1965
Leuthold, K.: Lebendiger Unterricht, Zürich 1967
Levitt, M. (Hrsg.): Curriculum, Urbana 1971
Lichtenstein, E.: Zur Entwicklung des Bildungsbegriffs, Heidelberg 1966
Liebe-Hartkort, U.: In Memoriam Behavioral Objectives. Über den Bedeutungswandel operationalisierter Lernziele, in: Thema Curriculum 1, 1972, S. 5 ff.
Liebel, M., Wellendorf, F.: Schülerselbstbefreiung. Voraussetzungen und Chancen der Schülerrebellion, Frankfurt 1969
Lindgren, H.C. (Hrsg.): Contemporary Research in Social Psychology, New York 1968
Lippitt, R., White, R.K.: An Experimental Study of Leadership and Group Life, in: Maccoby, E.E., Newcomb, T.M., Hartley, E.L. (Hrsg.): Readings in Social Psychology, London 1958, S. 496 ff.
Lompscher, J.: Einige Aspekte der Lerntätigkeit von Schülern, in: Pädagogik, 1. Beiheft, 1973, S. 2 ff.
Long, B., Wolsk, D.: Projective Education for the Child's Need to Know, in: Social Education 1971, S. 295 ff.
Lorenz, W., Paul, G.: Die Schulbürokratie und die Deformation der Lehrerrolle, in: Westermanns Pädagogische Beiträge 1972, S. 497 ff.
Lüning, H. (Hrsg.): Schadet die Schule unseren Kindern, Düsseldorf 1972
Luhmann, N.: Legitimation durch Verfahren, Neuwied, Berlin 1969

Maas, U.: Grammatik und Handlungstheorie, in: Maas, U., Wunderlich, D.: Pragmatik und sprachliches Handeln, Frankfurt 1972, S. 189 ff.
Maas, U.: Sprechen und Handeln - Zum Stand der gegenwärtigen Sprachtheorie, in: Sprache im technischen Zeitalter 41, 1972, S. 1 ff.
Maas, U., Wunderlich, D.: Pragmatik und sprachliches Handeln, Frankfurt 1972
Maccoby, E.E., Newcomb, T.M., Hartley, E.L. (Hrsg.): Readings in Social Psychology, New York 1958
MacDonald, J.B.: Responsible Curriculum Development, in: Eisner, E.W. (Hrsg.): Confronting Curriculum Reform, Boston 1971, S. 120 ff.

Mager, R.F.: Lernziele und programmierter Unterricht, Weinheim, Berlin, Basel 1969
Malcolm, N.: Wittgensteins „Philosophische Untersuchungen", in: Über Ludwig Wittgenstein, Frankfurt 1968, S. 7 ff.
Malinowski, B.: The Problem of Meaning in Primitive Languages, in: Ogden, C.K., Richards, I.A. (Hrsg.): The Meaning of Meaning, New York o.J., S. 296 ff.
The Management Process Cycle, in: Hooper, R. (Hrsg.): The Curriculum: Context, Design and Development, Edinburgh 1971, S. 124 ff.
Marcuse, H.: Der eindimensionale Mensch, Zürich 1967
Marx, K.: Grundrisse, in: Texte zu Methode und Praxis III, Hamburg 1967
Marx, K.: Ökonomisch-philosophische Manuskripte, in: Texte zu Methode und Praxis II, Hamburg 1968
Matjuschkin, A.M.: Klassifikation von Problemsituationen, in: Voprosy Psichologii 1970
McClellan, J.E.: The Logical and the Psychological: An Untenable Dualism? in: Smith, B.O., Ennis, R.H. (Hrsg.): Language and Concepts in Education, Chicago 1961, S. 144 ff.
Mead, H.: Geist, Identität, Gesellschaft, Frankfurt 1968
Menck, P.: Lehrerausbildung und Curriculumentwicklung, in: Bildung und Erziehung 1972, S. 18 ff.
Menck, P.: Ansätze zur Erforschung von Unterrichtsmethode in der BRD, in: Menck, P., Thoma, G. (Hrsg.): Unterrichtsmethode, Intuition, Reflexion, Organisation, München 1972
Menck, P., Thoma, G. (Hrsg.): Unterrichtsmethode, Intuition, Reflexion, Organisation, München 1972
Menze, C.: Überlegungen zur Anwendungsmöglichkeit der Entscheidungslogik auf die Curriculum-Konstruktion, in: Achtenhagen, F., Meyer, H.L. (Hrsg.): Curriculumrevision, Möglichkeiten und Grenzen, München 1971, S. 133 ff.
Merrill, M.D. (Hrsg.): Instructional Design, New Jersey 1971
Merrill, M.D.: Components of a Cybernetic Instructional System, in: Merrill, M.D. (Hrsg.): Instructional Design, New Jersey 1971, S. 48 ff.
Messner, R.: Funktionen der Taxonomien für die Planung von Unterricht, in: Zeitschrift für Pädagogik 1970, S. 755 ff.
Meyer, H.L.: Das ungelöste Deduktionsproblem in der Curriculumforschung, in: Achtenhagen, F., Meyer, H.L. (Hrsg.): Curriculumrevision, Möglichkeiten und Grenzen, München 1971, S. 106 ff.
Meyer, H.L.: Einführung in die Curriculum-Methodologie, München 1972
Mishler, E.G.: Implications of Teacher Strategies for Language and Cognition: Observations in First-Grade Classrooms, in: Cazden, C.B., John, V.P., Hymes, D. (Hrsg.): Functions of Language in the Classroom, New York 1972, S. 267 ff.
Möller, B. und Ch.: Perspektiven der didaktischen Forschung, München, Basel 1966
Möller, Ch.: Technik der Lernplanung, Weinheim, Berlin, Basel 1969
Mollenhauer, K.: Theorien zum Erziehungsprozeß, München 1972
Moser, H.: Technik der Lernplanung: Curriculumforschung und Ideologie, in: Zeitschrift für Pädagogik 1971, S. 55 ff.
Moser, H.: Programmatik einer kritischen Erziehungswissenschaft, in: Zeitschrift für Pädagogik 1972, S. 639 ff.
Moser, H.: Leistungsprinzip: Ökonomische Kategorie und soziale Norm, in: Die Deutsche Schule 1972, S. 202 ff.
Moser, H.: Probleme der gegenwärtigen Erziehungswissenschaft II, Zürich 1973

Moser, H.: Offene Curricula: Vorüberlegungen zu einer Theorie des Unterrichtsspiels, in: Zeitschrift für Pädagogik 1973, S. 417 ff.
Moser, H.: Versuch über das Verhältnis von Erfahrungswissenschaft, kritischer Theorie und Aktionsforschung, Zürich 1974 (int. verv. Ms.)

Nagel, K., Preuss-Lausitz, U.: Thesen zur wissenschaftlichen Begleitung von Versuchen und Modellen im Bildungssystem, in: Wulf, Ch. (Hrsg.): Evaluation, München 1972, S. 344 ff.
Nash, R.J., Agne, R.M.: The Ethos of Accountability - a Critique, in: Teachers College Record 1972, S. 357 ff.
Neujahr, J.L.: Classroom Observational Research, in: The Educational Forum 1972, S. 221 ff.
Niepold, W.: Sprache und soziale Schicht, Berlin 1970
Northemann, W., Otto, G. (Hrsg.): Geplante Information: Paul Heimanns didaktisches Konzept, Weinheim, Berlin, Basel 1969

Odenbach, K.: Studien zur Didaktik der Gegnwart, Braunschweig 1961
Oevermann, U.: Schichtspezifische Formen des Sprachverhaltens und ihr Einfluß auf die kognitiven Prozesse, in: Roth, H. (Hrsg.): Begabung und Lernen, Stuttgart 1968, S. 297 ff.
Oevermann, U.: Sprache und soziale Herkunft. Ein Beitrag zur Analyse schichtspezifischer Sozialisationsprozesse und ihrer Bedeutung für den Schulerfolg, Berlin 1970
Ogden, C.K., Richards, I.A. (Hrsg.): The Meaning of Meaning, New York o.J.
Oppolzer, S. (Hrsg.): Denkformen und Forschungsmethoden der Erziehungswissenschaft, Band I, München 1966
Otto, G.: Paul Heimanns Entwurf einer wissenschaftlich begründeten Didaktik, in: Northemann, W., Otto, G. (Hrsg.): Geplante Information: Paul Heimanns didaktisches Konzept, Weinheim, Berlin, Basel 1969, S. 9 ff.

Phenix, Ph.H.: The Use of the Disciplines, in: Levitt, M. (Hrsg.): Curriculum, Urbana 1971, S. 148 ff.
Piaget, J.: Theorien und Methoden der modernen Erziehung, Wien, München, Zürich 1972
Popham, W.J. e.a.: Instructional Objectives, AERA Monograph Series on Curriculum Evaluation, Chicago 1969
Popham, W.J.: Epilogue, in: Popham, W.J. e.a.: Instructional Objectives, AERA Monograph Series on Curriculum Evaluation, Chicago 1969, S.133ff.
Popper, K.R.: Das Elend des Historizismus, Tübingen 1969
Prange, K.: Können - Üben - Wissen. Zur Problematik in der Sprachphilosophie Ludwig Wittgensteins, in: Pädagogische Rundschau 1972, S.707ff.
Preuss-Lausitz, U.: Vom Schwinden der „Fähigkeit", sich mit dem politischen System zu identifizieren (Fortsetzung), in: betrifft:erziehung 3, 1973, S. 44 ff.
Projekt Wohnen: Lernziel Emanzipation, in: betrifft:erziehung 7, 1972, S. 33 ff.
Prokasky, H. (Hrsg.): Politische Bildung in den USA, in: Politische Bildung 3, 1971, S. 1 ff.

Reimer, E.: Schafft die Schule ab! Befreiung aus der Lernmaschine, Hamburg 1972
Reiss, W.: Über die Verwendung der Termini „Curriculum" und „Curriculumforschung" im Rahmen der Berufsbildungsforschung, in: Die Deutsche Berufs- und Fachschule 1972, S. 101 ff.

Richmond, W.K.: The School Curriculum, London 1971
Ritsert, J., Rolshausen, C.: Der Konservativismus der kritischen Theorie, Frankfurt 1971
Robinsohn, S.B.: Bildungsreform als Revision des Curriculum, Neuwied, Berlin 1969
Robinsohn, S.B. (Hrsg.): Curriculumentwicklung in der Diskussion, Düsseldorf 1972
Rolff. H.-G.: Sozialisation und Auslese durch die Schule, Heidelberg 1967
Rolff, H.-G.: Sozialisationsorientierte Curriculumentwicklung und curriculumorientierte Sozialisationsforschung, Dortmund 1972 (int. verv. Ms.)
Rosen, B.C., D'Andrade, R.: Die psychosozialen Ursprünge des Leistungsmotivs, in: Graumann, C.F., Heckhausen, H. (Hrsg.): Pädagogische Psychologie 1, Entwicklung und Sozialisation, Frankfurt 1973, S. 103 ff.
Roszak, Th.: The Making of a Counter Culture: Reflexion on the Technocratic Society and Its Youthful Opposition, New York 1969
Rossi-Landi, F.: Kapital und Privateigentum in der Sprache, in: Ästhetik und Kommunikation 7, 1972, S. 36 ff.
Roth, H.: Pädagogische Psychologie des Lehrens und Lernens, Hannover 1957
Roth, H.: Erziehungswissenschaft, Erziehungsfeld und Lehrerbildung, Hannover 1967
Roth, H.: Psychologie des Lernens und Unterrichtens, in: Roth, H.: Erziehungswissenschaft, Erziehungsfeld und Lehrerbildung, Hannover 1967, S. 162 ff.
Roth, H. (Hrsg.): Begabung und Lernen, Stuttgart 1968
Roth, H.: Stimmen die deutschen Lehrpläne noch? in: Achtenhagen, F., Meyer, H.L. (Hrsg.): Curriculumrevision, Möglichkeiten und Grenzen, München 1971, S, 47 ff.
Rumpf, H.: Scheinklarheiten. Sondierungen von Schule und Unterrichtsforschung, Braunschweig 1971
Rumpf, H.: Inhaltsneutrale Konzepte von Lernzielen, in: Rumpf, H.: Scheinklarheiten. Sondierungen von Schule und Unterrichtsforschung, Braunschweig 1971, S. 303 ff.
Ryans, D.G.: Characteristics of Teachers, Washington 1960
Ryle, G.: Der Begriff des Geistes, Stuttgart 1969

Santini, B.: Das Curriculum im Urteil der Lehrer, Basel 1971
Schäfer, K.-H., Schaller, K.: Kritische Erziehungswissenschaft und kommunikative Didaktik, Heidelberg 1971
Scheffler, I.: Die Sprache der Erziehung, Düsseldorf 1971
Schmied-Kowarzik, W.: Kritische Anmerkungen zur deutschen Curriculumforschung, in: Pädagogische Rundschau 1970, S. 519 ff.
Schmied-Kowarzik, W.: Marginalien zu einer dialektischen Grundlegung der Pädagogik, in: Pädagogische Rundschau 1972, S. 853 ff.
Schneider, H.: Rechtsstaatliche Demokratie und politische Bildung, in: Ellwein, Th. u.a. (Hrsg.): Erziehungswissenschaftliches Handbuch, Band I, Berlin 1969, S. 101 ff.
Schools Council: Teachers' Centres and the Changing Curriculum: a Report on Three National Conferences, SC Pamphlet 6, 1970
Schütz, A.: Das Problem der Relevanz, Frakfurt 1971
Schulz-Hageleit, P.: Einwände zur Lerntheorie von R.M. Gagné, in: Pädagogische Rundschau 1971, S. 348 ff.
Schulz, W.: Aufgaben der Didaktik, in: Kochan, D.C. (Hrsg.): Allgemeine Didaktik, Fachdidaktik, Fachwissenschaft, Darmstadt 1970, S. 403 ff.

Schutz, R.E.: Methodologische Probleme der Curriculumforschung, in: Achtenhagen, F., Meyer, H.L. (Hrsg.): Curriculumrevision, Möglichkeiten und Grenzen, München 1971, S. 98 ff.
Schwab, J.J.: The Practical: A Language for Curriculum, Washington 1970
Schwab, J.J.: Structures and Dynamics of Knowledge, in: Levitt, M. (Hrsg.): Curriculum, Urbana 1971, S. 181 ff.
Schwab, J.J.: The Practical: A Language for Curriculum, in: Levitt, M. (Hrsg.): Curriculum, Urbana 1971, S. 306 ff.
Schwab, J.J.: Praktische Legitimierung von Curricula, in: Robinsohn, S.B. (Hrsg.): Curriculumentwicklung in der Diskussion, Düsseldorf 1972, S. 46 ff.
Scriven, M.: Die Methodologie der Evaluation, in: Wulf, Ch. (Hrsg.): Evaluation, München 1972, S. 60 ff.
Searle, J.R.: Sprechakttheorie, Frankfurt 1971
Short, E.C., Marconnit, G.D. (Hrsg.): Contemporary Thought on Public School Curriculum, Dubuque 1968
Sieber, S.D., Wilder, D.E.: Teaching Styles: Parental Preferences and Professional Role Definitions, in: Drabick, L.W. (Hrsg.): Interpreting Education - A Sociological Approach, New York 1971, S. 146 ff.
Simon, H.: The Sciences of the Artificial, Cambridge 1969
Simpfendörfer, W.: Befreiende Erziehung - Zur dialogischen Erziehung Paolo Freires, in: Lüning, H. (Hrsg.): Schadet die Schule unseren Kindern, Düsseldorf 1972, S. 91 ff.
Skinner, B.F.: Erziehung als Verhaltensformung, München 1971
Smith, B.O.: A Concept of Teaching, in: Teachers College Record 1960, S. 229 ff.
Smith, B.O., Ennis, R.H. (Hrsg.): Language and Concepts in Education, Chicago 1961
Smith, B.O., Meux, M.O.: A Study of the Logic of Teaching, Urbana 1970
Sohn-Rethel, A.: Geistige und Körperliche Arbeit, Frankfurt 1972
Soltis, J.F.: Einführung in die Analyse pädagogischer Begriffe, Düsseldorf 1971
Sozialisation und kompensatorische Erziehung, Berlin 1969
Stegmüller, W.: Probleme und Resultate der Wissenschaftstheorie und Analytischen Philosophie, Band I, Wissenschaftliche Erklärung und Begründung, Berlin 1969
Stenhouse, L.: Some Limitations of the Use of Objectives in Curriculum Research and Planing, in: Paedagogica Europaea 1970/71, Braunschweig 1970, S. 73 ff.
Stones, E. (Hrsg.): Educational Objectives and the Teaching of Educational Psychology, London 1972
Strittmatter, P.: Entscheidungen über Lernziele an der „Basis" - entscheidungstheoretische Grundlagen, in: Programmiertes Lernen, Unterrichtstechnologie und Unterrichtsforschung 1972, S. 1 ff.

Taba, H., Elzey, F.F.: Teaching Strategies and Thought Processes, in: Teachers College Record 1964, S. 124 ff.
Thoma, G.: Zur Entwicklung und Funktion eines „didaktischen Strukturgitters" für den politischen Unterricht, in: Blankertz, H. (Hrsg.): Curriculumforschung - Strategien, Strukturierung, Konstruktion, Essen 1971, S. 67
Tomberg, F.: Was heißt bürgerliche Wissenschaft? in: Das Argument 66, 1971, S. 461 ff.
Topitsch, E. (Hrsg.): Logik der Sozialwissenschaften, Köln, Berlin 1970

Tulodziecki, G.: Möglichkeiten und Grenzen einer empirisch orientierten Theorie des Unterrichts, in: Die Deutsche Schule 1973, S. 156 ff.
Tyler, L.L.: The Utilization of Psychoanalytic Concepts for Assessing Classroom Transactions, in: Journal of Educational Research 1967, S. 260 ff.
Tyler, R.W.: Basic Principles of Curriculum and Instruction, Chicago, London 1971

Über Ludwig Wittgenstein, Frankfurt 1968
Ulich, D.: Wissenschaftsmodell und Gesellschaftsbild, in: Zeitschrift für Pädagogik 1972, S. 397 ff.

Van Til, W.: Is Progressive Education Obsolete, in: Hass, G., Wiles, K., Bondi, J. (Hrsg.): Readings in Curriculum, Boston 1970, S. 695 ff.

Walker, D.F.: What Curriculum Research? in: Journal of Curriculum Studies 1973, S. 58 ff.
Walter, H.: Open Curricula and Resulting Social Character, UNESCO-Institut, Hamburg 1972 (int. verv. Ms.), S. 1
Weber, M.: Wirtschaft und Gesellschaft, Köln 1964
Wellendorf, F.: Schule und Identität, in: betrifft:erziehung 5, 1973, S. 26 ff.
Wellendorf, F.: Soziale Konflikte in der Schule, in: Funkkolleg Pädagogische Psychologie, Studienbegleitbrief 7, Weinheim, Basel 1973, S.77
Weniger, E.: Die Theorie der Bildungsinhalte und des Lehrplanes, Teil 1, Weinheim o.J.
White, J.P.: The Concept of Curriculum Evaluation, in: Journal of Curriculum Studies 1971, S. 101 ff.
Whitfield, R.C., Kerr, J.F.: Some Problems in Course Evaluation: A British View, in: Teachers College Record 1970/71, S. 267 ff.
Winch, P.: Die Idee der Sozialwissenschaft und ihr Verhältnis zur Philosophie, Frankfurt 1966
Winnefeld, F.: Pädagogisches Feld als Faktorenkomplexion, in: Dohmen, G. u.a. (Hrsg.): Unterrichtsforschung und didaktische Theorie, München 1970, S. 35 ff.
Wittgenstein, L.: Tractatus logico-philosophicus, Frankfurt 1971
Wittgenstein, L.: Philosophische Untersuchungen, Frankfurt 1971
Wood, R.: Objectives in the Teaching of Mathematics, in: Educational Research 1968, S. 219 ff.
Wuchterl, K.: Struktur und Sprachspiel bei Wittgenstein, Frankfurt 1969
Wulf, Ch.: Die „New Social Studies" in den USA, in: Die Grundschule 4, 1971, S. 19 ff.
Wulf, Ch.: Evaluation, München 1972
Wunderlich, D.: Die Rolle der Pragmatik in der Linguistik, in: Der Deutschunterricht 4, 1970, S. 5 ff.
Wunderlich, D.: Sprechakte, in: Maas, U., Wunderlich, D.: Pragmatik und sprachliches Handeln, Frankfurt 1972, S. 69 ff.
Wunderlich, D. (Hrsg.): Linguistische Pragmatik, Schwerpunkte Linguistik und Kommunikationswissenschaft 12, 1972

Yee, A.H. (Hrsg.): Social Interaction in Educational Settings, New Jersey 1971
Young, F.D.: Knowledge and Control, New Directions for the Sociology of Education, London 1971

Zecha, G.: Zum Normproblem in der Erziehungswissenschaft, in: Zeitschrift für Pädagogik 1972, S. 583 ff.